Politiques commerciales

Les clés de la performance

Éditions d'Organisation
1, rue Thénard
75240 Paris Cedex 05
Consultez notre site :
www. editions-organisation.com

Informez-moi de vos réussites, des problèmes que vous avez rencontrés en appliquant cette méthode, des propositions créatives que vous avez inventées pour améliorer ce nouveau cheminement.

cmatricon@wanadoo.fr

CHEZ LE MÊME ÉDITEUR

René MOULINIER, Les techniques de la vente, 6ᵉ édition 2003

René MOULINIER, Manager les vendeurs, 2005

CLAUDE MATRICON

Politiques commerciales

Les clés de la performance

**Éditions
d'Organisation**

L'ÉLABORATION
DES POLITIQUES COMMERCIALES

La finalité de l'analyse des marchés concerne l'élaboration des politiques commerciales de l'entreprise, son univers est la communication.

Tant de fois nous l'avons constaté lorsqu'il s'agit, au seuil de l'élaboration d'un plan marketing, d'analyser des données après avoir réuni les informations immédiatement disponibles. Le responsable marketing s'aperçoit vite qu'il y a des lacunes; il achète ou fait réaliser une étude qui semble indispensable, pendant ce temps, l'analyse continue. Les nouvelles informations arrivant en désordre, l'analyse reste médiocre, reprise un peu n'importe où… Pire encore dans l'exercice international. Qui ose harmoniser les procédures d'étude et d'analyse des équipes marketing des différentes filiales? Le siège reçoit des résultats, certes, mais en quoi sont-ils en harmonie d'élaboration?

C'est pourquoi nous proposons une nouvelle approche, fondée sur une démarche à respecter. L'analyse marketing ne s'établit pas, en effet, au hasard des données disponibles. C'est la proposition de la pratique d'élaboration des politiques commerciales, ou conducteur marketing, pour que toutes les analyses et les décisions marketing soient enfin établies avec rigueur, donc comparables et pertinentes, selon une procédure identique. Cette démarche se déroule en trois étapes successives qui correspondent ici aux trois parties de l'ouvrage. Quel que soit le produit étudié, la procédure reste identique.

La première étape consiste à définir. C'est l'étape de la rigueur et de la précision : de quel marché parle-t-on? Quel est le contenu exhaustif de l'ensemble de la concurrence?

La deuxième étape consiste à comprendre : pourquoi cette marque a-t-elle du succès? Comment fonctionne la communication dans chacun des marchés d'exportation? Comment ça marche? Alors tout ce qui a été défini est compris, les milliers de systèmes relationnels des marchés que l'on cherche à comprendre puis à dominer, tout cela crée des politiques possibles, des actions commerciales probables.

Vient donc une nécessaire troisième étape, celle des décisions. C'est le passage à l'acte. Cesser d'être un analyste pour devenir un décideur. Il s'agit ici de choisir comment l'entreprise va agir, quelles seront ses politiques commerciales, quels moyens devront être réunis et utilisés pour faire gagner la stratégie décidée. Toutefois, nous n'approfondirons pas la mise en pratique des décisions prises. En effet, si les décisions majeures restent les mêmes, leur mise en pratique est corrélative au mode de fonctionnement de toute entreprise et au secteur auquel elle appartient.

Cet ouvrage est bien un guide pratique qui s'impose à tous ceux qui doivent décider de l'avenir de leur entreprise. Bien plus, trois nouveaux champs relationnels révolutionnent cet exercice :

* la dimension internationale qui fait disparaître les originalités nationales de la consommation. L'Europe devient un marché unique, les marques seront mondiales comme bientôt le sera la distribution. Les produits et les services gomment leurs originalités régionales;
* la dimension virtuelle qui constitue la deuxième révolution. Sans limites, elle autorise toutes les créations de marchés et de produits. Toutes les propositions de services sont possibles et les habitudes d'achat du commerce virtuel vont s'affermir. La stratégie ira de l'aventure à la rigueur, du choix du hasard à celui de la certitude des connaissances, de l'improvisation à la richesse de la créativité;
* le champ relationnel de l'instantanéité. Les transmissions par e-mail font que toutes les communications sont immédiates. La durée et l'attente n'existent plus, les informations mondiales sont aussitôt accessibles. La bourse est désormais brutale et les études se font en une journée. Il en est de même pour les marchés. À peine quelques mois séparent désormais le lancement des nouveaux produits d'un continent à un autre. Et les consommateurs le savent aussitôt.

Le conducteur marketing prend en compte ces révolutions. Il propose des techniques pour les connaître, des méthodes pour les comprendre. Il propose surtout une procédure pour définir et appliquer les politiques d'entreprise. Il a cependant pour ambition de rester simple. Pour y parvenir, le conducteur marketing s'applique essentiellement sur le terrain. Il s'agit d'un ensemble de méthodes et de procédures concrètes destinées aux responsables des politiques d'interventions sur les marchés.

Une fois décidées, les politiques ordonnent l'avenir de l'entreprise pour une période incertaine. Il y a quelque temps elles étaient immuables. Les modifier était considéré comme une erreur de management. Aujourd'hui, la rigueur s'est heureusement relâchée. La mondialisation amène sans cesse de nouveaux acteurs sur les marchés et les politiques, que l'on croyait définitives, sont parfois obsolètes en quelques mois. Ainsi, les politiques doivent être adaptées et parfois même être radicalement changées. Cela fait du bien à l'entreprise de prendre conscience des erreurs des politiques précédentes. Il est impératif de communiquer ces changements au marché pour qu'il applaudisse le défi. Mais il aura le dernier mot.

Enfin, un quiz clôt chaque chapitre, il aide à définir les informations essentielles concernant le marché étudié. L'ensemble des quiz, proposés dans cet ouvrage, représente un outil de compréhension et d'aide à la décision, alliant rigueur et créativité.

SOMMAIRE

Étape 1
DÉFINIR LES MARCHÉS

Étape 2

COMPRENDRE

LES CINQ ÉLÉMENTS CLÉS DES MARCHÉS

CHAPITRE 4

La marque.. 61

CHAPITRE 5

Le produit 73

Étape 3
LES POLITIQUES COMMERCIALES EN CINQ DÉCISIONS

Étape 1

DÉFINIR LES MARCHÉS

Un marché est un système relationnel vivant dans un univers infini de relations. Il est impossible de préciser où commence un marché et où il finit. Un marché est un nœud dans un système de relations. Mêmes les éléments les plus lointains peuvent être des sources d'informations. Il convient, dans cette première étape, d'inventorier les dimensions prospectives qui influencent le plus les objets de l'analyse. La prospective et l'international sont ici les outils de base pour comprendre les systèmes relationnels des marchés.

Chapitre 1

LA PROSPECTIVE

La prospective des marchés impose un sens aux relations commerciales. Elle prend en compte tous les éléments de la vie sociale sans exception. S'il est impossible d'en dresser un inventaire exhaustif, les éléments les plus influents sont distinguables. L'analyse de nombreux plans de prospective montre que neuf dimensions prospectives façonnent l'évolution des marchés. La définition de ces dimensions rend possible leur surveillance en permanence, ce qui est une obligation impérative du conducteur marketing.

LES DIFFÉRENTS TYPES DE PROSPECTIVE DE LA SOCIÉTÉ

Quatre types de prospective de la société structureront les modes de vie. En voici une brève présentation.

L'avenir de la société sera l'univers opérationnel des entreprises

L'audiovisuel, l'explosion de la presse spécialisée, l'accès à l'information internationale ont contribué en parallèle avec l'augmentation de la durée légale de l'enseignement obligatoire à l'élévation du niveau culturel de l'ensemble de la population.

L'information, sous toutes ses formes, connaît une expansion étonnante. La radio, la télévision, les journaux, informent chaque jour sur tout événement le monde entier au moment même où il se produit. L'Internet est un immense réservoir d'informations et un terrain d'échanges sans limites. Les documentaires ethnologiques, scientifiques (en particulier les émissions médicales), les tables rondes, les émissions à thèmes, les commentaires de l'actualité faisant le plus souvent intervenir des considérations économiques et techniques éduquent toutes les strates de la population. La communication en est affectée. Le sens critique se développe, les comparaisons avec les économies étrangères sont facilitées. Le langage des propositions commerciales évolue vers plus de précision. Le superlatif seul ne suffit plus. Les consommateurs ont acquis une culture à la fois générale et commerciale. La distribution moderne n'est plus un secret pour eux.

La publicité intègre les éléments les plus sophistiqués de la culture élitiste et les transmet année après année au plus grand nombre. Les produits-besoins sont devenus des produits-symboles. La publicité est un miroir culturel.

Tous ces constats seront multipliés dans le proche avenir par la mondialisation de la communication.

Des marchés se sont transformés à cause de l'élévation du niveau culturel, par exemple l'édition avec les collections de poche, les encyclopédies par fascicules, l'histoire, la pénétration croissante de la production étrangère et les romans, qui connaissent des tirages étonnants lorsqu'ils sont promus par une adaptation au cinéma ou à la télévision. Il en est de même pour le marché du son, non seulement pour les variétés mais aussi pour le classique. Les encyclopédies sont consultables sur CD, les sites culturels se multiplient sur Internet confondant les apports internationaux sans aucune limite. Certaines expositions ont drainé plusieurs millions de visiteurs.

Le marketing s'exerce désormais dans une dimension qui n'est plus seulement vendeuse. Cette élévation culturelle est l'une des causes de la transformation de la demande : la quantité cède place à la qualité. C'est la qualité de vie qui est demandée en premier et non la qualité du travail. Une carrière n'est plus le but recherché. Il convient seulement de recevoir une rémunération qui permette de vivre sans souci d'argent, mais surtout de profiter de la vie. Ainsi déjà des segments de marché sont en pleine expansion : le confort de la maison, aussi bien au niveau des produits qu'à celui de la presse qui en traite, la table et la valorisation de la cuisine artisanale, le sport sous tous ces aspects, les voyages, les week-ends, le jardinage. De plus, cette aspiration à la qualité de vie est désormais une composante principale du positionnement des produits et des marques. Vanter l'utilité n'attise plus le désir. Il y a quinze ans, la libéralisation de la femme signifiait que les appareils électroménagers supprimaient les tâches ingrates et les remplaçait par des tâches faciles. Aujourd'hui, cette libéralisation a pris un sens différent : les appareils permettent à la femme de faire autre chose que la cuisine. La femme profite de sa vie de famille et les tâches ménagères plus simples sont l'affaire de tous.

L'évolution des modes de vie

Les modes de vie de 2015 sont connus : quelle sera la structure de la population et quels seront ses modes de vie ?

La démographie est l'un des domaines d'observation où les prévisions atteignent un très haut niveau de fiabilité. Les instituts publics de statistiques, comme l'INSEE en France, publient des tableaux de la population par âges allant jusqu'en 2035 selon seulement trois hypothèses de taux de natalité. Ces renseignements sont disponibles par catégories socioprofessionnelles, par habitat, par sexe, par revenu, par individu et par famille, etc.

S'apercevoir que la pénétration du nombre des femmes actives parmi l'ensemble des femmes suit une courbe ascendante n'est pas sans conséquence, si l'entreprise fabrique des produits facilitant le ménage ou la cuisine, voire pour l'ensemble de la distribution (heures et jours d'ouverture par exemple). Il est possible de préfigurer les modes de vie futurs à partir de séries statistiques et des décisions prises aujourd'hui, ou à prendre prochainement, qui ont des liens directs avec la manière de vivre. Ces séries statistiques proviennent généralement d'instituts de sondage qui ont surveillé un comportement sur une longue période auprès d'échantillons comparables. On y trouve des données sur l'évolution des habitudes alimentaires, de l'occupation des loisirs, etc. Les expériences d'horaires souples se multiplient, les congés de milieu de carrière, d'une durée d'un à deux ans, vont devenir habituels. Le travail à domicile va fortement se développer, dopé par les progrès incessants de la transmission des informations. Ce sont surtout les petites villes qui vont en profiter. Ainsi, certains couples auront des activités à la fois urbaines, pour leur exercice professionnel à distance, et à la fois rurales, pour leurs activités secondaires comme le jardinage et l'élevage pour leur résidence principale. Quels renseignements la direction de l'entreprise peut-elle retirer de ces mesures réglementaires ? La disponibilité va être plus grande pour les loisirs, le bricolage, la fréquentation des médias, la lecture, la musique, le sport. Étant plus souvent présentes dans leur foyer, les familles vont augmenter leurs dépenses d'aménagement intérieur. Le marché des voyages, des transports est lui aussi concerné par cet unique paramètre.

Les évolutions de mode de vie dans les dix années qui viennent doivent prendre en compte d'éventuelles différences entre les sociétés mondiales, ces différences étant révélatrices du foisonnement des modes de vie.

Les cadres de vie seront dessinés par les structures internationales et par les États

Le rôle de l'État est un paramètre incontournable dans un plan de marketing. Ainsi, en France, l'État a toujours eu un comportement interventionniste. Les acteurs économiques, si longtemps dirigés, donnent l'impression de le demander dès que ce comportement donne des signes de libéralisme.

Notre époque est celle de la réglementation, mais une réglementation qui devient essentiellement internationale. L'internationalisation des réglementations officielles comprend encore celles des États, comme autant de régions. À l'inverse, celles des organismes internationaux, de plus en plus prenantes, sont mal vécues car elles sont le résultat de compromis entre les États. Cette dimension prospective n'aboutit pas encore à la liberté.

Les adolescents : un secteur florissant

Un projet envisage un processus identique pour les adolescents. Aux produits masculins et féminins viennent s'ajouter des produits «adolescents» comme les CD, le matériel sportif, la restauration rapide, les motos, les machines à enseigner et, bien entendu, les micro-ordinateurs et les portables.

Ce marché est un soutien évident de l'économie, à condition toutefois que les adolescents aient les moyens financiers d'y être actifs. Pourquoi l'État ne concevrait-il pas «l'institutionnalisation du financement de l'argent de poche» en versant aux 10-15 ans une sorte de présalaire dont l'usage serait libre et protégé par la loi ? Certaines expériences japonaises et suédoises qui vont dans ce sens.

Reconnaître le statut des adolescents en finançant leur apprentissage de consommateurs, c'est soutenir le secteur économique des biens «ados» nécessaire à la croissance. Au Danemark, par exemple, la plupart des enfants travaillent pendant les congés scolaires. Ce qui est porté à l'actif de cette initiative est l'apprentissage du monde du travail, mais les retombées économiques s'en trouvent aussi confortées.

Les prix ne doivent plus être exprimés par des règlements. C'est désormais la volonté de l'entreprise, donc sa politique, la capacité des achats de matières premières, les coûts de fabrication et de commercialisation et le marché qui président au choix d'un prix de vente. De plus, le marché, soumis à la concurrence, doit prendre un risque sans le recours systématique à l'État. Les «ils n'ont qu'à» ou «ils devraient» ne devraient plus servir d'excuse au manque de tempérament.

L'intervention des États dans la vie économique revêt des formes multiples qui ont une influence certaine sur les données marketing concernant les biens de consommation. Par exemple, en revalorisant le pouvoir d'achat des seniors, ce qui en fait un acte de justice sociale, les États développent directement la présence économique de ce segment de la population et contribuent ainsi à l'accroissement du marché des produits du troisième et du quatrième âge.

Comment apprécier les risques politiques

Le Hudson Institute utilise, par exemple, la méthode des scénarios. À partir de la situation d'un État, des experts établissent différentes hypothèses d'évolution. À chaque scénario est attribué un coefficient de réalisation.

Le *Best Environment Risk Indicator* (BERI) du professeur Haner utilise un processus plus analytique. À partir des évolutions prévisibles d'un grand nombre de variables comme les prix, la valeur des capitaux indigènes, le montant du budget consacré à la défense, le nombre de calories par jour et par habitant, la dette aux organisations financières internationales, la répartition de la population selon les activités primaires, secondaires et tertiaires, etc., un indice de risque est attribué à chaque pays étudié, ce qui autorise un classement. Cet indice agrège aussi bien les risques politiques que les risques économiques en privilégiant toutefois ces derniers, car les variables qui les expriment sont plus disponibles.

Le niveau reste celui de la macro-économie où les facteurs humains ne sont plus retenus. Lorsqu'il s'agit d'évaluer le risque politique, cette lacune est caricaturale.

Les politiques économiques et sociales internationales interfèrent avec les données des marchés. Les responsables d'entreprise doivent les prendre en compte dans l'établissement des stratégies à moyen et à long terme. Elles concernent aussi bien les pays d'origine que les pays d'exportation. Le commerce ne consiste plus seulement à bien vendre. Il consiste essentiellement à être bien installé. Dans quels pays faut-il implanter une succursale, construire une usine ou vendre une licence? Quels sont les partenaires qui, dans le futur, resteront des interlocuteurs privilégiés?

> *La prospective politique internationale intéresse*
> *les entreprises pour élaborer leur sociomarketing.*

Il y a des procédures qui permettent d'apprécier les risques politiques. Dans ce domaine, le nombre de paramètres à retenir est considérable et l'exhaustivité est encore hors de portée. Ces procédures informent sur des probabilités d'évolution, mais ne peuvent pas prévoir les «événements» qui bouleverseront cette évolution, encore moins dater avec précision des retournements de tendance.

Les consommateurs informeront plus par leurs actes que par leurs paroles

L'analyse quotidienne des ventes informe sur les niveaux de consommation. Il s'agit d'un constat : qui consomme quoi? L'intérêt se renforce lors des comparaisons internationales. Et la photographie peut être excellente. On passe du constat à la compréhension. Il y a en plus la vision donnée par la dimension prospective. Grâce au marketing, on peut savoir qui consommera dans cinq ans, compte tenu de l'évolution programmée des strates d'âge, et comment car on connaît déjà les futures habitudes de consommation.

Le poids respectif des strates d'âge a fortement changé depuis quarante ans. Le baby-boom de l'après-guerre a créé un nouveau marché : celui des enfants en bas âge avec la nourriture en petits pots, la layette, les couches, la mode adaptée pour les femmes enceintes. Des enseignes sont apparues, des marques ont connu une expansion considérable. Puis ce fut, lorsque ces enfants entrèrent dans l'adolescence, le phénomène international des *teen-agers*. Ce nouveau marché, vif encore aujourd'hui, est un marché de mode vestimentaire, de presse spécialisée avec l'essor de la bande dessinée, une nouvelle forme de lecture. Dans cette période, entre 1955 et 1975, tout est dédié à leur puissance nouvellement apparue. L'effectif de la tranche d'âge, de 13 à 18 ans, plus nombreux qu'à l'accoutumée, a bouleversé les marchés de grande consommation.

Les seniors sont devenus un marché prospère

Aujourd'hui, un autre phénomène est établi : le troisième âge. Une idée forte : la population vieillit, la strate des plus de 60 ans devient lourde. Les nations occidentales seront des nations de sexagénaires, puis de septuagénaires, voire plus.

L'économie de marché s'en préoccupe. L'offre est bien constituée. Des marques proposent des vêtements pratiques, chauds, anti-douleur, faits, semble-t-il, spécialement pour les personnes âgées. L'immobilier se segmente aussi. Chaque semaine, les avantages de résidences spécialement conçues pour personnes âgées sont promus dans la presse.

Concevoir une offre spécifique pour chaque secteur

Ce sont les plus de 60 ans qui occupent les hôtels de tourisme en janvier et février et qui permettent ainsi leur maintien en activité toute l'année. Sans cela, l'hôtellerie serait diminuée du tiers. Les destinations internationales et les croisières n'existeraient pas sans la fréquentation, souvent hors saison, des plus de 60 ans. Un véritable marché des loisirs pour seniors apparaît. Les clubs du troisième âge, déjà très actifs, appellent des initiatives qui se transforment rapidement en produit. Ne parle-t-on pas déjà de quatrième âge, voire de cinquième âge? À peine apparu, comme tous les marchés dynamiques, le marché est déjà segmenté.

L'évolution de la structure par strates d'âge d'une population est parfaitement connue. Des tables existent jusqu'en 2050, établies par les Instituts d'études démographiques quel que soit le pays étudié. Le responsable marketing d'une entreprise connaît par ailleurs (par panel ou sondage) la répartition par strates d'âge de la clientèle de ses produits. Il en constate déjà, sur une longue période, l'évolution. Les banques et les sociétés d'assurances l'ont compris en proposant des produits « retraite » fondés sur l'évidence que les futures retraites verront leur valeur diminuer, le rapport entre population active et population retraitée devenant déficitaire.

Opérationnellement, pour les entreprises, la connaissance des comportements des consommateurs rend désormais possible la prévision des ventes, grâce à l'apparition de nouveaux modèles dont disposent la plupart des sociétés d'études. Le nombre de paramètres pris en compte est déjà considérable, compte tenu de la production croissante de statistiques de marché et de statistiques économiques. Ces modèles fourniront des prévisions de ventes, selon les territoires et les populations que les entreprises pourront façonner suivant leurs politiques de vente.

De même, il convient de comparer les statistiques démographiques d'un pays avec celles des autres pays. Ces comparaisons peuvent avoir leur influence sur une segmentation européenne, voire la constitution d'une gamme de produits destinés à l'ensemble de l'Europe.

L'évolution des revenus rétrécira l'offre de moyenne gamme

C'est un propos délibéré que de vouloir réduire l'éventail des revenus. Les salaires des cadres et assimilés ont progressé moins vite que ceux des ouvriers et des employés. Le pouvoir d'achat des agriculteurs a également baissé, ainsi que celui des artisans et des commerçants. Les conséquences sur la réflexion marketing sont surprenantes.

La baisse relative du pouvoir d'achat des catégories socioprofessionnelles élevées ne perturbera pas les marchés des produits de luxe, car ils font partie d'un genre de vie presque « nécessaire ». Même si une faible part de ces hauts revenus renoncent (en quantité achetée uniquement), ils seront vite relayés par les catégories suivantes qui accéderont ainsi à un statut valorisant. De même, on peut supposer que les bas revenus, actuellement sous-consommateurs de beaucoup de produits de base (alimentaires entre autres), vont augmenter leur consommation en quantité, mais non en qualité, dans les premières années de l'accroissement de leur pouvoir d'achat.

Ainsi, ce sont surtout les produits de milieu de gamme qui vont souffrir. Voilà une excellente opportunité pour examiner la place de chaque produit sur son marché et rechercher des nouveaux positionnements plus conformes à cette redistribution des revenus.

La prospective des revenus concerne tous les marchés
comme le domaine de l'épargne, par exemple,
qui devrait être aussi perturbé.

Jusqu'à présent, l'épargne était le plus souvent passive. Les hauts revenus souhaitaient un rendement en capital et généralement peu de revenus. À l'inverse, les bas revenus recherchaient un taux de rémunération élevé, assorti essentiellement d'une grande sécurité des placements. L'ensemble des épargnants mobilise rarement leur avoir. Les épargnants, soit à cause d'un revenu en baisse « relative », soit à cause de l'accès à une offre plus étendue de produits, vont rechercher des formes d'épargnes plus facilement mobilisables. Là encore, le marketing doit prendre en compte l'évolution de ce paramètre. Les distributeurs, voire les fabricants, proposeront des épargnes-crédits, les banques des épargnes-relais entre plusieurs types de placement et la sécurité.

Le temps disponible est la future dimension de la demande

Cette dimension est fondamentale dans la démarche du conducteur marketing (voir introduction). C'est en elle que se déploient les comportements des individus, en particulier les comportements de consommation.

Les consommateurs deviennent riches en temps et cette tendance ne peut que s'accentuer dans l'immédiat. La durée du temps de travail qui a diminué dans les pays à conjoncture élevée devra nécessairement remonter à cause de la baisse de la natalité occidentale. La baisse constante de la main-d'œuvre disponible, conjuguée avec les revendications syndicales du moindre emploi, sera insupportable à terme, et l'immigration sera l'unique solution.

La notion de l'aménagement du temps de travail est largement répandue. Chacun étant responsable de son emploi du temps peut ainsi disposer, avec les horaires souples, de son propre temps libre, selon ses besoins. Cette responsabilité deviendra la règle des emplois du temps. Alors qu'il y a une dizaine d'années, un cadre se devait de rester tard à son bureau, il s'oblige aujourd'hui à revenir chez lui le plus tôt possible : le jeune loup a cédé la place au super doué de l'organisation. Ce temps disponible soutient la «civilisation du temps libre».

Ce temps disponible prépare aussi
de nouveaux comportements et ouvre des marchés.
Le responsable marketing doit s'interroger :
si les consommateurs disposent de plus de temps libre,
quelles en seront les conséquences sur mon marché?

En outre, toutes les entreprises ont un nouveau marché à investir : celui du temps. Jusqu'à présent, elles ont investi celui de l'argent : la part de marché d'un produit, c'est bien la part de toutes les sommes dépensées pour acquérir ce produit. Le temps consacré à la consommation d'un produit est un marché en lui-même, qu'il faut investir et éventuellement protéger. Pourquoi ne pas créer un panel de mesure de la consommation du temps disponible?

À l'évidence, certains marchés sont directement concernés. D'activité diffuse, le bricolage est aujourd'hui un véritable marché avec ses produits spécifiques, une distribution spécialisée qui croît chaque année avec des unités allant de l'hyper à la boutique, une presse abondante et une publicité d'un haut niveau d'investissement. Les médias sont également influencés par le temps disponible. Les pages de jeux prennent de l'importance, les périodiques du week-end sont apparus. Chaque quotidien lance ou va lancer un supplément du samedi et les magazines spécialisés dans les jeux se multiplient; chaque mois voit apparaître des périodiques centrés sur un sport, une activité de plein air ou un genre de musique.

L'Internet est un domaine où le temps est le véritable enjeu. Les connexions s'évaluent en nombre et en durée. La prospective de toutes les communications est dominée par ces critères. Il faudra nourrir le temps par de la communication, donc par de l'argent.

Les communications seront les moteurs de l'évolution de la société

Pour les sciences physiques, le présent est reproductible. L'avenir y est une hypothèse parfaitement décrite et paramétrée et l'expérimentation n'est généralement qu'une vérification. Pour les sciences humaines, l'avenir est conjecture et l'expérimentation est une découverte jamais renouvelée à l'identique.

Il y a cependant des tentatives d'appréhension de l'avenir. Les prévisions courent les magazines et la politique-fiction hante les édiles. Des groupes d'informaticiens, de sociologues et d'économistes publient des descriptions de l'économie mondiale pour la décennie à venir, descriptions qui sont souvent contradictoires pour certaines de leurs conclusions, mais qui s'accordent sur les tendances de base. Le marketing doit être attentif à ces essais qui donnent des indications précieuses concernant l'environnement général dans lequel les marchés et leurs acteurs vont évoluer.

Parmi cet ensemble foisonnant de la prévision, il convient d'accorder de l'attention à des résultats qui tentent de montrer ce que sont les mentalités, ce que sont les courants de pensée qui peuvent expliquer les attitudes et les comportements actuels et surtout comment cela va évoluer dans les années à venir. Ce sont des données directement utilisables par le marketing, qui mettent à la disposition de ses responsables les statistiques «humaines» de l'avenir.

Une question reste cependant sans réponse : quelle est l'origine des mentalités, comment se forment-elles, quelle est la force qui serait responsable de leur évolution? Les travaux tant américains qu'européens ne répondent pas à cette interrogation. Une hypothèse peut être avancée : l'information serait cette origine et cette force d'évolution.

C'est l'information qui modifie les manières de penser
et de voir, d'être en relation avec les autres, car elle montre
d'autres manières de penser, de vivre en société.

Que l'on pense aux formidables coups de boutoir infligés par la télévision à nos croyances et à nos attitudes! Les jeunes de San Francisco, les Japonais dans leurs drôles d'usines, les Danois, les Italiens, leurs vies privées ou leurs spectacles, tout nous est montré. Comment les modes de vie pouvaient-ils évoluer lorsque le village voisin était déjà lointain et la ville encore inaccessible? On peut avancer que les flux culturels connaissent depuis le début du XXe siècle une accélération considérable de leur évolution. L'information en est l'origine. Une société fermée sur elle-même n'évolue pas. Le changement vient du choc entre l'habituel et l'étranger. Le barbare est nécessaire à toute évolution. L'histoire montre que l'isolement conduit à la décadence et que le renouveau est dû à un franchissement de frontière. Aujourd'hui, c'est l'information qui franchit nos frontières télévisuelles, l'Internet en étant l'accélérateur universel.

Ainsi, l'information exogène est-elle, selon notre hypothèse, le moteur de l'évolution des styles de vie et leur origine. Elle va provoquer des changements de modes de vie, qui, à leur tour, donnent naissance à des informations endogènes qui vont accélérer le premier mouvement induit. Plus cet ensemble d'informations sera important, en force et en amplitude, plus l'évolution provoquée sera déterminante à son tour pour d'autres mouvements et d'autres informations. C'est la société tout entière qui en est changée.

Les communications seront mondiales et proches à la fois

Deux avenirs vont structurer la communication : le monde et la région. Le monde est aujourd'hui accessible à tous, excepté aux populations défavorisées. Cependant, celles-ci connaissent les donateurs de tous les horizons dont le nombre et la présence vont croître sans interruption. La télévision, la radio et la presse consacrent une place croissante aux informations internationales. De plus, Internet offre l'accès à tous les horizons.

*Cette information internationale nourrit une culture mondiale
que chacun acquiert sans effort chaque jour.*

Chaque événement, chaque catastrophe fait découvrir une ville, un lieu, souvent inconnu la veille et dont les rues deviennent familières le lendemain soir. On peut en dire autant du cinéma, de la publicité, de la recherche, de la politique, de la mode, de l'alimentation, biens communs de tous dont les origines réelles sont indifférentes. Toutes les conceptions ont désormais un objectif mondial. On ne crée plus rien pour ses voisins.

La région, l'autre avenir de la communication, devient l'unique cadre de vie quotidien. Tous les acteurs régionaux n'ont de cesse d'être entendus. Cette évolution accompagne la perte d'intérêt pour le niveau national qui sera finalement englobé dans le niveau continental : l'Europe comme une seule nation par exemple.

La communication régionale accentuera
ses spécificités locales et parlera sans cesse des cadres
de vie, le plus souvent d'une manière pratique.

Ces deux tendances seront accélérées par les progrès considérables que connaissent déjà les vecteurs de la communication qui mettent le monde à portée de nos sens.

LES DIFFÉRENTS TYPES DE PROSPECTIVE DES MARCHÉS

Cinq types de prospective des marchés redessineront les entreprises.

L'international sera l'unique dimension des marchés

La pensée hexagonale est étriquée. L'international est la seule perspective en marketing de stratégie. Il n'est pas un seul marché intérieur qui ne puisse être influencé par une économie étrangère. Ce n'est pas seulement un enseignement qu'il faut y rechercher, mais l'évaluation des risques de contagion ou d'envahissement. L'Europe est là avec ses régions, elle n'est plus là avec ses nations. Les frontières des nations sont gommées.

Le maillage de l'analyse marketing est désormais établi pour de nombreuses années entre :

- le local, encore recherché par les entreprises et toujours mieux connu;
- la région, sous deux formes : la région de grandes frontières, géographique et historique, élément le plus vivant d'une fédération européenne, et la région qui retient les individus ayant pour activité un comportement semblable, les bassins de comportements marbrant l'Europe de couleurs dégradées;
- le pays entier, l'Europe comme un unique territoire, grand comme un continent, avec ses segments de marché;
- le marché planétaire, étudié dans ses grands courants, qui donne la vraie dimension à toutes les stratégies d'entreprise.

Surveiller le monde comme l'entreprise de proximité

C'est en analysant le paramètre international que l'on doit s'interroger sur le problème des coûts de fabrication, en particulier sur celui de la main-d'œuvre. Chacun sait comment le marché textile français a été attaqué par des produits d'un prix de revient cinq à dix fois inférieurs au prix de revient des produits français comparables, de même pour le marché des chaussures…

Réfléchir sur la finalité d'une entreprise, sur son avenir à moyen et à long terme, implique nécessairement de se préoccuper des avantages dont disposent les pays en voie de développement, sans omettre pour autant les pays industrialisés, dont les atouts sont comparables aux nôtres. Une attitude responsable consiste à établir une liste des pays dont il faut suivre prioritairement les évolutions, choisis en fonction de leur avance technologique, soit de leur procédé de fabrication plus économique, soit de l'étendue de leurs débouchés.

La mondialisation des marchés

Ce sont les statistiques d'importation et d'exportation tenues par la direction des douanes qui constituent la source d'informations la plus fiable, et cela pour tous les pays. Il convient cependant de faire attention aux unités employées. D'un tableau à un autre, il y a parfois des changements d'unités qui rendent les comparaisons difficiles. De même, les douanes n'utilisent pas forcément les unités couramment admises par les panels ou les syndicats professionnels, ce qui ne simplifie pas les études de marché intégrant plusieurs sources d'information. Et cela naturellement diffère d'un pays à un autre.

Un marché très importateur est soumis aux décisions d'entreprises lointaines. Il est parfois difficile d'en prévoir le comportement. De plus, ce sont généralement des entreprises importantes. Leurs produits ont fait leurs preuves. Il convient d'apprécier l'influence réelle des marchés d'origine.

L'importation est un phénomène complexe

L'entreprise qui fait fabriquer à l'étranger et qui vend cette fabrication dans son marché d'origine fait-elle de l'importation? Comment saisir avec exactitude l'origine des produits importés, quand il suffit parfois d'une étiquette ou d'un cachet pour les baptiser «français» ou «européens»? De même, lorsqu'un fabricant effectue un montage de pièces d'importation, quel est réellement le statut de l'objet vendu sous sa marque?

En revanche, un marché exportateur, s'il est soutenu par des entreprises dynamiques, n'est pas à l'abri de fluctuations. Il conviendra de surveiller constamment la santé des marchés extérieurs. S'ils viennent à diminuer leurs importations, le marché d'origine sera lui-même perturbé par des entreprises recherchant des ressources supplémentaires. Établir la balance importation-exportation sur une longue période est une importante contribution à la prospective du marché étudié. Il s'agit bien de l'une des principales caractéristiques qui va largement contribuer à la compréhension des structures du marché et à la prévision de son évolution.

L'interpénétration des marchés est un concept à la mode. Ce n'est pas sans raison. L'Hexagone est une perspective dépassée. Chaque produit a désormais une vocation planétaire. De même, chaque pays se profile comme un vendeur sur le marché mondial. S'obliger à analyser les importations et les exportations d'un marché, c'est s'obliger sainement à dépasser la contrainte étroite d'une seule frontière, c'est s'obliger à considérer ces mouvements commerciaux comme des informations qui renseignent sur le fonctionnement du système international que constitue le marché. Il n'y a plus de marché national. La dimension est européenne. La réalité est mondiale.

Les habitudes de consommation deviennent identiques

Les nations européennes se sont largement ouvertes à l'immigration dans la période qui a suivi la Seconde Guerre mondiale. Selon le recensement, le taux de présence étrangère en France est de 8 %.

Les ethnies sont des marchés : les immigrés influencent les marchés de leur pays d'accueil. Un conserveur s'est aperçu que la très forte croissance des conserves à base de viande de bœuf était essentiellement due à la population musulmane qui ne consomme pas de viande de porc. La consommation d'autres produits alimentaires, comme l'huile et le poisson, est fortement influencée par les habitudes alimentaires des populations espagnoles et portugaises.

Par ailleurs, Air France dispose d'un nouveau segment de marché du transport aérien : les déplacements des chefs de famille maghrébins, mouvement aller-retour qui concerne plus de 1 600 000 personnes par an. Qu'une nouvelle immigration s'effectue avec les pays de l'Orient ou de l'Afrique noire et ce sont de nouveaux produits alimentaires qui auront une part plus importante dans le marché général.

En revanche, la politique que les pouvoirs publics de nombreux pays applique aux ruraux a pour principal objectif de fixer cette population dans son habitat traditionnel. Il y a de nouveaux marchés qui s'ouvrent : équipements de loisirs, implantation forte du secteur secondaire, mécanisation agricole, entreprises moyennes agroalimentaires, gestion de l'environnement, réserves naturelles.

La mobilité de la population

La mobilité de la population est un phénomène récent en France alors qu'il est banal aux États-Unis, où près de 20 % des individus changent de domicile chaque année. Nul ne peut douter que des encouragements à la mobilité ne manqueront pas d'être adressés par les pouvoirs publics à certaines catégories de salariés dans les années à venir.

Mais comment loger ces populations migrantes ? On peut imaginer des formes nouvelles de gestion de l'habitat comme des contrats de location valables dans toute la France, des forfaits de frais de déménagement et d'installation, des formules de location d'appareils ménagers applicables lors de chaque nouvelle implantation, sans avoir à transporter l'ensemble de l'équipement du ménage.

On peut concevoir également une amélioration du confort des caravanes qui pourraient constituer un habitat permanent qui «suivrait» ses propriétaires, ainsi que des camps modernes et confortables où ces caravanes pourraient être accueillies, avec des commerces adaptés.

Nous parlerons international

L'espagnol restera très pratiqué mais l'anglais sera universel. Il faut déjà penser aux modes d'emploi, à Internet, à l'enseignement, à l'édition, à la publicité qui ne sera bientôt plus un langage local. Facilitation d'un discours unique, adapté seulement dans ces pays mais non dans sa langue. La mobilité des emplois fera le reste. On commence à s'exprimer en anglais dans les entreprises locales, même sans visiteur anglophone. Et nous vivons international. Les habitudes alimentaires locales disparaissent, les petits-déjeuners sont anglais, l'exercice professionnel commence plus tôt et finira aussi plus tôt dans l'après-midi, vacances morcelées. Ces modes de vie à l'international vont modifier les consommations, modifications qu'il faut prendre en compte dès aujourd'hui. C'est urgent.

Ce qui est retenu et analysé dans un pays doit être étendu à l'ensemble des pays. Les décisions de Bruxelles construisent un marketing européen, les projets de

Washington influencent ceux de Tokyo. Le marketing est désormais mondial, comme le sont les entreprises. À terme, les pouvoirs publics et les entreprises partageront le gouvernement mondial.

> *Les orientations des pouvoirs publics tiendront compte des options stratégiques des entreprises ; celles-ci feront coïncider leurs politiques de produits et commerciales avec les volontés des pouvoirs publics.*

Les progrès techniques seront les principales informations marketing

L'entreprise dépend d'un paramètre de crise majeur : l'évolution technique. C'est le caractère dominant des marchés.

Le responsable du marketing ne doit pas s'en remettre aux techniciens de l'entreprise pour surveiller les progrès techniques. En marketing, il faut avoir des yeux et des oreilles partout. Il faut sans cesse provoquer les techniciens de l'entreprise, les avertir de ce qui se passe dans des marchés différents mais à technologie proche.

> *Au marketing de déranger, de faire entrer l'imprévisible dans l'entreprise.*

Les progrès techniques dynamisent les marchés

Le progrès technique est l'élément dynamique qui explique les âges des marchés. Après un lent démarrage, la vente des postes de télévision a été stimulée par l'apparition des grands écrans, puis par celle des portables. Aujourd'hui les commandes à distance donnent de l'intérêt aux ventes de renouvellement, ainsi que les jeux, incorporés ou non, le son stéréo, bientôt le magnétoscope intégré et puis les écrans géants de la télévision haute définition. On parle pour demain de l'écran mural. Il existe déjà des écrans de télévision de la taille d'une montre. Quel marché que celui de la télévision individuelle toujours au poignet! D'autant qu'elle est couplée avec Internet, qu'elle pourra même émettre. Brusquement, un autre marché se dessine, celui des communications audiovisuelles individuelles à distance, marché si fantastique qu'il rejoint celui de l'ordinateur, jusqu'à se fondre avec lui pour ne plus faire qu'un seul appareil.

On peut vendre du progrès technique

Le progrès technique peut constituer réellement le marché : en haute fidélité, les marques ne recouvrent que le progrès technique qu'elles promeuvent.

Le progrès technique peut ne concerner que les procédures de fabrication : le découpage des tissus au laser a bouleversé la confection du prêt-à-porter sans que le produit fini soit modifié.

Il peut s'appliquer à la gestion : la micro-informatique permet de connaître quotidiennement les ventes, de reconstituer les stocks automatiquement.

> *Le conducteur marketing doit prendre en compte*
> *ces trois niveaux d'apparition des progrès techniques,*
> *car les entreprises présentes sur le marché étudié,*
> *selon qu'elles les adoptent plus ou moins,*
> *seront des compétiteurs à suivre ou non de près.*

Le marché risque d'en être modifié dans son évolution, puisque c'est l'offre tout entière qui en sera affectée. Ainsi le responsable marketing doit-il s'entretenir fréquemment avec le département Recherches de l'entreprise, consulter les revues techniques, exercer son imagination sur l'introduction de procédures nouvelles venant de secteurs éloignés de celui qu'il étudie. Il est évident que le marché de la conserve sera totalement bouleversé par la stérilisation par rayonnement et que sera résolu le problème de la conservation des aliments frais.

> *Connaître tout ce qui se passe, toutes les recherches,*
> *toutes les actions commerciales, etc. :*
> *la notion de veille deviendra fondamentale.*

Il convient pour une veille technologique de dépouiller toutes les publications d'un domaine (techniques et commerciales), de suivre les dépôts de brevets, de connaître les travaux des laboratoires de recherche (en s'abonnant à des banques de données mondiales), de fréquenter les expositions, de voyager souvent et de naviguer en permanence sur l'écran Internet, enfin, de diffuser largement ces informations dans l'entreprise. Des sociétés proposent aujourd'hui des prestations d'information permanente, voire des services d'alerte, aux entreprises ne pouvant pas créer elles-mêmes cette fonction.

La véritable innovation n'a pas besoin du marketing

Le progrès technologique peut être un produit. Dans les marchés de la haute technologie, de l'informatique, de l'électronique, de la biologie, la base de la démarche marketing, qui consiste à étudier les attentes du marché pour apporter la réponse la plus adaptée, n'est jamais appliquée. C'est la mise au point de l'innovation qui est la première démarche. Elle est ensuite mise sur le marché. Le temps presse car d'autres entreprises sont, elles aussi, à la veille de proposer des innovations. Ces entreprises n'ont pas le temps de faire du marketing. Il s'agit ici du produit à l'état pur, sans passé, sans image, un ensemble de performances qui brise le marché. Une lessive qui réparerait l'usure du linge en un seul lavage n'a nul besoin d'un plan marketing pour être imposée, uniquement pour perdurer.

Le progrès technologique explose chaque jour

On parle des progrès technologiques. On écrit sur ce sujet. Qui songe à utiliser ce paramètre pour prévoir des évolutions de marché?

Il est prévu des fours à micro-ondes couplés aux congélateurs et programmables à 24 heures. Dès aujourd'hui, les entreprises agroalimentaires doivent rechercher de nouveaux produits répondant à cette nouvelle possibilité technique. Les disques laser sont apparus avec plusieurs heures d'enregistrement. Le marché de l'édition ne risque-t-il pas d'être bouleversé? Comme celui de l'enseignement, comme celui de l'information technique et commerciale, comme les pratiques de certaines professions (juridiques, assurances). L'usage d'Internet remet en cause toutes ces activités. Quelle stratégie pour gagner sur le virtuel?

Déjà les foyers disposant de plusieurs télévisions modifient profondément leurs modes de vie. Chacun regarde son programme, les jeunes en particulier. Les communications entre adolescents s'intensifient avec les portables et les SMS; même au domicile familial, les adolescents restent en relation avec leurs copains et une véritable communauté se crée ainsi parallèlement à celle de la famille.

Les téléviseurs actuels vont être remplacés par des écrans plats muraux. Ne serait-ce pas le point de départ d'une nouvelle forme de mobilier adapté, un agencement modifié des lieux de vie? D'autant plus que télévision et ordinateur seront réunis et relayés par les portables.

L'innovation technique ne connaît pas de pause
et les nouveaux marchés n'attendent pas.

Le conducteur marketing doit rester attentif,
au-delà de la rédaction du plan marketing.

Pourtant, il y a une limite à la miniaturisation des microprocesseurs : la largeur d'un trait fait au laser. La puce va connaître bientôt sa capacité maximale. Le marché de la micro-informatique va pouvoir souffler. Mais le répit est illusoire : le silicium va être remplacé par une protéine et toutes les possibilités, du stockage à la vitesse de lecture, vont être multipliées par 1 000 000. Bien plus, il s'agit d'un domaine nouveau : la bio-informatique. À quand les implants de connaissances, directement dans le cerveau ?

La procédure d'établissement du conducteur marketing développée ici prévoit de dresser l'inventaire systématique des recherches pouvant modifier les techniques utilisées dans l'élaboration et la fabrication des produits constituant le marché principal, sans oublier les produits des marchés environnants, en retenant surtout les utopies les plus incroyables.

Les profits, véritable enjeu des entreprises

C'est quoi une entreprise ? Un projet réalisé, une production admirée, un personnel enthousiaste, un fondateur charismatique, une hégémonie territoriale, un réservoir de confiance, un pouvoir politique ? Tout cela certes, mais avant tout un chiffre d'affaires et un profit, seuls paramètres d'existence et de croissance. Le reste est image. D'autant que l'avenir sera construit par les actionnaires, encore plus attirés par les profits et de moins en moins par les projets de production.

Connaître le montant des profits d'une entreprise, c'est connaître sa faculté de réaction aux évolutions de son marché. Lorsqu'une entreprise élabore son conducteur marketing, elle le fait selon un objectif général d'expansion. Le propos est le plus souvent de prendre des parts de marché. L'une des explications du dynamisme des marchés est là.

Or, réagir aux initiatives de la concurrence suppose des moyens encore disponibles au moment de leur apparition. Un marché dans lequel les entreprises présentes ont la possibilité de réaliser des projets ambitieux est un marché dur à pénétrer et il est difficile de s'y maintenir, l'inverse étant vérifié. La capacité de faire des profits et les taux réalisés sont des signes de force ou de faiblesse dans la commercialisation des produits. Il faut cependant se garder de les étudier séparément des autres moyens. Une entreprise ayant un taux de profit faible depuis deux ans, mais ayant modernisé ses moyens de production, sera vraisemblablement un partenaire plus efficace qu'une entreprise ayant des profits élevés mais des usines vétustes.

La santé financière de l'entreprise s'apprécie à partir de signes multiples

Il n'y a pas une fiche pour toutes les entreprises. Il est possible de pallier cette absence en rassemblant des informations d'origines multiples :

- auprès de la force de vente qui entend parler de la santé des entreprises par les détaillants et les grossistes;
- auprès des acheteurs des centrales d'achat qui sont obligés de tester financièrement leurs fournisseurs et qui possèdent parfois des renseignements d'origine bancaire, mais aussi le parc des voitures des représentants, l'allure du siège social de la société, le niveau des stimulations accordées à la force de vente, etc.

Il convient d'inclure, dans ces appréciations, les entreprises étrangères présentes ou non sur le marché étudié. Si elles sont présentes, l'analyse des profits portera aussi bien sur la filiale que sur le groupe international auquel elle appartient. Si elles ne sont pas encore présentes, il faudra néanmoins les prendre en considération. Une entreprise extérieure dégageant d'importants profits est une menace constante. De même, pour les entreprises locales, il est nécessaire de prendre en compte l'ensemble des affaires étrangères avec qui elles ont des liens financiers. Au plan international, de très nombreuses publications de fiches concernant les entreprises de chaque pays paraissent régulièrement.

Ce sont les moyens financiers qui permettent l'accomplissement du dynamisme de la direction de l'entreprise. Le directeur financier, responsable de la rentabilité, intervient sur tous les projets. Si la rentabilité est entamée, il va chercher à la rétablir, même aux dépens de l'expansion.

Le responsable marketing doit non seulement consulter le directeur financier, mais surtout travailler tous ses projets avec lui, avant même qu'ils ne soient finalisés.

Les actionnaires exigent l'augmentation constante des profits, même au détriment des investissements, certains acceptant même de sacrifier quelques parts de marché si les profits augmentent. Il existe cependant des exceptions comme le montre l'exemple suivant.

Des entreprises à profit social

Des entreprises vont être créées selon une conception inverse : juste assez de profits pour assurer les investissements nécessaires pour que l'entreprise puisse progresser selon l'évolution des techniques. Les investissements en équipement et en locaux seront assurés.

Cependant, le personnel acceptera des salaires inférieurs au marché et les actionnaires ne recevront qu'une rémunération pour leurs actions, équivalente au taux d'intérêt du placement le plus populaire du pays. Les profits, d'un niveau normal, seront répartis entre des causes sociales choisies par le personnel.

La communication de ces entreprises mettra en avant cette volonté sociale. Ces entreprises bénéficieront ainsi d'une notoriété importante et d'une image valorisante. Ce seront des entreprises à profit social.

Les actionnaires se fixent sur les dividendes, rarement sur le marketing

Les actionnaires qui furent des personnalités connues pour leurs capitaux disponibles ont été remplacés par des entreprises toujours plus expansives, puis par des sociétés financières comme les compagnies d'assurance, mondiales évidemment. Les prospectives de l'actionnariat montrent encore l'accroissement de leur puissance avant 2005, largement dépassé par les fonds de pension. Ces fonds sont encore en majorité américains, mais, depuis peu, la naissance de fonds nationaux ou internationaux mondialise leur prise de participation. L'actionnariat sera ainsi sans état d'âme et les sommes disponibles seront de plus en plus considérables.

Abandonner une entreprise en difficulté, donc la faire disparaître, sera fait en quelques minutes, sans aucune affectivité. L'avenir des entreprises sera ainsi déterminé par les professionnels de la fructification des capitaux investis qui proviennent de l'avenir financé par les futurs retraités.

Les entreprises du futur sortiront de leurs murs

La prolifération non maîtrisée des techniques, la recherche impérative des profits, la mondialisation réalisée de tous les marchés décriront la concentration ou l'unicité des entreprises. Le mouvement majeur est la délocalisation. Pourquoi fabriquer ici ce qui peut se faire pour quatre fois moins cher ailleurs ?

Les acteurs des marchés subordonneront le présent à l'avenir

Les tendances des marchés n'apparaissent pas seulement dans l'analyse du passé, elles s'observent aussi dans la vision de l'avenir. Le passé sur une longue période est fait de cette évolution que l'on recherche. Il suffit de la lire. L'avenir est de même. Le savoir à long terme permet de revenir au présent, étape par étape. Le chemin des pronostics est tracé. L'itération consiste en ce va-et-vient temporel, de l'avenir au présent, et autorise l'examen des conséquences de la prévision, pourtant jamais complètement explorées. Le présent est contenu dans le futur, plus vaste encore et plus complexe.

*Rédiger un plan de marketing, analyse des données faite,
c'est façonner l'évolution d'une entreprise à l'intérieur
de l'évolution générale de son environnement.*

La certitude de l'analyse du passé fonde l'imagination raisonnée de l'avenir. L'un pourtant ne va pas sans l'autre. L'étude du passé sans la préhension de l'avenir est myopie. Les paramètres d'évolution, fort nombreux, appartiennent à la démographie, à la politique, à l'économie et à la technique. Le responsable marketing ne peut pas les surveiller tous. La facilité recommande de les prendre séparément et de tirer à chaque examen les conséquences induites pour le problème étudié. La somme des conséquences alimentera la compréhension du présent et la précision de son évolution.

Les paramètres de tendance sont répartis en cinq groupes interactifs

La répartition proposée ici a pour objectif de préciser la relation de chacun des groupes avec la prospective des marchés.

Premier groupe : les paramètres comme les revenus, les strates d'âge, le budget temps et le niveau d'information sont directement liés aux consommateurs. Ils influencent directement la consommation finale des produits de grande consommation. S'il s'agit de produits de service aux entreprises, on y trouvera les marchés de ces entreprises, leurs procédures d'intervention et leur taille. S'il s'agit de produits industriels, ce premier groupe comprendra les procédures de fabrication, les matières premières et les clients finaux.

Deuxième groupe : les paramètres qui influencent globalement chaque marché, ainsi l'aménagement du territoire, le progrès technologique, l'énergie et les matières premières, l'internationalisation des marchés, le rôle de l'État. Les produits de service et industriels sont aussi gouvernés par ces paramètres.

Troisième groupe : les paramètres comme la rentabilité, la politique des achats, les techniques disponibles, la circulation de l'information et le positionnement international qui caractérisent les entreprises concernées. Il s'agit ici de prendre en compte les entreprises de tous les intervenants du marché étudié, quel que soit leur rôle.

Quatrième groupe : les paramètres qui orientent les utilisations des produits. Ces utilisations évoluent et traduisent une transformation des attentes. Consommer est un langage. Que veut dire le consommateur quand il commence à dévier de ses habitudes ? Aux responsables du marketing d'entendre ce discours informulé. Les utilisations des produits sont les langages des utilisateurs.

La créativité du yaourt est géographique

Le taux de consommation du yaourt est en France le plus important du monde. Cette consommation s'est d'abord établie sur le yaourt nature. Après une exceptionnelle croissance, le marché s'est stabilisé puis, classiquement, il s'est sophistiqué.

Le yaourt au début consommé nature comme un produit sain, se suffisant à lui-même, a bientôt été consommé avec des fruits ou de la confiture. Il est devenu un produit support. Ce fut l'apparition d'une nouvelle offre industrielle : les yaourts aromatisés et aux fruits et, parallèlement, les crèmes-desserts, ensuite les yaourts coupe-faim, bientôt des mini-repas, le fromage blanc devenu matière accompagnatrice comme le fut la farine.

À cela, les comparaisons internationales multiplient les utilisations différentes des produits. Ici, la créativité est géographique.

Toujours dans le domaine alimentaire, le tourisme, en forte croissance, fournit de multiples occasions de découvrir des aliments nouveaux et renforce les marchés des produits exotiques (légumes, fruits, poissons et plats préparés).

Bien observer la consommation, c'est créer une nouvelle fabrication internationale

Les signes d'un futur changement dans la manière de se nourrir, s'habiller, s'équiper et se distraire proviennent, le plus souvent, des jeunes citadins. Ils sont à l'affût de l'innovation et sont les plus touchés par les nouvelles offres. Puis le nouveau marché s'étend à d'autres couches, pour terminer par les personnes âgées à faibles revenus des zones rurales. La saturation est alors atteinte. Lorsqu'ils se sont mis à tartiner du pain de mie avec de la crème de saumon, le marché des biscuits pour apéritif était né. Quand ils sont partis en fin de semaine hors des villes, les centres de loisirs sont devenus un concept marketing. Ce sont eux qui ont lancé le jogging et le café lyophilisé. Ils achètent aujourd'hui les micro-ordinateurs, les micro-télé-visions portables et s'encoconnent dans leur appartement en surfant sur Internet. La nourriture compte moins que la communication et l'accomplissement de soi est plus important que la carrière professionnelle.

Cinquième groupe : les paramètres qui orientent la distribution. Celle-ci a une telle puissance qu'elle peut accélérer ou ralentir, à elle seule, un marché. L'entreprise doit se préoccuper de l'avenir de ses réseaux de distribution. Plu-sieurs révolutions bouleversent la structure de la distribution, dans pratiquement tous les marchés, notamment :

- la disparition annoncée des commerces de centre-ville et ruraux, remplacés par des grandes ou des moyennes surfaces;
- la concentration des enseignes au plan national et international;
- la montée en puissance des marges de distributeurs;
- la croissance des commerces *hard discount* réduira la part des grandes surfa-ces traditionnelles car les écarts de qualité des produits vendus ne seront per-ceptibles que par des spécialistes;
- l'acquisition des produits à vendre au plan mondial, pour obtenir le meilleur coût;
- la part du commerce électronique va vite devenir significative et développera l'activité de livraison;
- la connaissance des statistiques des ventes sera instantanée, permettant des réapprovisionnements automatiques.

La distribution sera ainsi concentrée, mondiale et virtuelle : d'intermédiaire, elle est devenue inductrice. Ceci est d'autant plus vrai qu'Internet est bien là. Tous les produits sont à portée de main. Faut-il être distribué sur un site? Faut-il ou non conserver la distribution classique? Ces questions sont inévitables.

La distribution classique doit se poser les mêmes questions : quel sera l'impact sur les magasins, si la même enseigne se retrouve sur Internet? Faut-il revendre ces magasins aussitôt, quand ils valent le plus, ou attendre par précaution? Et si l'on créait plutôt une entreprise de livraison, la véritable nouveauté?

La vente sur Internet ouvre autant de perspectives que l'ouverture du premier hyper-marché et certainement plus, dans un très proche avenir, quand cette vente sera bana-lisée, grâce aux nouvelles procédures de paiement, à l'argumentation sur les produits, au choix laissé qui est pris de la même façon que l'on tendait la main vers un linéaire. Mais les acheteurs sont confrontés à un problème : la prolifération des sites. Quels sont les signes de confiance? La difficulté à résoudre est la livraison des achats, problème majeur de cette nouvelle commercialisation. Ainsi, des aires de stockage pourraient être créées dans les grandes agglomérations. Le client, en consultant le site vendeur, serait avisé de la disponibilité de sa commande. Il suffirait alors qu'il aille la retirer. Une nouvelle catégorie de points de vente apparaîtrait ainsi, car aussitôt d'autres commerces s'y installeraient. Un espace *Web and local* serait ainsi créé.

La logistique en réseau sera la base de toute politique

Les informations des entreprises seront accessibles en système e-toile : de la compréhension des demandes du marché à la fabrication de l'offre réponse de l'entreprise puis, en retour, du produit fabriqué à sa consommation. Un réseau d'actes et d'informations aux multiples imbrications sera bientôt traité globalement comme un seul système réactif.

L'augmentation du nombre de produits
pour une même classe de consommation et la baisse logique
de leur durée de vie font que les entreprises progressent
surtout grâce à leur vitesse de réaction.

Tout retard dans la mise en vente d'un produit est une perte de part de marché. L'observation montre que tous les retards sont causés par une information qui n'arrive pas à temps ou par une information non pertinente. C'est ainsi dans l'amélioration de la circulation et de la pertinence des informations que les progrès vont être les plus spectaculaires. Le nouveau système d'information porte déjà un nom : *supply chain management* ou la logistique en réseau. La solution à ces problèmes consiste en une intégration, dans un même système de communication, de toutes les informations qui conditionnent l'existence de l'entreprise dans ses marchés, selon deux flux de circulation :

* le flux ascendant qui part de la vie du marché, à base des prévisions des comportements d'achat et de consommation, de la prévision des stratégies des marques en présence qui remonte à la distribution puis à la production des produits de l'entreprise, pour parvenir enfin aux approvisionnements stockage compris;
* le flux descendant qui informe à partir des arrivées des approvisionnements qui permettent la fabrication, à partir de la réalisation de toutes les séquences de la fabrication, le transport des produits finis, souvent aussi le lieu de stockage, puis tout le système de vente des produits, comprenant aussi les relations commerciales avec la distribution.

La pratique des flux tendus est à l'origine de cette méthode de management. Les entreprises fabriqueront à la demande en évitant le stockage dont les coûts seront considérés comme prohibitifs. Tous les acteurs de l'entreprise et du marché seront désormais branchés sur la même chaîne logistique qui diffuse l'ensemble des données alors qu'auparavant chaque fonction, chaque partenaire, traitait uniquement les informations qui relevaient de son domaine d'actions.

La logique en réseau alliera les compteurs de tous les partenaires du marché

Le *supply chain manager* gère les besoins et les délais exprimés par la chaîne logistique. Il fait en sorte que les délais de remise des informations soient respectés. Dès qu'une information est disponible sur l'état de la demande, il agit aussitôt sur les commandes d'approvisionnement et sur les charges des programmes de fabrication. Cette fonction est fondamentale et son application internationale, car le respect des délais implique le choix des meilleurs fournisseurs. Le *supply chain management* tendra à relier tous les partenaires de l'entreprise en un nécessaire réseau de communication.

La méfiance disparaîtra au profit d'échanges d'informations opérationnelles. Cette toile de communication, Internet et Intranet, ainsi tissée sera consultable par tous et sans délai. Les informations seront opérationnelles, car elles seront consultables par tous. Tous les fournisseurs de la chaîne des approvisionnements, nécessaires à la fabrication du produit concerné, auront accès à l'analyse des demandes des consommateurs, ce qui pourrait influencer la nature de leurs propres produits et donc en faire bénéficier l'entreprise fabricante. De même, la distribution connaîtra, en temps réel, la somme des plans de fabrication des entreprises fournisseuses; elle pourra ainsi organiser ses linéaires en prenant de l'avance. C'est, bien entendu, le niveau et la nature de la demande qui resteront le signe initial.

Quelques idées reçues

Le marketing des e-produits n'est jamais à l'heure. Les progrès des e-techniques sont fulgurants. Les plans marketing appartiennent au Moyen Âge. Il faut faire des paris marketing.

La réussite commerciale est le résultat des interactions d'un million de paramètres, voire un peu plus. Les marketing à succès en éliminent un million et parient ensuite sur une idée exceptionnelle, celle d'après-demain.

Comprendre les marchés, tous le font. Établir les statistiques mondiales, tous le font. Mais trouver la vocation prospective de l'entreprise : il n'y a plus personne.

Si je désigne un but, c'est une politique. Si je définis des objectifs, j'impose une stratégie.

L'entreprise doit recréer sans cesse son avenir. Le sien évidemment. Pas celui des marchés, car elle pratique l'avenir des marchés depuis longtemps.

Il faut interroger tout le personnel sur son avenir. Si tous se voient ailleurs, le P-DG doit revoir ses prévisions.

Réunir les prévisions de toutes les entreprises d'un même marché. Surtout ne pas en faire la synthèse. Choisir seulement la prévision qui ne tient aucun compte de la situation actuelle.

Les prévisions doivent toujours être optimistes. Et l'on y croira. Si les résultats ne sont pas là, on cherchera des raisons. Et l'on vous aimera toujours.

Les tailles augmentent. Les petites voitures disparaissent. Il y aura moins de couverts dans les restaurants. Et moins de passagers dans les avions. Certains ascenseurs seront inaccessibles. C'est de la prospective physique.

La prospective désigne un but à atteindre ou un acte à éviter. Elle n'est jamais neutre. Il y a donc des réactions, ce qui change la situation. On doit donc refaire la prospective. Et ainsi de suite.

Quiz des dimensions prospectives

Quelles sont les informations opérationnelles de l'analyse des dimensions prospectives du marché étudié?

Quelles sont les politiques concernées par ces informations?

Quelles sont les conséquences sur leurs contenus?

Quelles sont les conséquences sur la planification de leurs applications?

Quelles informations complémentaires doit-on rechercher?

Et dans quels délais?

Qui doit être destinataire de ces informations?

Quelles influences ces informations opérationnelles ont-elles sur les huit autres domaines d'analyse et de décision?

Chapitre 2

La définition des marchés les rend prévisibles

Définir un marché, c'est découper, dans l'étendue des produits et des acheteurs, le champ dans lequel l'entreprise devra exercer son action. La définition de son marché qualifie ainsi le plan d'action de l'entreprise, fonde le langage commun de tous ses partenaires et représente prémisse et engagement.

Les notions de marché actuel, potentiel et maximal sont simples, voire simplistes. Il serait plus précis d'abandonner la notion de marché au profit de celle de vente. Il est correct d'étudier les ventes actuelles, potentielles et maximales d'une entreprise. Les ventes actuelles sont celles qui sont constatées. Les statistiques syndicales, les panels, les données des sondages en donnent des valeurs approchées. La plus grosse source d'erreur est toujours la définition du marché. De quoi parle-t-on? Quels sont exactement les produits pris en compte?

En fait, ces définitions n'apportent aucune information permettant de définir le contenu des marchés, ce qui est fondamental pour établir une stratégie. D'un panel à un autre, d'un syndicat professionnel à un autre, les produits et les marques constituent très souvent un marché différent. L'internationalisation accentue encore cette disparité et rend les analyses de marché peu comparables d'un pays à un autre.

Pour pallier ce manque de rigueur, nous proposons ici des définitions claires.

Définition	*Le marché principal est constitué par l'ensemble des produits semblables au produit étudié et directement concurrents. Exemple : si le produit étudié est le pain, toutes les formes de pain, quelles que soient les farines qui le constituent, composent le marché de référence.*

Le marché principal

Le marché principal est une réalité relative

Un marché n'est principal que pour les entreprises qui y proposent l'un de leurs produits. Un marché peut être principal ou environnant. Dans le cas de la vis, le marché de la colle est un autre marché qui environne le marché principal. Si l'on étudie celui de la colle, ce marché devient principal et le marché de la vis devient environnant. Ces deux notions sont donc relatives au produit qui est l'objet de l'analyse.

> *L'analyse des marchés principaux sert de base*
> *à l'établissement des politiques de l'entreprise.*

C'est dans son marché principal que l'entreprise va déployer ses politiques de produit, de prix, de distribution et de communication. La totalité du marché principal sera retenu comme entité dans les analyses de marché. Si Reynolds ne retient pour ses analyses que le segment des stylos à bille d'un prix inférieur à 3 €, cette entreprise y constate une position enviable et y trouve des motifs de confort. Si elle prend comme base l'ensemble de son marché principal, celui des stylos rechargeables ou non, de tout prix, les enseignements seront plus dynamiques car sa position ne sera plus aussi forte.

Chaque marché possède une segmentation qui est reconnue par l'ensemble des entreprises qui y proposent un produit, par les principales organisations professionnelles ou les sociétés d'études. Le risque est grand de travailler sur des segments de marché dont la définition est le propre de l'entreprise et non de l'ensemble du marché.

Le marché principal est une réalité évolutive

La définition du marché principal et de chacun de ses segments évolue avec les progrès techniques et les mouvements socio-économiques. La préfabrication des éléments destinés à la construction des bâtiments a bouleversé les données du marché principal du bâtiment. Ce n'est pas un autre marché qu'il serait ainsi facile d'évacuer. C'est bien un nouveau segment de ce marché principal.

LES MARCHÉS ENVIRONNANTS

Définition | *Les marchés environnants sont constitués par l'ensemble des produits de nature différente du produit étudié (marché principal), mais satisfaisant des besoins et des motivations similaires dans les mêmes circonstances de consommation.*

Il n'est pas besoin d'une étude pour décrire les marchés environnants du bœuf. Il s'agit de toutes les autres espèces animales traditionnellement consommées : porc, mouton, cheval, veau, volaille, poisson, œufs. Il convient d'être particulièrement attentif aux modes de consommation. Il peut, en effet, y avoir une concurrence due à des problèmes de prix, ou de distribution, voire de diététique. Il y a quarante ans la volaille n'était pas concurrente du steak. C'était un produit haut de gamme. Sa banalisation en fait aujourd'hui une concurrente redoutable. À l'inverse, la pièce de bœuf est devenue un plat de standing qu'on n'eut pas osé servir il y a trente ans dans un repas de «classe supérieure».

Si les habitudes alimentaires sont variées selon les régions, les catégories socioprofessionnelles, les classes d'âges et les périodes de l'année, seul un sondage peut rendre compte de la variété des produits des marchés environnants. D'autant plus que cette démarche doit être appliquée sur l'international, cette application multipliant le nombre de marchés environnants.

> *C'est bien des marchés environnants*
> *que viennent les nouveaux concurrents.*

Il faut se rappeler que le marché principal des postes de radio avait, comme marché environnant, celui des magnétophones à cassettes. Ceux-ci envahirent ensuite le marché des postes de radio. Aujourd'hui, le segment des radiocassettes est le plus important des segments du marché des postes de radio. Il en est de même pour les téléphones portables, les appareils photos et les micro-ordinateurs qui deviennent un unique appareil.

Les marchés environnants définis dans les principaux marchés internationaux peuvent être considérés comme des réserves dont peuvent surgir des concurrents redoutables, mais aussi comme des sources d'idées de diversification ou plus simplement comme des vecteurs de progrès. Quand on est dans le marché des boulons, il faut surveiller celui de la soudure.

Les marchés supports

Définition | *Les marchés supports sont constitués par l'ensemble des produits dont la présence est nécessaire pour la consommation des produits du marché principal.*

Si le marché principal étudié est celui des pneumatiques, les marchés supports sont ceux de l'automobile, des engins agricoles et de travaux publics, du motocycle et du cycle, de la construction aéronautique, ainsi que de certains engins d'usage industriel. De la même manière, si l'on étudie le marché de l'huile de table, il convient d'analyser celui de la salade. Si l'on étudie le marché des piles électriques, il faut analyser le marché des transistors, lampes, projecteurs, rasoirs, montres, machines à calculer, jouets et appareils photos et de cinéma.

La faveur accordée par les consommateurs aux grillades a été un facteur de réussite des gammes de produits d'assaisonnement. Aussi, la surveillance d'un marché support est indispensable pour prendre en temps utile les mesures nécessaires à la sauvegarde des ventes dans le marché principal. Mais elle peut être la source de nouvelles ventes dans un marché en train de naître.

Un marché principal peut être aussi dépendant
de l'évolution technique du marché support.

Un exemple

L'entreprise Lambda fabrique principalement des tables et des meubles de télévision. La diffusion de la télévision dans les foyers a favorisé son expansion.

Pourtant, les innovations concernant les tubes cathodiques et le rapprochement entre télévision et ordinateur vont permettre de concevoir des postes de télévision portables, extra-plats ou muraux, voire la simple disparition des téléviseurs au profit des ordinateurs et des téléphones portables.

Que doit faire l'entreprise ? Elle devra se reconvertir, en prévoyant à temps sa reconversion, ni trop tôt pour ne pas perdre ses dernières ventes, ni trop tard pour ne pas mourir d'obsolescence.

Le marché support peut ne pas être uniquement constitué par un produit qui supporte l'existence des produits du marché principal, mais en tant que tendance ou mode affectant ce produit. Ainsi, le marché support du collant est celui de la jupe ou du pantalon. Si la jupe l'emporte, le marché du collant sera en nette croissance, si c'est le pantalon, le marché stagnera. On peut dire que le marché support du collant est la mode.

LE MARCHÉ GÉNÉRIQUE

Définition | *Le marché générique est constitué par l'ensemble des besoins satisfaits par les produits du marché principal et des marchés environnants ; il est dynamisé par les marchés supports concernés*

Si le produit étudié est la peinture, le marché générique est constitué par le marché de la décoration. Si le produit étudié est le vin, le marché générique est celui de l'alimentation. Le marché principal est un des segments du marché générique. La définition par l'entreprise de son marché générique est une opération essentielle. Elle situe l'entreprise dans le domaine économique mondial, car on définira autant de marchés génériques que de territoires étudiés.

Au plan économique, le marché générique correspond à un secteur d'activité : le tourisme, l'alimentation sucrée, l'hygiène beauté, etc. Ses caractéristiques et son évolution vont constituer l'environnement marketing du marché principal. L'évolution du marché principal «transport par chemin de fer» est bien conditionné par l'évolution du marché générique «transport». C'est dans le cadre du marché générique que l'entreprise va élaborer sa stratégie. Le marché générique représente celui de ses potentialités.

Le concept de vocation de l'entreprise est lié à celui de marché générique. Il est clair que la vocation de l'entreprise doit être définie dans le cadre du marché générique et non dans celui, plus étroit, du marché principal. En effet, la vocation d'une entreprise est attachée à la satisfaction d'un besoin et non à l'une des techniques qui permettent de satisfaire ce besoin. L'entreprise les utilisera l'une après l'autre, mais sa vocation restera inchangée tant que le marché générique existera.

Un exemple

Satisfaire le besoin de se raser est traité par Gillette aussi bien avec des lames qu'avec des rasoirs électriques, demain avec un nouveau procédé. Il s'agit du marché générique de l'hygiène beauté. Le rasage est un des marchés principaux qui composent le marché générique de la beauté.

Le marché générique de la beauté avait deux segments : la beauté féminine et la beauté masculine. D'autres apparaissent comme celui des enfants ou des personnes âgées. Il y a bien celui des bébés et celui des animaux.

La stratégie résultant de l'analyse du marché générique est, le plus souvent, celle du redéploiement introduisant des politiques industrielles et commerciales différentes des politiques actuelles, mais assurant la survie, sinon le succès, de l'entreprise. À l'inverse, ne considérer que le marché principal conduit à exacerber les politiques industrielles et commerciales dans le cadre d'une stratégie monoproduit.

Beaucoup d'entreprises disparaissent, en même temps que leur marché principal, quand elles n'ont pas su établir une différence entre marché générique et marché principal.

Un exemple

C'est le cas classique des entreprises de tramway qui n'ont pas compris que leur marché générique était celui du transport et qui réapparaissent après des dizaines d'années de sommeil, car le marché du transport les réintègre dans la ville. C'est également le cas des entreprises sidérurgiques dont le marché principal est celui de l'acier, mais qui ont négligé de prendre en compte, pour déterminer leur stratégie de développement, leur marché générique qui est celui des matériaux de gros œuvres, marché d'autant plus fondamental qu'il est international.

Pour éviter les erreurs de nomenclature, l'expérience montre qu'il faut dresser l'inventaire de tous les marchés principaux constituant le marché générique que l'on cherche à préciser dans son contenu, ainsi que tous les marchés environnants à chacun de ces marchés principaux. Cet inventaire doit être dressé au plan international. L'agrégation de ces marchés fournira une bonne estimation du contenu du marché générique, contenu qui peut éventuellement varier selon les différents marchés internationaux.

> *La définition d'un marché générique n'est pas immuable :*
> *les besoins des consommateurs évoluent, les produits*
> *sont modifiés ; certains meurent, d'autres naissent.*

Les marchés génériques vivent à la fois dans leur contenu et dans leurs limites. Qui aurait pu prévoir l'introduction des produits de l'électroménager dans le marché générique de la beauté, avec la mise sur ce marché des vaporisateurs d'eau, des appareils pour épilation (cire ou rasoir) et des produits de traitement thérapeutique comme des pilules pour améliorer la qualité de la peau, avec ce nouvel argument publicitaire «la beauté qui vient de l'intérieur»?

Dans le système relationnel des marchés, l'entreprise elle-même est une communication

Ainsi, il n'est plus possible de se contenter de la définition classique du marché, de la rencontre entre une offre et une demande. L'expérience conduit à analyser quatre niveaux de marché, sans qu'il soit raisonnable d'en négliger un seul, dans la résolution des problèmes marketing. Ces quatre niveaux constituent le système des marchés de l'entreprise qui réagissent sans cesse les uns sur les autres. Chaque marché est un immense réseau de relations entre tous ses constituants ; ces réseaux interférant entre eux.

Un produit n'existe que s'il est créé par ce système. Le marché principal, premier niveau relationnel de l'ensemble, est polarisé par les systèmes des relations des trois niveaux qui le structurent. Il donne son nom à l'ensemble.

Le système des relations principales est constitué par l'ensemble des relations entre les produits semblables au produit étudié et directement concurrents.

Le système des relations environnantes est constitué par l'ensemble des relations entre les produits de nature différente du produit étudié mais satisfaisant les mêmes besoins et les mêmes attentes dans les mêmes circonstances de consommation.

Le système des relations supports est constitué par l'ensemble des relations entre les produits dont la présence est nécessaire pour la consommation des produits du marché principal.

Le système des relations génériques est constitué par l'ensemble des relations entre les besoins satisfaits par les produits des marchés, principal et environnants, et dynamisés par les marchés supports concernés.

Cependant, une définition ne saurait isoler un type de marché, sous prétexte qu'il présente des caractéristiques qui le distinguent des autres.

Le système relationnel des marchés d'une entreprise
constitue son marché et non ses marchés.

Les moindres décisions qu'une entreprise est amenée à prendre ont des répercussions sur tous les constituants de ses marchés, même les plus éloignés du centre de cette décision. Et toutes ces décisions sont des communications.

Les définitions proposées sont opérationnelles. L'étendue du marché principal est indépendante des croyances de l'entreprise, parfois du biais introduit par la facilité que procure une définition négligeant certains produits que ne fabrique pas l'entreprise et qui lui donne une part de marché plus confortable.

Le conducteur marketing devra suivre avec précision l'évolution des structures, des constituants des marchés environnants et des marchés supports, comme il le fera pour son marché principal.

L'observation de l'évolution des structures des marchés
mènera le conducteur marketing à saisir
les comportements de consommation.

Il est désormais fondamental de prendre en compte les marchés mondiaux, et cela de deux manières. La première consiste à appliquer intégralement les définitions utilisées dans le marché d'origine sur tous les marchés extérieurs, que l'entreprise y soit déjà active ou que ces marchés soient déterminants dans cette catégorie de produits, et cela même si l'entreprise n'y est pas encore. La seconde consiste simplement à établir les définitions à partir des données de chacun des marchés. Deux ensembles de définitions seront alors confrontés :

- les quatre définitions des marchés d'origine nationale appliquées telles quelles aux différents marchés d'exportation;
- les quatre définitions issues en propre de chacun des marchés d'exportation.

Différences et ressemblances seront constitutives de la caractéristique des marchés de l'entreprise.

© Éditions d'Organisation

Exemples de contenus à partir de quelques marchés principaux

Marché principal	Marchés environnants	Marchés supports	Marché générique
Voyages organisés	Voyages libres	Transports aériens, maritimes et routiers Attrait touristique Hôtellerie Taux de change Durée des congés	Tourisme
Peinture	Papier peint, tissu, bois, pierre apparente	Mode Construction Rénovation Niveau de vie	Décoration
Abrasifs pour bricoleur	Limes ponceuses Décapants	Bois Temps libre	Bricolage
Pneumatique	Coussins d'air, chenille	Voitures Tracteurs Cycles Engins TP Jouets Avion	Transport
Tissu en coupon	Confection	Couture à domicile Temps libre Mode Enseignement	Textile
Collant	Chaussette, bas	Jupe, robe, pantalon Mode Image de la femme	Habillement féminin
Chemin de fer	Transports aériens, routiers, fluviaux	Électricité Progrès traction Flux touristique et affaire Fret	Transport
Rasoir électrique	Rasoirs à lames Rasoirs jetables	Mode de la barbe Produits avant et après rasage Travail à domicile	Beauté

LA PROSPECTIVE DES MARCHÉS

La prospective des marchés est l'outil de l'intelligence marketing. S'il est sécurisant de prendre en compte le passé le plus lointain pour posséder une série statistique fiable qui permette la mise en lumière des grandes fluctuations, il est en revanche dangereux de vouloir trop étendre les prévisions. C'est dans l'analyse des causes de leur évolution qu'il convient de rechercher les paramètres qui influencent les marchés. L'expérimentation est mal aisée dans les activités commerciales, soit elle modifie le milieu et elle n'est plus exactement reproductible critère par critère, soit les milieux et les situations ne sont pas homogènes et l'enseignement est douteux car peu transposable. Le passé est lisible. Le marché y fluctue, dévoilé et accessible à la compréhension des paramètres, de leurs rôles et de leurs relations.

Construire le futur est un exercice de compréhension.
Inventorier les tendances d'un marché permet
de souligner ses forces et ses faiblesses. Cette prévision
apparaît comme un instrument d'intelligence
pour l'analyste marketing.

Pour les produits de grande consommation, un horizon de cinq ans représente un seuil raisonnable, alors que, pour certains produits d'équipement, les tendances des marchés peuvent être tracées jusqu'à un horizon de quinze à vingt ans. Au-delà de cinq ans, le marché du café n'est guère prévisible compte tenu de l'évolution des modes alimentaires, des problèmes d'approvisionnement, de l'évolution des prix, des concurrences nationales et internationales, des choix de la distribution. En revanche, le marché de l'équipement de l'aviation civile a des tendances inscrites dans une perspective de plus de vingt années, en raison des délais des études concernant les futurs appareils, des mises au point, des problèmes de certification, de l'exploitation des flottes actuelles et de la durée de leur amortissement.

C'est le marché principal qui est essentiellement l'objet de l'analyse. Il devra donc être étudié le plus finement possible à partir du maximum de données. L'analyste ne négligera pas pour autant les autres systèmes de marché que nous avons distingués :

- les marchés environnants, en dehors des mécanismes de leur évolution générale, seront analysés avec finesse au niveau de chacun de leurs segments. L'expérience montre que c'est toujours un segment d'un marché environnant qui devient réellement menaçant pour le marché principal et non l'ensemble des marchés environnants;

- les marchés supports seront surtout abordés dans l'étude de leur évolution générale, car c'est la condition de la survie du marché principal dans son ensemble. L'analyste observera cependant les différents segments qui les composent dans une étude plus légère pour ne pas négliger des opportunités d'innovations qui pourraient s'avérer importantes à moyen terme;
- le marché générique, plus vaste, sera surtout examiné dans son évolution générale. Un soin particulier sera apporté à la détermination des indicateurs liés à cette évolution, car ils jouent un rôle clé dans le marché principal, étant par définition inducteurs des principales tendances affectant son évolution.

La saisonnalité

C'est au moins sur une période passée de dix ans que l'évolution générale doit être étudiée. La mise en graphique apporte plus de commodité dans ce type d'analyse et met bien en évidence les ruptures de croissance. Ce sont ces signes de ruptures qu'il convient de mettre en valeur afin d'en approfondir la compréhension.

Il est important de disposer du plus grand nombre possible de points d'observation : sur dix ans, une observation mensuelle procurera 120 points qui rendront la courbe plus sensible, notamment aux variations saisonnières.

La recherche de la saisonnalité d'un marché, ou de chacun de ses segments, doit être effectuée sans tenir compte du cycle annuel. Le calendrier n'est pas forcément une norme marketing. Il est vrai que la plupart des marchés, y compris les marchés des produits destinés à l'industrie, connaissent des variations à l'intérieur du cycle annuel, ne serait-ce que par l'impact considérable en France, et dans une moindre mesure en Europe, des vacances. Ces variations sont intéressantes, car elles se reproduisent avec régularité. Elles sont donc des éléments de prévision.

La stabilité d'un marché peut n'être qu'une apparence, de même que ses fluctuations, la réalité d'un marché résidant dans la vie des segments qui le composent. S'éloigner des segments de marché revient souvent à prendre le risque de ne raisonner qu'au niveau d'un concept de produit. Ainsi, chaque segment apparaîtra dans le graphique d'évolution du marché. Il y aura autant de graphes que de segments.

L'ESTIMATION DE LA CAPACITÉ MAXIMALE DU MARCHÉ

L'estimation de la capacité maximale du marché prévoit l'impossible. On peut définir la capacité d'un marché comme étant la quantité de marchandise, en volume et en valeur, qui devrait être consommée pendant une durée déterminée, si toutes les conditions les plus favorables étaient réunies. La différence entre la taille actuelle d'un marché et sa capacité représente son potentiel de développement. Cette nouvelle notion, nécessaire au conducteur marketing, est opérationnelle.

L'estimation de la capacité d'un marché est une opération préalable à toute réflexion stratégique, car elle limite le champ des possibles.

L'estimation de la capacité maximale
est un outil du conducteur marketing.

La capacité d'un marché est à la fois l'enjeu des entreprises concurrentes et la dimension de leurs ambitions. Nous proposons trois approches pour estimer la capacité du marché. Il ne s'agit que d'approximation et les ordres de grandeur trouvés seront suffisants pour situer les limites de toute stratégie d'entreprise.

Certains marchés s'endorment, d'autres s'éveillent

Dans les marchés qui s'endorment, les produits sont achetés par nécessité et les ventes sont constantes. D'autres marchés deviennent soudainement plats après avoir connu une vie intense : aucun produit nouveau, pratiquement plus de campagnes publicitaires, ni de promotion des ventes. Les marchés restent dans le *statu quo* admis.

Peut-on définir ce qu'est un marché dynamique? La croissance n'est pas l'unique critère à retenir. Un marché est dynamique lorsque les produits qui le composent s'améliorent et évoluent les uns par rapport aux autres, les uns contre les autres, lorsqu'il y a sans cesse dépassement. Un autre signe de dynamisme est constitué par une commercialisation âpre, sans concession, sans relâchement. La distribution est sans cesse sollicitée; les linéaires sont animés constamment par des affichettes, des «stops rayon». La publicité est vive, d'un haut niveau d'investissement.

☌ TROIS APPROCHES POUR ESTIMER LA CAPACITÉ D'UN MARCHÉ

Estimation par le test de vitalité

C'est un marché test dans lequel le produit est distribué dans absolument tous les circuits de distribution et dans tous les points de vente de chacun de ces circuits. L'assortiment en rayon est abondant. Les distributeurs sont dynamisés par des remises importantes. Il y a dans les points de vente le plus possible d'animations.

La publicité et la promotion sont portées à leur niveau maximal pendant une durée qui correspond à trois périodes d'achat / ré-achat dans une zone représentative du marché national. Le volume des ventes réalisées peut être considéré comme une bonne mesure de la capacité du marché, car les conditions de surpression commerciale et promotionnelle ne sauraient être dépassées dans la réalité par quelque entreprise que ce soit.

Cette méthode permet en outre d'apprécier la capacité sous des conditions que l'on peut admettre comme une série d'hypothèses. Il est en effet théoriquement possible de faire varier les paramètres sur lesquels l'entreprise peut jouer : le prix, le circuit de distribution, l'emballage ou la promotion.

Estimation par le calcul du maximum de consommation

Quel que soit le marché ou le type de produit, la capacité d'un marché est le produit du nombre maximal de consommateurs par la quantité maximale de marchandises pouvant être consommées par ces consommateurs. En multipliant le nombre de consommateurs actuels, sans modifier leur profil, par la quantité de marchandises consommées par les plus gros consommateurs, on obtient une estimation de la capacité en attribuant au 2e segment le plus consommateur, la consommation du premier et en appliquant ensuite le taux d'augmentation à tous les autres segments.

Population	Pénétration	Quantité par personne	Marché actuel	Capacité selon la quantité consommée maximum	Capacité selon la pénétration maximum
5 000	30	120	180 000	180 000	180 000
10 000	10	30	30 000	120 000	90 000
15 000	5	10	7 500	90 000	45 000
20 000	2	2	800	48 000	12 000
Total : 50 000			218 300	438 000	327 000

Cette simple simulation permet aussi de déterminer le segment de la population qui présente le plus d'intérêt pour l'entreprise. Le résultat obtenu est à la limite de l'envisageable, mais c'est bien cette limite qu'il importe de connaître pour avoir la «pesée» d'un marché.

Estimation par le calcul du maximum de pénétration

L'estimation se fait ici en affectant au 2e segment le plus consommateur le taux de pénétration du 1er segment et appliquer ensuite le taux d'augmentation du 2e segment à tous les autres segments.

Dans l'exemple exposé ici, les efforts à venir devraient plutôt porter sur l'augmentation des quantités consommées que sur la recherche de nouveaux consommateurs. De même, le segment B apparaît comme le plus potentiellement intéressant, sa part évoluant de 14 % actuellement à 28 % en quantités consommées et à 28 % en pénétration après la simulation des capacités.

Trois remarques s'imposent

Tout d'abord, l'estimation de la capacité d'un marché doit prendre en compte non seulement le marché indigène, mais aussi, avec les mêmes méthodes d'appréciation, les marchés d'exportation en les distinguant les uns des autres.

Ensuite, effectuée à intervalles réguliers, l'estimation de la capacité d'un marché est une bonne indication de son allure d'évolution. Dans le cas particulier où le marché actuel ne décroît pas, mais où la capacité semble en régression par rapport aux estimations précédentes, on est en présence de l'apparition prochaine d'une récession générale des ventes.

Enfin, le rapprochement entre le volume des ventes actuelles et la capacité du marché permet de situer l'espérance de développement. Si la différence est négligeable, le marché a atteint son développement maximal et l'entreprise ne peut envisager qu'un développement par acquisition d'une partie des positions des entreprises concurrentes. Si la différence est forte, l'entreprise peut espérer créer de nouveaux segments qui soient des réponses aux attentes actuellement non satisfaites.

L'observation internationale est ici primordiale. Un marché peut être dynamique dans quelques pays, somnolent ailleurs. La recherche des causes de ces états, tenant compte des systèmes de consommation propre à chacun d'entre eux, s'avère riche d'informations, car celles-ci sont concrètes et déjà opérationnelles.

L'analyse d'un marché comporte nécessairement le relevé des signes de dynamisme ou d'inertie. Il faut ensuite en tirer tous les enseignements. Il n'y a pas de méthode reconnue pour cela. Il convient de procéder à un recensement couvrant au moins les dix dernières années écoulées, puis de construire un diagramme simple qui fera apparaître dynamisme et inertie.

Déterminer l'état de santé des marchés passe par l'interprétation des signes de dynamisme et d'inertie

Les signes d'inertie les plus symptomatiques d'un marché qui devient inactif constituent une liste fort longue. Par exemple, le fait que l'entreprise qui était la plus dynamique reste silencieuse (pas de changement de produit ni de croissance des investissements publicitaires depuis deux années) est un signe d'inertie qu'il faut retenir.

On notera les changements de packaging, les modifications de composition pouvant avoir des incidences sur la perception qualitative du produit, les lancements de nouveaux produits ou de nouvelles marques, les extensions de gammes, les modifications importantes de prix. Il suffira de relever l'espace de temps écoulé entre chacun de ces événements. Si ces espaces de temps ont plutôt tendance à s'allonger, ce sont bien là des signes d'inertie. Il convient d'observer une période suffisamment longue.

Les investissements publicitaires, s'ils croissent ou décroissent, renforceront le diagnostic. De même les efforts auprès de la distribution.

Les produits eux-mêmes sont des signes de dynamisme ou d'inertie. Dans un marché dynamique, les produits sont nombreux, ils évoluent souvent, ils diffèrent par des composants qui ne sont pas seulement des arguments publicitaires. Ils se surpassent sans cesse. Lorsque certains consommateurs adoptent un comportement déviant par rapport aux comportements d'utilisations habituelles du produit étudié, il s'agit d'un signe de dynamisme si c'est une nouvelle utilisation du produit, d'un signe d'inertie s'il s'agit d'un comportement constant de son utilisation.

La diffusion des circuits de distribution, sur tout le territoire et sur l'ensemble des territoires mondiaux, ainsi que celle des moyens d'information ont tendance à uniformiser la consommation. Les anciens paramètres d'identité (sexe, âge, habitat, revenu) sont moins efficaces lorsqu'il s'agit de segmenter les consommateurs d'un produit. En revanche, les paramètres psychosociologiques et comportementaux influencent les modes d'achat et de consommation.

L'observation du marché international est primordiale. L'arrivée des marques étrangères renforce le dynamisme des marchés intérieurs. Si elles sont peu présentes, c'est le signe d'un problème. L'entreprise devra étudier constamment tous les marchés de son produit sous l'angle du dynamisme et de l'inertie.

Quelques idées reçues

L'idéal est d'apprécier la capacité d'un marché avant les autres entreprises. Encore faut-il disposer d'une marque qui tienne le coup.

Les définitions des marchés ne sont pas internationales. L'ONU devrait intervenir.

La notion de marché cerne les activités, même artistiques. Par exemple, dresser l'inventaire des marchés environnants de la sculpture. Il y aura la photographie. Et d'autres.

Beaucoup d'efforts doivent être consacrés à bien définir le marché de l'entreprise pour l'ensemble du personnel. Et son avenir. La politique viendra après.

J'ai fait inscrire la définition de notre marché à l'entrée du site Internet. Depuis les questions n'arrêtent plus.

Le plateau-repas est un des marchés supports du marché principal de la télévision. Dans quel marché se situe la qualité des programmes?

La notion de marché environnant est riche. Il y en a des dizaines pour chaque marché principal. Les employés créatifs n'arrêtent pas d'en trouver de nouveaux.

Chaque matin les entreprises vont faire leur marché. Les plus performantes reviennent avec des filets pleins d'opportunités. Après, seulement après, elles cuisinent leurs politiques.

La moto est un des marchés environnants du marché principal de l'automobile. La marche à pieds en est un autre.

Le marché générique, c'est un peu le pays où vivent les entreprises de même citoyenneté. Les génériques où travaillent les leaders mondiaux sont des royaumes, parfois des dictatures.

Sans concurrence, il n'y a pas de marché.

Un marché est un système de relations. Et les relations, c'est aussi un marché?

Quiz des définitions du marché

Quelles sont les informations opérationnelles qui émanent de ces définitions des marchés?

Quelles sont les politiques concernées par ces informations?

© Éditions d'Organisation

Quelles sont les conséquences sur leurs contenus ?

Quelles sont les conséquences sur la planification de leurs applications ?

Quelles informations complémentaires doit-on rechercher ?

Et dans quels délais ?

Qui doit être destinataire de ces informations ?

Quelles influences ces informations opérationnelles ont-elles sur les huit autres domaines d'analyse et de décision ?

Chapitre 3

LES PARAMÈTRES DE TERRAIN

Il n'y a que les paramètres de terrain qui orientent les choix politiques, sans exception. Il s'agit de considérer les entreprises comme des organismes sensibles aux variations du système dans lequel elles vivent. Cette démarche permet de comprendre le fonctionnement même du système des marchés : c'est le système marketing.

Les politiques des entreprises sont les codes de conduite qu'elles se sont fixés pour améliorer les relations qui les lient à leurs partenaires. Le système des relations de toutes les entreprises d'un marché est ainsi façonné par leurs politiques. Les connaître et les comprendre contribue à l'analyse du système global du marché. Pour parvenir à cette compréhension globale, il faudra considérer ces politiques comme des actes de communication (à écouter et à lire).

L'application du conducteur marketing a ainsi
comme finalité d'influencer ce système,
afin d'accentuer la conduite offensive de l'entreprise
pour qu'elle continue à étendre son territoire.

L'estimation de chaque paramètre de terrain permet de caractériser le marché, tel qu'il existe, et d'esquisser son évolution. Chacun de ces paramètres permet à une entreprise de prendre la direction de son marché, de l'influencer pour qu'il favorise la pertinence de ses politiques, de contraindre ses concurrents à des efforts supplémentaires. Il convient donc de paramétrer l'ensemble des marchés, dans lesquels est située l'action de l'entreprise, et d'y ajouter les marchés envisageables pour de nouvelles implantations. Toutes les filiales de l'entreprise doivent participer à cette analyse.

La prospective des paramètres

La prospective des paramètres de terrain, que nous allons étudier maintenant, valide les projets d'expansion.

La disponibilité financière limite la liberté de l'entreprise

Quelle est la marge brute après investissement? Quelle est l'évolution du montant du cash-flow pendant les cinq dernières années? Autant d'interrogations dont le point commun est de tenter d'apprécier les moyens financiers disponibles des entreprises en présence sur le marché étudié, de prévoir leur capacité de réaction, de pronostiquer leur future politique d'investissement ou les moyens qu'elles vont mettre en œuvre pour soutenir leurs diversifications.

L'analyste marketing doit interroger le directeur financier de son entreprise. Il le consulte en tant qu'expert disposant d'informations précieuses sur les concurrents : les sources d'informations internationales sont nombreuses (et accessibles sur Internet) dans le milieu de la gestion financière.

Les moyens industriels et commerciaux sont des réserves de réactions

Il s'agit d'établir une hiérarchie entre les entreprises en présence, selon les moyens dont elles disposent ou qu'elles peuvent dégager rapidement dans les domaines industriels et commerciaux. Une méthode pratique consiste à affecter l'indice 100 aux moyens industriels les plus importants et aux moyens commerciaux les plus étendus, puis à noter toutes les entreprises par rapport à ces deux indices. Cette appréciation est faite pour chaque marché, en sommant les moyens au plan international. L'âge et la puissance des équipements doivent être pris en compte.

Une analyse de ce type sera établie chaque année. L'évolution de la situation de chaque entreprise apporte des indications sur sa politique industrielle et commerciale liée aux résultats de part de marché, donc à son efficacité.

Il conviendra aussi de procéder de manière identique pour chaque marché environnant afin de connaître la puissance des entreprises qui les composent. Une analyse internationale est aussi indispensable.

Le profit apporté par chaque produit désigne son rang stratégique

L'ampleur de la contribution d'un produit au montant des profits d'une entreprise est un bon indicateur de sa combativité, si un concurrent l'agresse directement. Lorsque la part est faible par rapport à l'ensemble des profits de l'entreprise, l'entreprise peut abandonner le produit, si son marché est stagnant, ou le transformer, ce qui reviendra au lancement d'un nouveau produit. Il convient d'apprécier le profit financier, le profit d'image, le profit apporté par l'expérience technique de sa fabrication, le profit comme complément de gamme, le profit de la satisfaction du personnel, le profit dans la relation de distribution, enfin, le profit des fournisseurs.

L'APPRÉCIATION DES EFFORTS DE RECHERCHE

Cette appréciation, qui dévoile l'avenir de l'offre, doit être menée à la fois dans le domaine de l'innovation concernant les produits, dans le domaine des procédures de fabrication et dans celui des procédures commerciales. L'autonomie est, en général, fonction du nombre de brevets déposés. La rentabilité provient le plus souvent de l'automatisation de la fabrication. L'effort de recherche s'inscrit bien dans le cadre d'une stratégie générale. L'appréciation qualitative de la recherche est révélatrice de l'état d'esprit des équipes dirigeantes de l'entreprise.

Outre l'importance relative accordée à la fabrication et au produit, il faut noter s'il s'agit d'une amélioration systématique de l'existant ou plutôt de la recherche d'innovation marquant des ruptures. Il existe aussi des entreprises qui ont pour stratégie de recherche technique la simple mise au point de procédures trouvées par d'autres. C'est une stratégie de suiveur qui a l'avantage de l'économie. Il convient de se garder du jugement de valeur qui consiste à valoriser ce qui est recherche innovante et à dévaloriser ce qui est imitation du leader. Il ne saurait y avoir de place pour ce type de jugement dans le marketing. Il ne faudrait pas oublier que pendant plus d'une décennie l'ensemble des industriels japonais a copié, sans état d'âme, les industriels occidentaux. Ce fut un gain de temps et d'investissements considérable.

L'effort de recherche doit être relativisé non seulement par rapport à l'ensemble des concurrents du marché mais aussi par rapport aux groupes auxquels appartiennent les entreprises en présence. Il peut se faire qu'un groupe ait une politique de recherche différenciée selon les marchés.

Enfin, l'ensemble de ces investigations devra se faire sur les marchés internationaux de l'entreprise, en priorité ceux dans lesquels elle est active, mais aussi ceux dans lesquels des groupes puissants sont leaders. En particulier, un suivi constant devra être exercé sur les groupes qui sont importateurs dans le marché d'origine de l'entreprise. Le danger est souvent là.

La maturité du marché

Les parts des entreprises nationales et des multinationales révèlent la maturité du marché. Une faible part de marché des entreprises multinationales indique qu'un marché est de trop faible taille pour une entreprise importante; ou bien s'il est situé dans un pays important, que ce marché est sous-développé, et cela quel que soit son volume de ventes. À l'inverse, une quasi-domination des entreprises internationales signifie que le marché évoluera peu. Cette observation est valable pour toutes les catégories de produits.

Les marques internationales sont toujours plus nombreuses et leurs parts de marché augmentent. L'analyse consistera donc à apprécier, dans un marché donné, les parts de marché des marques internationales selon leur chiffre d'affaires mondial.

Une entreprise qui n'exporte pas a le même risque de vulnérabilité que celui de son marché, mais, plus elle exporte, plus elle accroît sa liberté. L'analyste marketing ne se contentera pas de noter le pourcentage des ventes réalisées à l'extérieur. Il observera l'évolution de ce pourcentage sur une longue période pour en saisir la volonté stratégique sous-jacente. De même, il estimera les facultés d'absorption de chacun des pays importateurs concernés de manière à esquisser l'avenir à moyen terme de cet effort d'exportation.

Les destinations sont d'inégales valeurs. Une entreprise qui entretient principalement des courants d'exportation vers des pays industrialisés sera dans une situation très favorable. Ses exportations sont rentables, elles peuvent encore augmenter et, ce qui est peut-être le plus important, cette entreprise sait négocier avec des partenaires difficiles dans des marchés à très forte concurrence. L'inverse est souvent vrai.

Il est aussi nécessaire de connaître le système de vente qui a été adopté à l'exportation. S'agit-il d'une exportation directe avec création de filiale dans chaque marché, voire établissement d'unités de production, ou plus modestement de contrats passés avec des importateurs locaux? Il faut savoir si le système de vente est identique pour chaque pays d'exportation – il s'agit alors d'une doctrine – ou s'il est adapté – il s'agit alors d'une entreprise moins rigide dans ses principes.

Mais ce système catégoriel évolue. Le concept import/export signifiait qu'une entreprise située dans un marché, ce marché étant dans une nation, exportait lorsqu'elle vendait dans un marché extérieur, ce marché devenant importateur de ce produit. De plus en plus d'entreprises, mondialisation oblige, fabriquent aujourd'hui dans plusieurs marchés et vendent sur place. Est-ce encore de l'import-export? Certaines entreprises fabriquent leur produit dans des pays à faible coût de main-d'œuvre et vendent dans plusieurs pays dont le pays d'origine. Il en est de même pour les entreprises dont le siège social est situé dans des pays n'imposant pas de taxes. Ces entreprises sont, de manière paradoxale et exclusive, exportatrices et n'ont aucun marché d'origine.

Une typologie résulte de ce nouveau concept de classement catégoriel des entreprises :

* entreprises régionales   multirégionales;
* entreprises nationales   multinationales;
* entreprises continentales   multicontinentales;
* entreprises mondiales.

Pour apprécier la potentialité de marché des entreprises, il suffit de créer un barème exprimant la taille de la population, de leur localisation en leur affectant par exemple 1 point par tranche de 5 000 000 d'habitants. Une entreprise mondiale aurait ainsi 1 400 points. Si, de la même manière, cette appréciation prend en compte un barème exprimant les produits nationaux de l'ensemble des marchés mondiaux, l'addition de l'ensemble des marchés dans lesquels l'entreprise est active représentera sa part dans le PNB mondial. Il en va de même pour le chiffre d'affaires, le profit et la fabrication des produits.

Les dimensions des systèmes commerciaux décident les opportunités d'un marché

Ces dimensions relèvent de données statistiques internationales.

Croissance : essentiellement le taux de croissance qui établit la notion de marché porteur. Si le taux de croissance est faible depuis plusieurs années, l'installation sur ce marché équivaut à éliminer une marque déjà présente. L'avenir est ailleurs.

Valeur : la valeur d'un marché est signifiée par son chiffre d'affaires et le montant des profits dégagés, autant de critères pondérant l'intérêt de ce marché.

Compétiteurs : les compétiteurs sont les entreprises déjà présentes sur le marché en question, celles qui pourraient éventuellement intervenir, ainsi que les entreprises étrangères dont la politique d'exportation prédispose à cette intervention.

Compétitivité : le degré de suprématie du produit projeté par rapport à ses futurs concurrents, suprématie d'ailleurs variable selon les marchés, a une durée qu'il est impérieux d'apprécier, car le risque de l'échec est là.

Fabrication : on notera ici les difficultés ou au contraire les facilités de la sous-traitance.

Commercialisation : les difficultés ou au contraire les facilités de la commercialisation du produit.

Communication : sont concernés non seulement le montant des investissements publicitaires et promotionnels, les médias utilisés, mais aussi l'argumentation mise en avant et les messages sur le Web.

Import-export : les échanges à l'importation et à l'exportation sont devenus l'indicateur le plus pertinent du niveau d'activité et de fragilité (ou solidité) d'un marché.

International : caractéristiques et spécificités de tous les marchés du même type de produit en tenant compte des particularités mais aussi des ressemblances des économies locales.

Recherche : durée de vie d'un modèle, investissements consacrés à la recherche, sophistication des conceptions du produit, pays les plus en avance.

Distribution : le produit est-il bien distribué? Les distributeurs y sont-ils favorables? Les linéaires sont-ils déjà saturés? Les acheteurs sont-ils aussi des techniciens? La distribution virtuelle est-elle active?

Modes de vie : le produit répond-il, ou va-t-il répondre de plus en plus, aux attentes des consommateurs dont les modes de vie vont porter le marché?

Au terme de cette analyse, une liste de marchés ou de produits possibles peut être établie pour envisager une diversification.

La personnalité des dirigeants

Nous n'avons encore jamais vu figurer l'analyse de la personnalité des dirigeants des entreprises concurrentes dans un plan de marketing. À croire que ces dirigeants sont bâtis sur le même modèle – froid, neutre, interchangeable –, qu'étant acteurs partout de la même façon leurs présences s'annulent, qu'il existe une science de la direction des affaires applicable sans interprétation, indépendante des conjonctures psychologiques des acteurs.

> *La personnalité des dirigeants*
> *est un paramètre du conducteur marketing.*

Les dirigeants ne manquent pas de personnalité. S'y intéresser est un élément essentiel de la prise de risque que constitue la détermination d'une stratégie. En effet, un marché représente un système de relations où s'opposent sans cesse des actions et des réactions, où chacun ajuste sa trajectoire en fonction de celle des autres, où les coups sont donnés selon ce qu'on suppose être la prochaine offensive adverse.

L'élaboration des politiques commerciales comprend l'établissement d'une fiche par entreprise en présence, sur laquelle figurent les renseignements sur la personnalité des dirigeants : reconstitution de la carrière, manière dont les étapes ont été franchies, traits de personnalité révélés par des grandes décisions antérieures. Il conviendra d'analyser leurs entretiens avec les journalistes. Il n'est pas rare qu'un collaborateur vienne d'une entreprise concurrente; le responsable marketing doit systématiquement les interviewer à leur arrivée et compléter ainsi ses propres fiches.

Cette connaissance, opérationnelle, sera prise en compte dans l'établissement des politiques pour estimer les réactions probables des entreprises concurrentes. La réaction à l'application d'un projet sera-t-elle immédiate, impulsive ou, au contraire, réfléchie, plus tardive, parfaitement centrée sur le problème? Le choix de ces termes dépend, pour une très large part, de la psychologie du dirigeant qui doit réagir.

L'innovation et la diversification

L'innovation et la diversification sont les véritables signes de l'optimisme. La diversification était devenue une des préoccupations majeures des chefs d'entreprise : disperser les risques, attraper des chances nouvelles, faire preuve d'audace tout en gérant avec prudence, tâter les marchés nouveaux comme on goûte l'eau fraîche. Il est évident qu'une diversification connote un tempérament ou une santé de gestion. C'est ce qui a marqué les années 1980. La volonté de recentrage est aujourd'hui devenue de mise. Les crises qui ont ralenti l'économie mondiale en 1981, 1992 et 2003 en sont la cause directe.

Les échecs de certaines diversifications ont permis de mettre en évidence la notion de métier. Quel est notre métier ? Que savons-nous bien faire ? Question existentielle mais aussi intéressée. Il apparaît que le métier, c'est le savoir-faire et le faire-savoir réunis et indissociables. Dans beaucoup d'actes de foi d'entreprises, le métier est connoté d'expertise. Et l'excellence du métier relance les nouveaux défis.

Dans le domaine de la diversification, l'invention est ici le révélateur de ce que valent les entreprises d'un marché, en volonté et en force disponibles. Une entreprise qui vient de procéder à une diversification importante y a certainement consacré beaucoup de moyens en hommes et en finances : elle peut devenir fragile sur son marché principal.

L'étude des diversifications doit être conduite selon une procédure rigoureuse. Que ce soit pour comprendre les stratégies de diversification des entreprises concurrentes ou pour élaborer une stratégie de diversification pour l'entreprise étudiée, la procédure est semblable : analyser ce qui est propre aux marchés possibles ou choisis et ce qui est propre aux entreprises ou à l'entreprise.

La culture de l'entreprise : chance ou pesanteur ?

Il y a un équilibre à trouver entre rechercher ce qui est différent et recommencer toujours la même activité. Se diversifier ne signifie pas oublier ce que l'on est. Enfin, il faut comprendre la culture de l'entreprise. Cette culture s'exprime dans la manière dont elle développe ses principales activités. Elle cherche à maximiser son taux de profit, joue l'expansion et se lance dans l'exportation. Son organisation est une organisation de producteur, ou bien de vendeur. Elle consacre l'essentiel de ses investissements à la recherche et à l'innovation, ses contrôleurs de gestion sont en fait des collaborateurs qui ont le pouvoir. Autant de cultures différentes qu'il convient d'identifier avant de choisir un partenaire ou de prendre la décision d'entreprendre seul. La culture d'une entreprise est peu évolutive et une nouvelle équipe de direction ne peut espérer la faire changer rapidement.

Cette démarche est applicable aussi bien pour rechercher une diversification pour l'entreprise étudiée, que pour comprendre les comportements des entreprises d'un marché tels qu'ils peuvent apparaître à l'analyse de leur politique de diversification.

Quelques idées reçues

La politique est secrète et elle doit être connue de tout le personnel. C'est pourtant simple : la grande manière d'atteindre les objectifs de réussite est communiquée, les détails restent secrets. En fait, dans une politique seuls les détails sont fondamentaux.

Les politiques de l'entreprise n'intéressent pas vraiment les actionnaires. Ils prennent ça pour des discours de satisfaction. Les résultats seuls ont un prix. Et leur répartition aussi.

Pratiquement toutes les entreprises ont des politiques. Beaucoup moins ont un objectif de réussite par fonction. Les premiers savent comment s'y prendre, mais ne savent pas pour atteindre quoi.

Le plus souvent la politique de l'entreprise et sa vocation sont confondues. Quelle est votre politique? Nous voulons être ça. Non, ça c'est votre vocation.

Les associations d'entreprises sont opposées aux réglementations imposées par les pouvoirs publics qui briment leur liberté politique. Ceux-ci ne sont pas au courant.

Comité stratégique spécial, collaborateurs participants haut de gamme, de l'expérience et des têtes, au moins une réunion mensuelle, une décision spectaculaire. Quelle épreuve! Au fait, qu'a-t-on décidé pour mettre en œuvre la nouvelle stratégie? Dans la majorité des cas, pas grand-chose. Les politiques quotidiennes sont plus fortes que la stratégie. On recommencera dans deux ans.

Comprendre les politiques des autres. Indispensable. Les copier et les surpasser. En rire. Mais ne jamais les oublier. Leurs politiques sont faites pour vous éliminer.

L'entreprise n'a pas une politique générale. Elle a ses politiques pour atteindre chacun de ses objectifs de réussite. Elle a autant de politiques qu'elle a d'objectifs. Et une seule vocation. Sa volonté d'être.

Quiz des paramètres de terrain

Quelles sont les informations opérationnelles de l'analyse des paramètres de terrain?

Quelles sont les politiques concernées par ces informations?

Quelles sont les conséquences sur leur contenu?

Quelles sont les conséquences sur la planification de leurs applications?

Quelles informations complémentaires doit-on rechercher? Et dans quels délais?

Qui doit être destinataire de ces informations?

Quelles influences ces informations opérationnelles ont-elles sur les autres domaines d'analyse et de décision?

COMPRENDRE LES CINQ ÉLÉMENTS CLÉS DES MARCHÉS

Une marque est-elle seulement une désignation? Un produit est-il seulement une offre? Les professionnels s'interrogent sans cesse sur les innombrables contenus des cinq fondamentaux des marchés : marque, produit, commercialisation, consommation et communication. Ils savent que les définitions varient d'un marché à l'autre, d'un pays à l'autre et que les rôles des fondamentaux évoluent. Enfin, question sans véritable réponse, quel est le fondamental le plus déterminant lorsqu'il s'agit de bien comprendre les comportements des acteurs d'un marché et pourquoi certains d'entre eux ont un pouvoir sur son évolution? La volonté de comprendre est une esquisse de réponse. Les particularités des marchés industriels sont traitées spécifiquement.

Chapitre 4

LA MARQUE

La marque n'existe que par la communication qui a été faite à son sujet. Elle est la résultante d'actions de communication s'étendant sur de nombreuses années et d'investissements financiers souvent considérables.

L'entreprise doit exploiter sa marque comme elle exploite ses machines. C'est un bien qu'elle doit gérer pour en retirer des profits car la marque est le lien de toutes les communications que l'entreprise émet pour son produit. Elle rassemble tout ce qui est dit ou écrit; elle capitalise sur son propre compte.

LA MARQUE EST LE MOTEUR DU DÉVELOPPEMENT

La communication de la marque

La marque est le seul moyen dont dispose l'entreprise pour unifier sa communication. La communication de la marque exprime donc les objectifs de l'entreprise. C'est un instrument de négociation commerciale. Assurée d'une notoriété et considérée favorablement, elle permet à l'entreprise de peser sur les décisions des acheteurs de la grande distribution et même des détaillants. Il y a des marques obligatoires comme il y a des produits obligatoires.

La marque exprime la présence de l'entreprise sur le marché mondial et sa volonté de réussite.

Le conducteur marketing s'investit en totalité
dans la prééminence de la marque :
elle est son image et sa parole.

Les grandes marques créent leur domaine sur Internet en communiquant au-delà de leurs produits. Elles peuvent aussi convaincre des cibles qui fréquentent peu les médias classiques, constituer des fichiers clients, donner des informations en avant-première, proposer des produits dérivés, elles peuvent en fait construire la meilleure image de l'univers de leurs marques en les faisant vivre virtuellement. La présence sur un site valorise la marque auprès d'un public de plus en plus vaste.

Certains distributeurs ont créé leurs propres marques pour influencer la politique commerciale des entreprises fabricantes. Outre qu'ils en retirent un profit supplémentaire et qu'ils démontrent ainsi la vitalité de leurs enseignes, ils confèrent à leur stratégie de prix, qui est souvent leur raison d'être, une véracité active.

Les politiques de marque des entreprises peuvent aussi se retourner contre elles. La notoriété d'une marque peut inciter la distribution à l'utiliser comme une marque d'appel, en bradant son prix de vente, ce qui nuira à l'image de cette marque en détériorant sa politique de prix.

Les produits industriels sont aussi concernés par le phénomène de la marque, soit qu'il existe des marques recouvrant un produit spécifique, soit que le nom de l'entreprise joue le rôle d'une véritable marque. L'objectif recherché est alors de donner un support crédible à la confiance que doit investir l'acheteur, en compensant le risque qu'il prend dans sa décision. Les entreprises qui vendent des produits industriels élaborent des politiques de marque qui comprennent le modèle impératif du sigle, les couleurs, le logo et la communication. Certaines réalisent de véritables campagnes d'image de marque.

La dynamique des marchés

Les groupes dynamisent les marchés par la mondialisation de leurs marques. L'analyste marketing peut en conclure que les parts de marché sont très éclatées et qu'aucune marque ne domine vraiment un marché. Asseoir un marketing de stratégie sur cette observation comporte un risque considérable pour l'entreprise qui ne se poserait pas la question de l'appartenance des marques en présence à des groupes.

Une entreprise qui manage plusieurs marques doit harmoniser les stratégies de chacune d'entre elles, selon sa propre stratégie de maîtrise du marché.

Moins il y a de marques isolées, plus le marché est gouverné selon des politiques globales. Cette configuration du marché rend plus compréhensible les marques en présence. À l'échelle mondiale, cette situation domine. La tendance déjà établie est la disparition des marques locales, sachant qu'une marque active sur un seul territoire est désormais une marque locale, quelle que soit sa taille.

Stratégie de marque, stratégie de groupe : un exemple

Pour le consommateur, le marché des lessives est éclaté en un très grand nombre de marques. Pourtant, quatre entreprises se partagent 92 % des ventes de détergents en France : Procter & Gamble, Lever, Henkel et Colgate.

Il en est de même pour le marché des eaux minérales ou des dentifrices.

Les marques de distributeurs sont aussi gérées selon des politiques élaborées. De même, les enseignes nommant un nombre élevé de points de ventes sont gérées comme des marques. L'avenir est ainsi esquissé :

- des marques mondiales puissantes, personnalisant un nombre de produits en croissance constante, comme un point de vente dont elles servent d'enseigne;
- en concurrence, des marques distributeurs, mondiales elles aussi – car concédées à des distributeurs locaux lorsque l'enseigne mère n'est pas implantée –, et qui prennent des parts de marché en croissance permanente pour l'ensemble des produits banals. La différence de qualité de leurs produits avec ceux des marques des grands producteurs n'est perceptible que par des spécialistes.

Le contrôle des grandes marques

Après-demain, les distributeurs contrôleront les grandes marques, chacun aura la sienne. Un distributeur mondial ne saurait dépendre d'une marque, d'un groupe de marques, d'une multinationale puissante, car il peut se passer de son offre, même avec difficulté. Encore plus loin dans le temps, quelle sera leur degré de dépendance? Les grandes marques seront encore plus dépendantes des distributeurs mondiaux, jusqu'à passer sous leur contrôle, et les fabricants seront les sous-traitants de la grande distribution.

Les points de ventes sont la véritable force du commerce. Les produits proposés ne sont pas une grande puissance commerciale. Ils sont l'objet du commerce, non le pouvoir.

De plus, les produits sans marque cessent d'être anonymes. Les produits frais, les fruits et légumes, la viande (qui devra bientôt être exclusivement vendue sous vide), les fleurs, les produits de boulangerie, tous ces produits, sous prétexte de conditionnements garantissant la fraîcheur et la pureté, seront vendus sous marque. Quels sont les acteurs économiques qui vont animer ces marchés ? Plutôt quelques groupes de producteurs associés par genre de production ou par région. Mais certainement la totalité de la grande distribution, partenaire local de prédilection pour ces produits, qui offre une garantie nationale et internationale pour la qualité de leurs marques ainsi créées. En outre, la grande distribution, par son implantation internationale, peut assurer une offre désaisonnalisée de produits frais car elle produit ou achète dans les deux hémisphères.

Multiplier les points de vente caractérise une force commerciale

Les concessionnaires automobiles, pour la plupart, représentent une seule marque et sont disséminés sur tout le territoire. Ils vont disparaître au profit de vastes établissements multimarques, situés près des agglomérations urbaines qui joueront le rôle de grandes surfaces de l'automobile.

La même révolution s'est produite, et se produit encore, pour les chaînes de produits de beauté, de bricolage, audiovisuels et culturels, sportifs ou de vêtements. Ces chaînes deviennent ainsi les véritables marques de ces produits.

LA NOUVELLE COURBE DE CROISSANCE DYNAMISE LES PARTS DE MARCHÉ

La part de marché est un constat avant de devenir une volonté. Il faut cependant dépasser ce constat pour comprendre sa signification.

COMMENT PRÉCISER L'AVENIR DE LA MARQUE

Le conducteur marketing propose deux méthodes de base précisant l'avenir de la marque : la part de marché dynamique et la part de marché de croissance.

La part de marché dynamique

Ce sont les marques les plus importantes qui orientent les politiques de toutes les marques actives dans un marché. Généralement, ce sont les quatre premières qui sont les marques de référence concurrentes entre elles à l'extrême et surveillées par toutes les autres.

La marque étudiée (E = 3 % de part de marché) sera intégrée dans ce groupe à la place de la 4ᵉ.

Parts de marché, ensemble du marché		Parts de marché des quatre premières	Introduction de E		Parts de marché dynamiques
A	17 %	40,5	A	17	43,6
B	10 %	23,8	B	10	25,6
C	9 %	21,4	C	9	23
D	6 %	14,3	E	3	7,7
		100			100

La marque étudiée (E) a une part de marché dynamique de 7,7 % qui doit devenir son objectif.

La part de marché de croissance

Une part de marché est fonction de la période de développement d'un produit. Selon la courbe de croissance définie, en première phase, période de lancement par la promotion du concept, les parts de marché sont naturellement faibles, en cinquième phase, période de diversification, les parts de marché sont au maximum. Chaque marque d'un marché sera donc située dans la phase de croissance qui représente sa situation actuelle. De même, chaque phase sera considérée comme un marché, l'analyse prendra aussi en compte des produits comparables dans l'état de leur développement. Bien entendu le nombre de marques actives dans chaque phase est une variable non négligeable.

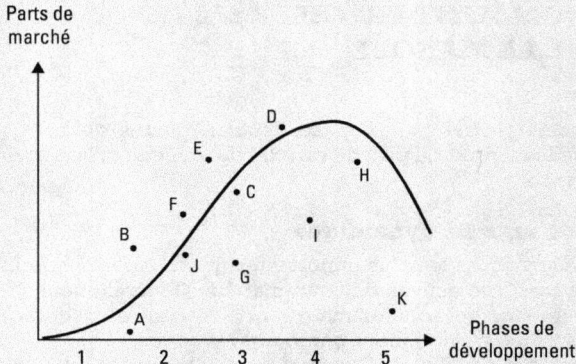

Les marques situées à droite de la courbe de croissance ont des parts de marché d'un très bon pronostic pour leur évolution, à l'inverse des marques situées à gauche de la courbe. Par exemple, la marque A devrait bientôt être retirée du marché peu de temps après avoir été lancée. Quant à la marque B, nouvellement lancée elle aussi (elle est en phase 1), elle est en avance d'au moins une phase sur son évolution. En revanche, la marque K, très ancienne (elle est en phase 5), risque d'être retirée du marché, sa part étant trop faible.

La courbe de performance de chaque entreprise et de l'ensemble du marché doit être tracée comme une courbe de régression, à égale distance de chacun des points représentant un produit.

La comparaison des courbes de performance des différentes entreprises présentes sur le marché permet un diagnostic au niveau même de l'entreprise, tout en situant chacune de ses marques par rapport à la performance normale de l'entreprise.

L'avantage de cette nouvelle procédure est, outre le fait d'apprécier chaque marque par rapport au savoir-faire réel de chaque entreprise par les courbes de performances, de pronostiquer, par superposition de matrices de chaque entreprise, les domaines d'action où la compétition va être la plus vive. Si plusieurs marques sont en phase 2 et que leur part de marché dynamique est sensiblement équivalente, on pourra s'attendre à une empoignade sévère pour obtenir des places dans la distribution qui, par réaction, deviendra l'arbitre entre les entreprises concernées et renforcera ainsi sa position.

Le système relationnel de la marque

Le système relationnel de la marque exprime ce que l'entreprise veut devenir; la marque parle la langue de chaque partenaire. La communication sur la marque est élaborée de telle manière qu'elle véhicule bien le positionnement choisi en respectant les spécificités de chaque système de relations.

Une politique de marque ne peut être univoque, sa communication doit être nuancée selon les partenaires auxquels elle est adressée. De la même manière que nous avons montré qu'il convenait, à partir d'un mix global, de concevoir des mix adaptés à chaque partenaire. Cette remarque est fondamentale dans la conception du conducteur marketing.

*En effet, le conducteur marketing formalise
les communications de la marque selon les systèmes
de relations de l'entreprise.*

La marque est la relation privilégiée de tous les systèmes de relations qui constituent l'entreprise. Dans l'acte d'achat, la marque est la relation de l'entreprise au consommateur. Élaborer une politique de marque, c'est établir, au moyen de la communication, une série de relations entre le consommateur, le produit, l'entreprise et la distribution. Perçue comme une relation, la marque est agissante, car elle doit prouver sa séduction.

Selon cette nouvelle perspective, l'image de marque cesse d'être une panoplie immuable réduite à une petite série de dimensions, comme le modernisme, la cherté, la disponibilité et qui concernent plus souvent la qualification du produit que réellement la marque. Celle-ci étant elle-même un système de relations à l'intérieur du système plus complexe de relations entre l'entreprise et son environnement, l'image de marque est, en réalité, l'image de cette relation. L'image de marque est ce que pensent les consommateurs ou les usagers de cette relation qu'ils connaissent ou qu'ils vivent. C'est l'idée qu'ils s'en font, ce sont tous les attributs qui constituent sa connotation. Cet ensemble, riche de notions et d'idées, se forme peu à peu au cours des relations entre le consommateur et la marque. Ce sont ces systèmes de relations, par leur contenu et leur sens, qui orientent la formation de l'image de la marque. C'est donc par eux qu'il convient d'essayer de tenter l'inventaire du contenu de l'image de marque.

Les dimensions d'une image sont composées par l'ensemble des relations existant, pour une marque précise, entre elle-même et ses consommateurs. L'image que peuvent en avoir les consommateurs représente leur relation à cette marque. L'image de la marque est donc celle des relations à la marque.

Définir l'image d'une banque

Les principales dimensions de cette image seront déterminées par les relations des usagers à cette banque, comme nous allons le voir.

Le vécu

Aller à la banque, fréquenter l'agence locale et le personnel de guichet. Analyser les circonstances qui déterminent cette visite, la visite sur le site.

Le dire

La relation à la banque dans le discours de la banque, la publicité, les relevés, les lettres, les affichettes de l'agence locale, le site Internet.

La gratification

La gratification est réalisée dans l'achat d'un produit bancaire. Elle signifie, par l'exclusivité affirmée d'un avantage explicite, l'offre d'un service, une attention particulière, mais aussi être remarqué par un mot ou par un signe.

La responsabilité

La responsabilité comprise dans la relation à l'argent, sa protection, sa fructification, son enfouissement. La relation à la banque est ici une recherche de valorisation personnelle, c'est-à-dire être responsable du placement de ses propres gains.

L'intégration

Elle signifie la relation perçue ou imaginée de la banque à la vie de la nation, de la région, de la commune. Elle signifie également l'intégration de la banque au tissu économique et social, une relation d'utilité. L'intégration représente les relations internationales comme signe de l'intégration au monde.

La communication de marque

La communication de marque domine les marchés des services. Les banques dénomment leurs différents produits par des noms de marques, lesquelles sont soutenues par de véritables politiques de communication.

.../...

Selon la logique des marchés, ces marques personnalisent désormais les services publics, les désignations des services de l'État et les structures internationales, qui sont autant de marchés ouverts à toutes les concurrences.

La RATP, la SNCF sont des marques, comme le G7, Bruxelles ou la CIA. De même, les formations politiques ont transformé l'appellation de leur tendance idéologique en nom de marque et l'on retrouve dans cette transformation toutes les composantes d'une politique de marque : un sigle, un logo, une couleur, une communication ciblée.

Dans la vie quotidienne, les moyens de communication comme certains sites ont leur utilisation dans la vie commerciale : commande à domicile, à partir du défilé sur un écran de l'assortiment proposé. Dans cette perspective, la marque reste le seul élément de différenciation dont disposent les entreprises, le conditionnement seul devenant pratiquement inopérant pour le choix.

C'est enfin l'obligation de prouver la nécessité active des entreprises vis-à-vis de leur environnement qui les incite à trouver de nouveaux attributs à l'image de leurs marques :

- envers des organismes de consommateurs, on met en avant le sérieux des fabrications, la vigilance dans les compositions et les performances des produits ;
- par rapport aux pouvoirs publics, on insiste sur les retombées pour l'emploi et, plus généralement, leur place dans la vie sociale.

De même, vis-à-vis des consommateurs, les entreprises étendent la qualité et la quantité de leurs propositions pour maintenir leur place. Les entreprises sont citoyennes. Les profits impliquent une responsabilité sociale. C'est la marque qui est le véhicule de cette nouvelle communication. En s'enrichissant, elle prévend les produits qu'elle dénomme, ce qui accroît son rôle opérationnel.

Déjà, la responsabilité de la marque est confiée aux présidents eux-mêmes. Ce qui était l'apanage d'un petit nombre devient un cas général : les présidents sont tous chefs de marques.

La politique de marque exprime la stratégie de l'entreprise. Elle se traduit par les moyens de communication que l'entreprise doit privilégier pour améliorer sa préhension de marché et son capital de notoriété.

QUELQUES IDÉES REÇUES

Dans les études, le contenu de l'image doit être inventorié. Mais aussi sa fréquentation, par quelle autre marque on pourrait la remplacer, où on la trouve, et quelle est sa vie. Autrement dit, comment son existence est-elle perçue?

La marque est unique. Il ne faut jamais créer des sous-marques. Il y a une marque et des produits satisfaisant une seule catégorie de besoins. Si un nouveau produit peut répondre à une demande différente, il faut alors créer une autre marque. Une marque = un besoin.

La marque est plus importante que l'entreprise.

Le personnel, à tous les niveaux, s'identifie à la marque année après année, de travail dans la même entreprise. En revanche, la marque est indépendante du personnel. Elle a sa vie propre.

La valeur financière d'une marque est aujourd'hui mesurable et cette appréciation doit figurer clairement dans le capital de l'entreprise. Le personnel doit le savoir.

Le nom de la marque est affirmé immuable, caractères et couleurs. Mais les marchés internationaux ont tendance à prendre des libertés. Elles doivent être autorisées si une meilleure image en résulte localement.

Les consommateurs connaissent quelques marques et quelques prix pour les différents de produits. L'entreprise actrice d'un marché connaît toutes les marques et tous les prix de son marché. L'impératif du conducteur marketing est que la marque et son prix soient connus par tous les consommateurs.

Le capital d'une marque est de donner une image à ses clients. L'entreprise doit choisir cette image. Et la valoriser par tous les moyens. Par exemple en communiquant.

Le nom d'un parti politique est une marque, comme le nom d'un hôpital, comme le nom d'un comédien ou celui du pape, tout ce qui nomme est une marque.

QUIZ DE LA MARQUE ÉTUDIÉE

Quelles sont les informations opérationnelles résultant de la compréhension de la marque étudiée?

Quelles sont les politiques concernées par ces informations?

Quelles sont les conséquences sur leurs contenus?

Quelles sont les conséquences sur la planification de leurs applications?

Quelles informations complémentaires doit-on rechercher?

Et dans quels délais?

Qui doit être destinataire de ces informations?

Quelles influences ces informations opérationnelles ont-elles sur les autres domaines d'analyse et de décision?

Chapitre 5

LE PRODUIT

Tout est devenu produit. Les objets qui l'étaient déjà, mais aussi les services, les idées et les hommes. La commercialisation s'applique maintenant à toutes les activités humaines, même celles qui sont en apparence les plus désintéressées.

L'information n'est plus suffisante pour entraîner l'adhésion. La densité du flux de messages émis est telle que la conviction est aujourd'hui le premier résultat d'une technique de vente et non plus une affaire de cœur. Obtenir un changement d'attitude ne peut se faire que si l'on fait percevoir le signe qui va concrétiser le changement d'attitude attendu, c'est-à-dire un produit.

Dans l'univers des signes, le produit a toujours été une communication. Il est à la fois objet de communication et support, à la fois discours et médium. Choisir un emballage, une couleur de papier, un caractère typographique pour le graphisme du nom, c'est avant tout communiquer le positionnement de la marque, la qualité du produit, la politique de l'entreprise. Dans ces immenses supports que sont devenus les lieux de ventes, chaque marque hurle sur son linéaire et c'est dans cette cacophonie que les entreprises essaient de se faire remarquer. Animer un écran, tenir le discours attendu, exacerber les signes qui le distinguent des communications concurrentes, envahir toujours plus de sites, autant d'actions qui constituent les produits du Web.

LA NOUVELLE DÉFINITION DU PRODUIT

Définition *Un produit est une communication d'excellence, autant rationnelle que séductrice, dirigée vers le marché des attentes.*

La nouvelle définition du produit souligne le caractère volontaire de la proposition. Selon cette définition, si une feuille d'arbre n'est pas proposée pour un usage précis, elle n'est pas un produit. Elle le devient, si on la propose comme une infusion.

Les entreprises répondent à la demande de leur marché par une communication qui correspond à cette demande par le plus grand nombre de ses caractéristiques et qui présente un avantage spécifique que ne proposent pas les produits concurrents. Selon notre définition, cet avantage se situera soit au niveau des composants de la proposition, soit pendant l'usage, soit aux valeurs attachées à cette proposition, soit par une combinaison de ces trois niveaux.

Définir le produit comme une communication signifie que le produit est à la fois une proposition de caractéristiques «à consommer» et une communication concernant ces caractéristiques. La stratégie de la proposition au marché doit définir ce que veut offrir l'entreprise aussi bien par le produit vendu que par ce qu'il signifie. Le produit est avant tout une parole avant d'être une chose. Toute parole est avant tout un acte de résonance du système relationnel du marché. Le marketing produit est une recherche du sens de la communication exprimée par le produit et un choix des vecteurs qui le transporteront vers tous les acteurs du marché, sur le mode du succès bien entendu.

La prévision des dangers que représentent les produits concurrents est rendue encore plus nécessaire par la multiplication de l'offre internationale. S'il s'agit à l'évidence de comprendre leurs avantages et la concurrence qu'ils risquent ainsi d'exacerber, il est impératif de construire toutes les répliques possibles dans des simulations des nouvelles contraintes du marché ainsi bouleversé.

Le propos est de dresser un tableau de l'appareil industriel des entreprises concurrentes et de l'entreprise étudiée, aux détails techniques près, et d'établir un diagnostic des moyens mobilisables pour entreprendre avec rapidité une modification des fabrications habituelles ou le lancement d'un prototype.

Une capacité de production proche de la saturation indique une réelle impossibilité à répondre à une relance du marché, ou des difficultés majeures pour fabriquer une nouvelle ligne de produits. L'inverse, dans la mesure où les moyens financiers ont été préservés, procure à l'entreprise une marge de manœuvre qui peut lui permettre de réagir très vite aux évolutions du marché. Un tel diagnostic est nécessaire dans une analyse marketing orientée vers l'établissement d'une stratégie pour l'entreprise étudiée.

La proposition politique est un produit

De la même manière, dès qu'il y a proposition, il y a produit, avec une stratégie de séduction et de vente. Proposer, c'est vendre. L'idée proposée devient ainsi un produit. Elle doit être vendue. L'idée politique n'échappe pas à cette définition. Elle est proposée contre un certain prix : volonté d'accomplir un nouveau comportement, abandon d'une croyance antérieure, acceptation des sacrifices nécessaires pour son application. Le prix est d'ordre psychologique, mais c'est bien d'un prix d'achat dont il s'agit. Son usage est précis, toujours en termes d'avantages.

L'émetteur présente cet usage comme un bénéfice pour rendre l'idée encore plus désirable, donc aisément achetable. L'idée politique proposée est naturellement chargée de valeurs sociales et individuelles. Elle sera d'autant plus facilement adoptée qu'elle correspondra aux attentes du plus grand nombre.

Le conducteur marketing est ainsi
entièrement applicable au marché des idées politiques
considérées comme des produits.

Un service proposé est un produit

Le discours économique admet les produits bancaires, de transport, informatiques et de l'assurance. Ils correspondent aux propositions immatérielles de notre définition du produit.

En revanche, un service peut exister sans être proposé. Il n'est pas alors un produit. Il peut entrer comme composant dans un autre service ou accompagner une proposition matérielle. Par exemple, le relevé quotidien des mouvements bancaires n'est pas un produit, s'il est inclus dans le service général du compte de dépôts. Mais si un établissement bancaire décide de faire payer le relevé quotidien, celui-ci devient un produit. C'est une proposition offerte à un prix publié, pour un usage précis et chargé de valeurs.

Un produit doit être accessible

De même, il est de la vulnérabilité des entreprises comme de celle des armées : loin de ses bases, l'habileté réside dans l'organisation des transports. Pour les produits périssables, et les produits pondéreux ou fragiles, la logistique de mise en place des transports devient l'élément de risque le plus important.

Les entreprises concurrentes et l'entreprise étudiée disposent-elles de dépôts? Sous-traitent-elles leur transport? Utilisent-elles le train ou l'avion? Livrent-elles directement les points de ventes terminaux ou bien seulement les grossistes? Quel est le pourcentage de leur fabrication qui voyage, constituant ainsi un stock jamais entreposé? Combien y a-t-il d'unités de fabrication dans le monde? Quels territoires fournissent-elles? Ce sont à ces questions que l'analyste marketing devra répondre. La vente directe sur Internet multiplie les difficultés de mise à disposition des produits commandés. Quelle stratégie en milieu urbain? Faut-il créer des lieux de stockage puis des sous-traitances de livraison locale? Ou le service de la poste et du courrier?

Le choix des investissements industriels est le signe d'une politique de produit.

DÉCRIRE UN PRODUIT, C'EST DÉCRIRE SES RELATIONS

Décrire les produits de chaque segment d'un marché consiste donc à établir la liste de leurs communications de composition, de forme, de poids, de contenu, de prix, à analyser les gammes qui le composent, à définir les différents usages qu'ils proposent et à établir les valeurs dont ils sont chargés. L'analyste ne doit pas omettre d'intégrer à chaque produit sa communication en y distinguant les principales composantes de l'image émise.

L'établissement du conducteur marketing exige en plus d'analyser les produits des marchés environnants et supports, puisque la concurrence est là aussi.

De plus, cette analyse, parfois lourde, doit être internationale et ne retenir que les marchés considérés comme primordiaux par l'entreprise.

Un exemple

Quelle est la proposition d'un conserveur? La marque, bien entendu, et toutes ses connotations, le savoir-faire. Il y a aussi l'univers de la conserve, la disponibilité, la variété et l'appétence; il y a la province ou le pays d'origine, la composition du plat, les discours de l'étiquette et les recettes proposées.

Il y a dans la proposition le gain de temps entre confectionner le plat soi-même et servir une boîte. Faut-il vendre du temps? La conserve en elle-même est peu de chose.

Un produit est défini par son usage. La diversité des exigences des consommateurs a conduit les entreprises à créer, à partir d'un produit de base, des variantes qui ont constitué une gamme. Une gamme est complète lorsqu'elle répond aux besoins de toutes les catégories de consommateurs. Les entreprises répartissent parfois les produits d'une même gamme sous des marques différentes pour des raisons de gestion de leur image.

Le produit composite est une communication comme une autre

Un nouveau genre de produit est apparu : le produit composite qui est formé d'un ensemble homogène concourant à une même finalité. Chacun des éléments peut être vendu séparément, mais, dans le produit composite, ils sont les maillons d'une chaîne d'opérations intégrées. C'est le cas pour les :

- usines clés en main ;
- complexes miniers ;
- hôtels ;
- stations de sports d'hiver ;
- ensembles informatiques ;
- cuisines intégrées ;
- navigateurs sur Internet ;
- etc.

L'analyse, en tout point comparable à celle des autres types de produits, doit tenir compte de chacun des éléments qui les composent.

Les conditionnements parlent avec les produits

Le conditionnement est signifiant. Il supporte la marque, la définition du produit et sa composition, des conseils d'utilisation, des dates de fraîcheur, voire l'indication des produits différents vendus sous la même marque.

Durable, le conditionnement doit être conçu avec plus de soin qu'un manifeste publicitaire qui est évanescent. Il représente un signe dans la culture de consommation. Dans l'alimentaire, par exemple, les conditionnements opaques sont le signe des produits de longue conservation, les transparents celui des produits frais. Le cas de la pâtisserie industrielle est intéressant. Les produits de longue conservation sont dans des conditionnements opaques. Le signe est souligné par la proximité du linéaire des biscuits secs. Les produits à plus courte conservation sont dans des conditionnements transparents. On les trouve le plus souvent proches des produits frais de panification. Le signe acquiert alors une signification supplémentaire : l'opaque devient le signe d'une fabrication industrielle, le transparent celui d'une fabrication artisanale. On retrouve cette alternative dans les conserves : la boîte métallique indique une provenance industrielle, les conditionnements en bocaux de verre créent une série de produits en haut de gamme, d'apparence artisanale voire familiale. Les produits frais sont montrés. Ils sont sous le regard, sans écran. En revanche, la culture que nous avons de la fabrication des produits fait que ceux qui «doivent» être par nécessité fabriqués doivent en posséder le signe sinon ils sont déclassés. Un bon produit surgelé doit être dans un conditionnement opaque. Il a été convenablement «fabriqué». Les bas de gamme se présentent en conditionnement transparent.

Les conditionnements ont un rôle considérable : ils sont le seul support permanent de la marque sur les linéaires au moment de l'achat et ils peuvent avoir une durée de vie non négligeable au domicile de l'acheteur. Pour les produits alimentaires, d'hygiène, d'entretien, de toilette et de beauté, le conditionnement est explicite. Il est isolable et chacun peut le désigner. Il en est de même pour certains produits : la première page de couverture d'un magazine est le conditionnement du magazine. La couverture d'un livre et sa jaquette jouent aussi pleinement ce rôle et doivent être travaillées au même titre que le conditionnement d'un flacon de détergent. Un poste de télévision est avant tout un ensemble technique qui est acheté pour des performances de visibilité, de contraste de grandeur d'écran. Son aspect extérieur, le coffre qui l'entoure, est son conditionnement. La carrosserie est le conditionnement de l'automobile. Ces exemples montrent que la frontière entre produits vendus sous conditionnement et produits vendus sans conditionnement n'est pas nettement tranchée. Peut-il exister une pile électrique sans son conditionnement?

Les nouveaux conditionnements du Web : le portail est le conditionnement d'un site, nul ne confond. Ainsi, la pérennité est nécessaire, l'objectif étant international. La visualisation à domicile des linéaires apparaît comme le principal facteur de bouleversement des conditionnements, qui doivent être transformés pour répondre aux exigences de l'écran. L'influence sur le choix de l'acteur est médiatisée et subit le filtre du média. Le conditionnement est télégénique. De plus, un microprocesseur convenablement placé dans un linéaire avec une sensibilité au rayonnement infrarouge peut déclencher le discours du produit vers la personne qui s'approche ou qui se penche vers le rayon. Le vendeur est sous l'étiquette. C'est un conditionnement parlant qui interpelle directement l'acheteur potentiel.

Le conditionnement exprime le message du produit

Le conducteur marketing fait la synthèse des résultats de l'analyse des sept dimensions stratégiques des conditionnements de chaque marque du marché ainsi que celles des principaux marchés internationaux.

La description de leur évolution est aussi nécessaire. Les politiques de l'entreprise concernée, définies à partir de la synthèse de ces dimensions stratégiques, expriment le mieux ce que veut être l'entreprise sur son marché.

Les qualités d'un conditionnement type

Le conditionnement type doit répondre de manière rigoureuse à sept qualités avant d'être mis sur le marché.

Être manipulable

Un conditionnement doit pouvoir être entreposé facilement par les grossistes et les distributeurs, tenir le moins de place possible, pouvoir être conditionné en nombre sans difficulté, mis sur palette et éventuellement être empilé. Être maniable, c'est aussi être aisément placé en linéaire ou en tête de gondole. Être bien équilibré pour éviter les chutes. De même, au domicile des acheteurs.

Protéger efficacement le produit

Satisfaire à toutes les exigences de l'imperméabilisation, du respect des odeurs, de la solidité au choc ou simplement à la prise en main multiple, ne pas conserver l'empreinte de chocs dus au transport ou au stockage.

Être vendeur

Le conditionnement est seul devant l'acheteur, seul parmi ses concurrents. Il doit en premier lieu être remarquable, avoir une grande valeur d'appel. Il doit ressortir du chatoiement créé par les autres conditionnements. L'apparence du *facing* de plusieurs conditionnements mis côte à côte doit être élaborée de la même manière que le conditionnement unitaire, car c'est cet ensemble qui doit attirer et non un conditionnement unique. Être vendeur, c'est avoir une grandeur apparente avantageuse par rapport aux conditionnements de la concurrence mais avec discernement pour ne pas apparaître comme un «conditionnement voleur». Enfin, vendre par le conditionnement consiste à choisir une ou plusieurs couleurs adaptées au type de produit présenté et à la catégorie de clientèle visée. Le bleu ne s'allie pas avec les produits alimentaires, mais il peut signifier l'extra frais, le rouge transmet la puissance et l'efficacité, le vert évoque la campagne.

Être informatif avec clarté

L'acheteur doit être aussitôt informé de la nature du produit, de sa composition (la nature des ingrédients doit être lisible), de la quantité contenue et de la date de péremption. Ces quatre éléments informatifs de base doivent figurer sur un conditionnement. Le fabricant peut fournir d'autres informations : des recettes, l'originalité des composants du produit, voire des informations sur l'entreprise elle-même, sur la nature des contrôles effectués, sur le soin apporté dans les procédures de fabrication. Devant être très rapidement appréhendée, l'information doit être claire et accessible, par exemple, les termes techniques utilisés doivent être compréhensibles par le plus grand nombre.

Être communicant

Le conditionnement est un média de communication qui signifie le niveau de qualité du produit par l'ensemble de ses éléments. Son message est celui du produit et de la marque, exprimant leur positionnement comme le ferait un message publicitaire. Sa valeur de communication se mesure à la richesse de l'image exprimée et à son adéquation avec la politique de marque de l'entreprise.

Être multisupports

Le conditionnement doit être lisible aussi bien à la télévision, dans la presse, en catalogue, sur une affiche, sur Internet, etc., et retenir l'attention.

Être universel

Le Web le propulse partout, la distribution internationale aussi. Le conditionnement doit être compatible avec tous les voisinages, donc avec tous les codes qui maillent le visuel des emballages dans tous les marchés.

La typologie des conditionnements

L'entreprise doit prendre en charge la conception ou l'évolution des conditionnements de ses produits de la même manière qu'elle assure l'élaboration et la
réalisation des campagnes de publicité. Certaines entreprises affectent encore le
coût de conception et de fabrication des conditionnements à la fabrication : ce
coût est à imputer au budget de la communication.

Un conditionnement peut être apprécié selon les sept dimensions stratégiques
par différentes procédures d'étude :

- test de manipulation sur lieux de stockage et son linéaire;
- test de résistance;
- test d'impact visuel, de grandeur apparente, pour déterminer les éléments
  d'attraction les plus visibles;
- test de couleurs;
- test de compréhension des informations marquées, lisibilité;
- test du message général émis.

Cette série d'appréciations permet d'obtenir un graphe qui reflète correctement
le «profil» de l'emballage étudié, en notant les résultats des tests sur sept axes
ayant la même échelle.

Une analyse des conditionnements d'une même classe de produits, par la
méthode des graphes, fait apparaître une typologie des conditionnements fondée
sur les différents profils déterminés. Il est ainsi facile de surveiller les conditionnements concurrents avec un outil de mesure objectif, de détecter les tendances par
secteur de produit et élaborer une véritable politique de conditionnement. De la
même manière que l'on étudie les messages publicitaires en les classant selon des
typologies, on pourrait avec la méthode des graphes établir, selon l'ensemble des
secteurs de produits, des conditionnements et connaître leur évolution. Une typologie obtenue dans un marché doit être comparée aux typologies des autres marchés afin d'élaborer un modèle international.

Des systèmes électroniques donnent la possibilité de visualiser sur un écran un
linéaire et d'y incruster des maquettes de projets de conditionnement. Il est
aussi possible de faire varier chaque maquette selon les couleurs, les formes,
les caractères d'imprimerie. On peut donc créer des maquettes en situation
réelle. Et même y incruster certains modèles de la typologie nationale et internationale.

Rôles du produit dans les entreprises en présence

Les entreprises en présence peuvent avoir des structures d'offre très différentes, dont l'analyse permet d'évaluer leurs réactions les plus probables aux actions envisagées par l'entreprise étudiée.

Analyse des offres des entreprises A, B, C et D

% représenté par le type de produit	Entreprises en présence			
	A	B	C	D
En CA	10	70	25	5
En profit	5	50	25	20

L'entreprise A réagira vraisemblablement peu car elle est en train de laisser son produit disparaître de lui-même. Elle ne va pas investir pour un produit très peu profitable qui représente une faible part de son chiffre d'affaires.

Le produit est le vecteur de l'entreprise B. Elle réagira avec vigueur.

Part moyenne du chiffre d'affaires, part moyenne du profit, il conviendra de noter ici les problèmes auxquels l'entreprise C doit faire face. S'ils sont importants, elle réagira normalement sans plus. Dans le cas inverse elle se défendra avec vigueur pour protéger 25 % de ses profits.

C'est certainement le produit le plus rentable pour l'entreprise D. La réaction sera vive mais probablement de courte durée car l'entreprise D voudra retrouver rapidement son taux de profit.

La situation du type de produit dans les entreprises en présence est caractérisée par de très nombreuses variables, par exemple les procédures de fabrication, les coûts commerciaux, la présence dans certains circuits de distribution... Il est impératif de les étudier tous sans exception et d'en dresser un tableau général. Le diagnostic en sera facilité. Dans le cas d'une décision à prendre ayant des conséquences déterminantes pour l'entreprise, les marchés environnants et internationaux seront tous étudiés selon ce protocole.

LES NOUVEAUX PRODUITS SOULÈVENT QUELQUES QUESTIONS

L'objectif est de qualifier le marché étudié au plan du dynamisme. Si la place des nouveaux produits (en volume et en valeur) est très faible, le marché est calme, peu accessible à l'innovation. La place occupée par les nouveaux produits peut aussi être très différente d'un marché à un autre. Dans le marché des instruments de calcul, les nouveaux produits constituent l'essentiel, voire l'intégralité, du marché. Dans celui du son, les nouveaux produits tirent l'ensemble du marché et en assurent le volume. Dans le marché des téléviseurs, les nouveaux produits ne font qu'assurer le renouvellement du parc des appareils, mais ne font pas évoluer le marché lui-même.

Ainsi, on ne se contentera pas de mesurer la part en volume ou en valeur des nouveaux produits, mais il conviendra de qualifier la place qu'ils occupent et le rôle qu'ils jouent.

Les véritables nouveaux produits sont très rares. Il s'agit en réalité d'une évolution technique de produits déjà existants. La télévision a été un nouveau produit en 1935, depuis il ne s'agit que d'améliorations. Les nouveaux produits étrangers, non commercialisés dans le marché étudié, représentent un danger potentiel pour l'équilibre du marché national étudié. Il importe de les inclure dans les perspectives d'évolution qui seront esquissées lors de l'analyse, en procédant à un inventaire le plus exhaustif et en incluant les recherches en cours pour de futurs lancements. Cette recherche est mondiale et permanente.

Il y a, enfin, le cas des produits commercialisés pour la première fois dans un marché, mais qui existent depuis longtemps dans leur marché d'origine. Il est aisé de prévenir ces bouleversements en réunissant, de manière constante, une information exhaustive sur l'originalité de l'offre étrangère dans une même classe de produits. Il sera alors facile d'apprécier les conditions qui doivent être réunies dans le marché étudié pour que cette nouvelle offre puisse s'y installer. Cette observation est essentielle dans l'établissement du marché unique européen. Les produits et les marques vont avoir tendance à occuper l'ensemble du territoire ainsi créé. La majorité des marques existantes est national et les marchés nationaux vont disparaître. À terme, il n'y aura plus que des marques régionales et des marques multirégionales européennes.

© Éditions d'Organisation

L'Europe sera un vaste marché, mais si le nombre de marques augmentera dans un premier temps par la conquête de nouveaux marchés, il diminuera rapidement car la concurrence sera féroce. C'est la fin du *cocooning* des marques nationales. Il en sera de même pour le marché international, de même pour le marché Internet.

LE PRIX DE VENTE DÉFINIT LE RÉSEAU DE RELATIONS DU PRODUIT

Le prix est la caractéristique d'un produit la plus immédiatement perceptible par le consommateur et qui, dans la plupart des cas, ne pose aucun problème d'interprétation. C'est une indication d'ordre économique – ce qu'il faut débourser pour l'acquisition –, une indication d'ordre psychologique – les valeurs que procure la consommation du produit – et une indication sur la qualité ainsi communiquée du produit. C'est faire preuve de légèreté que de n'étudier les prix des produits que dans une seule de leurs dimensions, fût-elle la dimension économique souvent privilégiée. Toutes les dimensions marketing sont à prendre en compte car elles sont l'expression de la nature réelle du prix : le prix est fondamentalement une communication.

Un point de vente communique avec plus d'efficacité sa politique commerciale par les prix qu'il affiche que par sa publicité, une entreprise annonce le positionnement de ses marques par leur prix et affirme son emprise sur un segment du marché par la dissuasion de ses niveaux de prix vis-à-vis de ses concurrents. En effet, le prix communique, plus que tout autre message, le positionnement d'un produit. Le prix est le message d'un produit le plus chargé de sens.

La segmentation d'un marché par les prix

Elle s'effectue généralement à partir des résultats de panels. L'analyste ne devra pas omettre d'y intégrer le message induit par chaque segment de prix. Dans le cas des produits non panélisés, ce sont les structures professionnelles qui proposent une segmentation, parfois ce sont les entreprises elles-mêmes qui les définissent.

LA SEGMENTATION D'UN MARCHÉ PAR LES PRIX

Nous allons voir comment est segmenté le marché d'un produit alimentaire.

Segments	% marché	Marques	Messages communiqués par le prix
< 10 €	5	AB	Second choix
De 11 à 15	20	BCE	Banal, industriel, avantageux
De 16 à 18	45	ACFG	Simple : consommé par le plus grand nombre, goût passe-partout
De 19 à 20	15	DF	Goût marqué : raffiné, dimanche
> 20	5	H	Exceptionnel : élite, luxe, réception

Le marché est parfaitement segmenté par les prix. Cette segmentation fait apparaître les «territoires» des différentes marques et permet ainsi d'apprécier leur politique d'appréhension de ce marché. De la même manière, on observe que certains segments de prix sont très encombrés, ce sont en général ceux qui représentent un pourcentage élevé des ventes. À l'inverse, d'autres sont encore investissables, car peu occupés.

On remarque qu'à la segmentation par le prix correspond une segmentation de la communication induite par chaque prix de vente. Le prix apparaît comme le message signifiant les qualités de l'offre ainsi que les circonstances de la consommation.

La segmentation des profils des consommateurs permet de montrer quelle est la sensibilité de chaque profil de consommateurs à la communication induite par le prix. Si les profils des consommateurs sont très marqués d'un segment de prix à un autre, on peut avancer l'hypothèse selon laquelle il y a un lien entre les attentes des consommateurs et les communications de chacun des segments.

Comme on le voit dans ce cas pratique, le message communiqué par le prix de vente d'une marque doit être relié directement au contenu du message publicitaire de cette marque. Le lien est évident, la corrélation absolue l'est beaucoup moins. Cependant, un message publicitaire décalé vers le haut peut suffire à distinguer un produit peu cher de ses concurrents les plus proches. Un savon de toilette, d'un prix bas, peut obtenir une image de savon sophistiqué auprès de sa clientèle composée le plus généralement de personnes modestes, par exemple, grâce à une publicité montrant une femme de rêve dans une salle de bains somptueuse.

La segmentation des circuits de distribution selon les prix de vente

La segmentation des circuits de distribution fournit des indications sur la sensibilité des clientèles des points de vente qui serviront à établir les messages promotionnels propres à chacun d'entre eux.

Le prix des produits, sans exception, devient européen avant de devenir mondial. En attendant, le choix du meilleur prix existe, à condition que la disponibilité soit proche. Et il y a les prix pratiqués sur Internet, si simples à comparer. De plus, l'appréciation du prix doit tenir compte des services rendus, comme la livraison ou un service après-vente de longue durée.

Si le prix est la caractéristique d'un produit la plus perceptible, c'est aussi l'une des plus mal connues. Même pour les produits à achats répétitifs, les acheteurs n'ont, le plus souvent, que l'intuition d'une zone de prix. Combien sont capables de donner, avec précision, le prix d'une douzaine d'œufs, d'une communication d'une minute sur un portable, d'une Gameboy ?

Le prix révèle la combativité de l'entreprise

Le choix du prix relève en priorité de l'intelligence
du système créé par les prix du marché effectué
par le conducteur marketing.

Une erreur commise lors de la détermination du prix peut être fatale à l'entreprise. La détermination du prix ne ressort pas uniquement d'un calcul économique, d'autres paramètres sont à prendre en considération :

* l'accueil et les réactions des circuits de distribution qui détiennent la marque, non seulement en ce qui concerne la perception qu'ils peuvent avoir de leurs

futures conditions, mais aussi de la constitution des gammes de prix qu'ils proposent à leur clientèle;

- les niveaux de prix pratiqués par les marques concurrentes. C'est lors de cette analyse que l'objectif de préemption du marché induite par les gammes de prix des marques en présence apparaît : objectif de promotion, de rentabilité rapide, de pénétration lente, de découragements pour d'éventuels concurrents…;

- les fournisseurs réagissent à la fixation d'un prix de vente en estimant la part des composants qu'ils livrent à l'entreprise dans la structure de ce prix. Ils peuvent être amenés à modifier les conditions qu'ils ont consenties à l'entreprise, selon que le prix sera plus ou moins élevé qu'ils ne l'avaient prévu;

- les prix des autres produits de l'entreprise constituent une base de référence importante. L'analyste marketing évitera de proposer un prix pour un nouveau produit qui sorte du cadre d'expérience de l'entreprise en matière de gestion de prix;

- ce sont les évolutions prévisibles de coûts qui seront retenues au moment de la fixation du prix de vente et non uniquement leur valeur au moment du choix. Combien d'études de prix sont-elles devenues caduques à la suite d'une flambée des coûts des matières premières ou d'une brusque augmentation des coûts de fabrication due au relèvement du prix de l'énergie;

- les revenus disponibles de la clientèle potentielle (ou actuelle) sont l'un des paramètres pris en compte. Il en est de même avec ceux des clientèles des produits appartenant au marché environnant. Il convient d'esquisser en priorité l'évolution probable de ces revenus disponibles. Un prix n'est pas fixé pour le mois suivant.

Il faut multiplier les approches pour fixer un prix : à partir des résultats d'un panel d'acheteurs et des statistiques de marché, est établie une série de matrices de structure de prix. Celle-ci va réunir les principales informations permettant de qualifier chacun des segments de prix, soit au niveau des acheteurs, soit au niveau des marques.

Cette opération statistique a pour finalité de juger la valeur des segments de prix en appréciant l'intérêt qu'ils présentent pour les entreprises qui y proposent un de leurs produits.

COMMENT MESURER LA VALEUR DES SEGMENTS DE PRIX

Apprécier les zones de prix par l'analyse structurelle de chaque segment

Zone de prix	CA par zone de prix	Nombre d'acheteurs	CA par acheteur	Nombre de marques	Tendance observée
< 10 F	2 000	1 000	2	3	→
De 11 à 15	480	800	0,6	5	↘
De 16 à 18	4 800	800	6	7	↗
De 19 à 20	2 800	400	7	4	↗
> 20	1 000	200	5	2	→

Il existe un nombre infini de problèmes à résoudre. Nous en avons retenu deux.

S'il s'agit de pénétrer sur le marché, la zone de prix «de 19 à 20» est à retenir:
– le nombre raisonnable de marques, une de celle-ci étant leader du marché;
– le chiffre d'affaires, important, réalisé par peu d'acheteurs, mais qui sont des gros acheteurs;
– la tendance est donc à la croissance.

Si une marque n'est présente que sur le segment «de 11 à 15», en baisse, il convient d'améliorer le produit et de monter dans le segment «de 16 à 18». Le grand nombre de marques nationales est certes un problème, mais le cœur du marché se situe bien dans ce segment.

Ces deux exemples sont simples car peu d'éléments descriptifs des marchés sont retenus. La réalité est bien plus complexe, mais la démarche demeure identique.

Ces analyses que l'on multiplie selon le nombre de paramètres statistiques, chiffre d'affaires par marque, chiffre d'affaires total par zone de prix, nombre d'acheteurs par zone de prix, par marque, etc., sont des diagnostics à rapprocher des objectifs de l'entreprise.

Apprécier par la recherche de nouvelles zones de prix, selon les réactions éventuelles des partenaires de l'entreprise

Il s'agit de rechercher la zone de prix qui intéressera le plus chaque partenaire, compte tenu des problèmes qui lui sont propres dans ses relations avec ce type de produit.

	- 10	15	17	18	+ 20
Distribution circuit 1	————————				
Circuit 2		————————			
Circuit 3		————————			
Fournisseurs		————————			
Cible clientèle	————————				

Si le code de ce schéma est l'accueil le plus favorable, la zone comprise entre 15 et 17 F recouvre l'ensemble des réactions positives.

Apprécier par l'estimation de la rentabilité, selon les composantes du prix de revient du produit étudié

	- 10	15	17	18	+ 20
Matière première A			————————		
Matière première B	————————				
Matière première C		————————			
Coûts fabrication			————————		
Coûts commercialisation			————————		

Ces appréciations sont la résultante de calculs reprenant pour chaque zone de prix l'ensemble des charges affectées en les optimisant, ce qui permet d'obtenir une zone de prix favorable pour chaque type de coût.

Apprécier par l'estimation de la demande, selon l'élasticité prix-demande

L'analyste note l'ensemble des variations de prix intervenues dans un passé, de l'ordre de deux à quatre ans, selon le type de produit étudié, en regard du volume des ventes mesuré avant et après chacune de ces variations. La moyenne de l'amplitude de ces variations, rapportée à l'amplitude des modifications de prix, est une indication de l'élasticité dont la pente est donnée par la moyenne des variations.

Apprécier selon la compatibilité entre les prix possibles et l'image de la marque

Une marque recouvre une zone de prix qui correspond aux positionnements de chacun des produits qu'elle nomme. À l'inverse, ces produits qualifient sa situation par rapport aux prix. Il sera habile de choisir un prix nouveau dans la zone de la marque par souci de compatibilité avec son image. Un prix inférieur ternirait cette image, un prix trop élevé risquerait de n'être pas crédible. S'il s'agit à la fois d'un nouveau produit et d'une nouvelle marque, la zone de prix sera déterminée à partir de l'objectif d'image retenu et du positionnement du produit par rapport à la concurrence. C'est lors de ce type d'appréciation qu'intervient la prise en compte du sens du message de chaque prix. C'est bien un choix de communication.

Apprécier selon la compatibilité entre les prix possibles et le positionnement du produit

Le positionnement d'un produit se situe déjà dans une zone de prix. Le choix d'un nouveau prix consistera à décider si ce prix doit apparaître dans le bas ou dans le haut de cette zone de prix. C'est un ensemble complexe de paramètres qui présidera à cette décision : qualité réelle et qualité apparente du produit, message émis par le conditionnement, taille apparente de ce conditionnement, cible de clientèle recherchée, circuits de distribution déjà choisis, prix du concurrent principal, zone de prix dans plusieurs marchés hors frontières de ce type de produit.

Choisir une méthode d'appréciation est une décision stratégique

Il ne s'agit pas, lors du choix du prix de vente, d'effectuer la moyenne des prix obtenus à partir des appréciations. Une moyenne est un compromis, non un choix tactique. Si un marché existe pour un prix de vente de 4 et un autre pour un prix de 8, il est bien possible qu'il n'existe aucun marché pour un prix de $(4 + 8) / 2 = 6$.

La procédure empirique proposée est achevée lorsque l'analyste a suffisamment d'éléments de jugement en sa possession pour décrire en regard de chaque prix possible les caractéristiques du marché correspondant. Le choix s'effectue en considérant les difficultés et les avantages de chaque marché délimité par chaque zone de prix. Le choix d'un prix de vente est ainsi le choix d'un marché précis, en prenant en compte, évidemment, le niveau de qualité du produit offert ainsi que le contenu de l'image de la marque et la probabilité d'atteindre les objectifs fixés.

Cette démarche doit être appliquée dans chacun des marchés où l'entreprise est active. Les prix de vente relevés au niveau international seront interprétés selon les caractéristiques de chaque marché en retenant particulièrement le nombre et la qualité des marques présentes. De plus tous les grands marchés seront étudiés même si l'entreprise n'y est pas active. Les prix pratiqués sur le net n'échappent pas à cette obligation.

La créativité imagine, le risque permet de comprendre

Il n'y a pas de véritables techniques qui permettent de trouver l'idée recherchée, quelle qu'elle puisse être. L'innovation serait de chaque minute et le monde un perpétuel chantier. Il existe, en revanche, des procédures qui permettent de réunir les meilleures chances de trouver des idées sans qu'un aboutissement heureux soit vraiment garanti. Ces procédures sont issues de l'empirisme, elles en ont conservé l'aspect opératoire. Ce sont des manières de faire, parfois des tours de main. La créativité trouve des idées, l'innovation est déjà un produit.

L'investissement en recherche créative permet de vendre des innovations rentables

Il convient de s'entendre sur le contenu des noms utilisés dans ce domaine. La créativité exprime la recherche pure d'idées ou de concepts. Les méthodes de créativité vont donc être celles qui favorisent cette recherche.

LES GROUPES DE CRÉATIVITÉ : FONCTION ET FINALITÉ

C'est le groupe qui produit des idées, ce n'est pas un individu ou un autre. Les phases de l'animation vont se succéder toutes les demi-heures ou toutes les heures, même tard dans la nuit. Les individus, portés par le groupe, se laissent aller à leurs utopies et à leurs fantasmes, orientés par l'animateur maître du jeu.

Les différentes phases de stimulation se succèdent selon la volonté de l'animateur :

– phase associative (*brainstorming*, jeux de mots) ;
– phase d'identification (les membres du groupe s'identifient à une partie du problème) ;
– phase projective (recherches d'idées à partir de matériel stimulant comme des DVD) ;
– phase de psychodrame, le groupe joue le problème. L'animation peut aller jusqu'au rêve éveillé collectif, véritable *trip*, pendant lequel le groupe plane, produit des idées sans aucune contrainte, ce qui est recherché.

La production est abondante, plusieurs centaines d'idées qu'il faudra analyser, trier puis rejeter. Le matériel produit par le groupe sera totalement pris en compte : enregistrements audio et vidéo, dessins et textes. Les groupes de créativité seront menés dans les marchés où l'entreprise est active. Les procédures seront adaptées à chaque mentalité, les résultats seuls devront être comparables.

L'innovation, quant à elle, est concrète. Il s'agit d'un acte, d'un produit, d'un service, d'une communication. Elle est proposée et elle est achetable. L'innovation est une idée issue de la créativité qui a été transformée en un produit et qui est apparue sur son marché. Le succès de la recherche créative est l'innovation en même temps que l'innovation est sa rentabilité.

On peut distinguer différents types de créativité : irrationnelle, rationnelle, topologique, etc.

La créativité irrationnelle

Il s'agit de procédures permettant de libérer la créativité des individus des contraintes dues au conformisme, à la spécialisation qui les empêche d'avoir une vision globale d'un problème, à la rigidité des structures sociales qui les enferme dans des rôles précis. La stimulation de groupe est une suite de situations dans lesquelles l'individu est mis dans une attitude indépendante de ces contraintes.

La créativité rationnelle

Il s'agit ici de procédures dont l'objet est de favoriser la rencontre d'idées afin que, de l'insolite engendré par des rencontres curieuses ou inhabituelles, surgissent des idées de nouveaux produits ou de nouveaux services.

La créativité topologique

Elle est fondée sur des données d'enquêtes. À un échantillon de population concernée par le domaine du produit recherché, les enquêteurs demandent les opinions concernant les marques présentes selon un certain nombre de paramètres ainsi que les habitudes de consommation. Une exploitation statistique des données et l'analyse factorielle des correspondances permettent d'obtenir une représentation graphique des positions respectives des marques et des paramètres selon leur degré de proximité. À partir de ces graphiques, on recherche par lecture les espaces dont les paramètres seront motivants pour la future clientèle ainsi que la situation de chacune des marques.

L'application des techniques de créativité ne doit être, en aucun cas, le palliatif d'une absence de stratégie. La créativité n'est pas une recherche à 360 degrés, une étude pour voir ce qui va sortir.

Au niveau de l'efficacité et du mode opératoire, on peut rapprocher la créativité et le laser. Les deux doivent être dirigés sur un point déterminé à l'avance. Il ne s'agit pas d'un balayage.

La créativité ne dépend pas du hasard. Elle intervient sur la plage très étroite des réponses possibles à un problème bien défini. Les résultats obtenus sont d'autant plus performants que l'analyse marketing préalable a été rigoureuse. Par ailleurs, accueillir le résultat de l'application des techniques de créativité est un traumatisme pour l'entreprise. Il faut que sa vocation soit clairement définie, ainsi que ses politiques. En un mot, que son marketing soit bien fait.

🔍 LES MATRICES DE CRÉATIVITÉ

La structure matricielle consiste à faire se rencontrer deux ensembles d'éléments d'une façon systématique. Chacun des deux ensembles peut être aussi riche ou aussi éloigné du problème à traiter que l'on veut, jusqu'à la rencontre d'un ensemble avec lui-même.
Voici le cas d'une matrice par croisements.

	Symétriques				Asymétriques			
	Colorant	Laque	Shampooing	Etc.		Colorant	Laque	Shampooing	Etc.
Colorant		X	X		**Vitaminé**	X	X	X	
Laque	X				**Parfumé**	X	X	X	
Shampooing	X	X			**Traitant**	X	X	X	
Etc.					**Etc.**				

Chacune des rencontres doit ensuite être examinée en fonction de sa faisabilité industrielle (compatibilité entre les éléments) et de l'intérêt qu'elle présente selon les attentes des acheteurs éventuels.

LA CRÉATIVITÉ RELATIONNELLE MOBILISE L'ENTREPRISE

La direction générale est l'élément moteur de l'application des techniques de créativité dans l'entreprise. C'est pour elle un élément fondamental de transmission de son dynamisme à l'ensemble de la société. Elle intervient au commencement, en incitant les cadres à se tourner vers la créativité. Elle trie ensuite les nouvelles idées et elle choisit celles qui ont des chances de réussir. Elle fournit ensuite à un groupe de lancement, largement visible par tout le personnel, les moyens de concrétiser ces avancées. Par ses interventions répétées, l'entreprise montre l'intérêt qu'elle accorde à ces opérations de renouvellement de sa gamme des produits et, plus généralement, sa croyance en son avenir.

En revanche, les innovations pouvant constituer des événements majeurs, comme un nouveau produit ou la pénétration d'un nouveau marché, seront tenues secrètes. C'est le choix de la direction de l'entreprise. Dans le cas où l'innovation serait révélée, il faudrait la vendre à l'ensemble du personnel.

Le triomphe de l'objet innovant n'est pas durable. Aussitôt une innovation mise sur le marché, l'entreprise doit déjà être en recherche d'une nouvelle. Elle doit se méfier des anciens objets, un temps dépassés, qui peuvent redevenir jeunes.

Redécouvrir d'anciens objets innovants

Le surgelé sera détrôné par la conserve sous vide, pourtant plus ancienne.

Le magnétoscope sera incorporé dans les téléviseurs et disparaîtra en tant que tel.

La montre à affichage numérique sera rapidement supplantée par la télévision au poignet.

Le pot catalytique laissera la place au moteur propre.

Le téléphone fixe tend à disparaît face au téléphone mobile, surtout lorsqu'il fait appareil photo.

Le premier satellite de télécommunication a fait sauter la cervelle des spécialistes du téléphone. L'avenir des liaisons téléphoniques s'établissait dans l'espace. Adieu le câble ! Le flux des circuits téléphoniques par satellite a été multiplié par six de 1980 à 1990, et par dix de 1990 à 2000. Certes, mais c'est le câble qui est en train de distancier le satellite. Le câble TAT 11-12 de l'Atlantique Nord apporte 800 000 circuits simultanément. Le satellite, 200 000 circuits sur le Pacifique, est dépassé par le câble avec 300 000 circuits. De surcroît, les câbles sont posés maintenant en double, pour asseoir la sécurité. Ils assurent, fibre optique oblige, une image et un son irréprochables à 5 milliards de bits par seconde.

Internet est en train de dépasser toutes ces belles technologies. Et après Internet ?

LA CRÉATIVITÉ RELATIONNELLE PAS À PAS

Phase 1

L'ensemble des analyses a dégagé un certain nombre de problèmes mal résolus par l'entreprise. Ces problèmes doivent être hiérarchisés selon les conséquences qu'impliquerait leur non-résolution au plan mondial.

Phase 2

Placée devant la totalité des problèmes à résoudre et leur influence sur les marchés de l'entreprise, la direction générale choisit ceux qu'elle considère comme les plus urgents à traiter.

Phase 3

Autant de groupes de travail que la direction générale a choisis de problèmes à résoudre sont mis en place. Ces groupes sont constitués d'une dizaine de collaborateurs de l'entreprise connus pour leurs facultés d'imagination et provenant de toutes les implantations mondiales. Un spécialiste des techniques de créativité les animera. L'objectif de ces groupes est la production du plus grand nombre possible d'idées nouvelles.

Phase 4

Les spécialistes du département marketing analysent chaque idée produite par les groupes. Ils les hiérarchisent selon leur degré d'innovation et selon leur cohésion avec la stratégie générale de l'entreprise, sa vocation et selon la réceptivité des différents marchés.

Phase 5

Les idées présentant l'intérêt le plus grand sont présentées à la direction générale qui choisit celles qui devront être concrétisées. La direction générale choisit un collaborateur de l'entreprise par idée retenue comme responsable de sa concrétisation.

Phase 6

Chacun de ces responsables constitue un groupe provenant des principales fonctions de l'entreprise. L'objectif des groupes est de déterminer le produit dans sa composition, sa fabrication, sa commercialisation et son financement, son planning de lancement. Ici aussi les groupes seront internationaux.

Phase 7

La direction générale examine les plans des groupes de concrétisation et décide des opportunités de chaque proposition, selon la réceptivité probable des marchés.

Cette procédure itérative incite l'ensemble de l'entreprise à la résolution des problèmes rencontrés et implique les collaborateurs dans la recherche des idées nouvelles. De plus, la créativité pure n'occupe qu'une seule phase (la 3) et cette procédure a comme finalité une innovation rentable.

L'entreprise doit innover dans ses structures, si elle veut innover dans ses marchés

Tous les secteurs de l'entreprise seront concernés par la concrétisation d'une idée : la gestion financière pour apprécier les investissements nécessaires à la nouvelle fabrication et le profit qu'on peut en attendre, la direction commerciale pour étudier les conditions réelles du lancement, la direction des ressources humaines, la publicité, le bureau d'études, la direction des fabrications, la fonction juridique (problème des brevets). C'est à cause de cette envergure considérable des problèmes à résoudre que la solution réside dans la nomination d'un responsable de haut niveau qui s'entourera d'une équipe composée de toutes les disciplines de l'entreprise.

De la même manière, toutes les implantations mondiales de l'entreprise participeront à la recherche et à la concrétisation de l'innovation. Que représentera cette nouvelle offre dans leur propre marché ? Ont-elles réalisé des approches différentes ?

La créativité ne s'applique pas seulement à la recherche de nouveaux produits. C'est une technique de résolution de problème résultant d'une posture dynamique de l'entreprise. Ces applications peuvent concerner en plus de la recherche de nouveaux produits de nouveaux domaines :

- nouvelle méthode de fabrication ;
- nouvelle méthode de commercialisation ;
- recherche d'autres débouchés ;
- utilisation d'une nouvelle source de matières premières ;
- évolution des structures de l'entreprise ;
- recherche d'autres composants et recherche fondamentale ;
- manière d'investir de nouveaux marchés internationaux.

IDENTIFIER DE NOUVELLES CLASSES DE PRODUITS

Le risque est un pari sur la répartition du bon et du mauvais dans les termes du choix. À partir d'une échelle croissante des risques, on peut distinguer trois nouvelles grandes classes de produits.

Les produits banals

D'un prix unitaire bas, les produits banals sont achetés par une seule personne et sont interchangeables pour une circonstance de consommation. *Exemple : le yaourt.*
Les acheteurs des produits banals sont plus sensibles à la promotion et aux offres spéciales qu'à la publicité. Ils connaissent un grand nombre de marques, mais leur sont peu fidèles. Ils déclarent qu'il y a peu de différence entre les produits et s'informent très peu avant d'acheter. Le degré d'implication est faible. La notoriété et le prix ont en revanche un rôle déclencheur et la publicité y retrouve son utilité.

Les produits déterminants

D'un prix unitaire assez élevé, les produits déterminants sont le plus souvent achetés par le couple ou plusieurs personnes et sont spécifiques à une circonstance de consommation. *Exemple : le téléviseur.*
Avant d'acheter un produit déterminant, comme une cuisinière ou une caméra, la quête d'informations est très active et la publicité recherchée, si la promotion est peu efficace. Les marques connues sont peu nombreuses, mais le taux de fidélité est assez fort car un léger avantage de prix ne compense pas les risques pris. Le degré d'implication est relativement élevé.

Les produits essentiels

D'un prix unitaire très élevé, les produits essentiels sont achetés par le couple ou plusieurs personnes et sont nécessaires à l'existence même de la famille. *Exemple : le logement.*
L'acquisition d'un produit essentiel, comme un logement, entraîne une recherche d'informations approfondie qui peut durer plusieurs mois. La valeur du produit prime la marque. Le degré d'implication est très élevé. L'activité d'information entraîne une forte distinction entre les produits.

NOUVELLE CLASSIFICATION DES PRODUITS

Acheter, c'est toujours prendre un risque plus ou moins grand, mais qui existe. Acheter du pain, c'est prendre un petit risque : pas frais, trop cuit. Acheter de la viande comporte un risque un peu plus élevé : pas fraîche, pas le morceau désiré. Un produit de beauté présente un risque assez sérieux : dermatose, couleur ridicule, ou qui ne tient pas assez longtemps, calvitie. Acheter un logement représente un risque maximal : charges, réparations, changements dans l'environnement.

Prendre un risque induit une série de comportements qui vont varier en intensité et en nature, selon l'intensité et la nature du risque. Si le risque est très faible, la recherche d'informations préalables à l'achat sera presque nulle et le degré d'implication dans le produit peu élevé; l'inverse étant parfaitement vérifié. On dispose ainsi d'un système de classification qui permet de distinguer des classes de produits et en plus de déterminer ce que sont (ou seront) les attitudes et les comportements des acquéreurs. On passe ainsi des systèmes de classification qui sont descriptifs à un système opérationnel.

L'implication et le besoin d'informations varient comme le risque

Comportements	Nouvelles classes de produits		
	Banals	Déterminants	Essentiels
Recherche d'une information préalable		XXX	XXX
Attention à la publicité	XX	XXX	XXX
Attention à la promotion	XXX	X	
Nombre de marques connues	XXX	XX	X
Distinction entre les marques	XX	XXX	XX
Connaissance de la nationalité des marques		XX	XXX
Fidélité aux marques	X	XX	
Distinction entre les produits	X	XX	
Degré d'implication		XX	XXX
Habitudes d'achat	XXX	X	

Ces trois nouvelles classes de produits, définies à partir du concept risque, sont très larges et, comme telles, sont peu opérationnelles. Une cravate et une baguette de pain, qui sont deux produits banals, ont-elles des conditions d'achat identiques? Mettent-elles en jeu des traits de personnalité homologues? De même, deux produits déterminants comme une chaîne hi-fi et un aspirateur admettent-ils le même degré d'implication? Il existe bien là des différences importantes que soulignent des études marketing sectorielles.

Proposer une classification plus opérationnelle

Certains produits banals comportent un risque plus grand lors de l'achat comme les vêtements et les produits de mode en général. D'autres, comme les produits de beauté et de soins, ont un degré d'implication élevé et présentent un véritable élément de risque. Ces produits, tout en demeurant des produits banals, ont des caractéristiques (risque et implication entre autres) qui les rapprochent des produits déterminants. Ce sont des produits banals déterminants.

La classe des produits déterminants n'est pas homogène. Un appareil d'entretien des sols est d'un usage banalisé alors qu'une chaîne hi-fi implique plus la personnalité de l'acheteur. Le degré de risque n'est cependant pas de même nature. On peut dire que les premiers produits appartiennent à la classe des déterminants banals et que les seconds, proches des attributs de la classe des produits essentiels, sont des produits déterminants essentiels.

Le logement est un produit essentiel exemplaire. La voiture est aussi un produit essentiel, mais sa diffusion l'a banalisée, c'est-à-dire que la prise de risque est moins grande que pour l'achat d'un logement, de même pour le degré d'implication. C'est un produit essentiel banal.

Plus l'acte d'achat exprime la personnalité de l'acheteur, plus celui-ci prend le risque de se remettre en cause. Cette nouvelle classification admet deux axes : le degré de risque pris lors de l'acquisition du produit et le degré d'implication qualifiant la relation de l'acheteur au produit.

La prise de risque évolue comme le degré d'implication. Il s'agit d'une constatation très opérante qui donne à la classification des produits proposée toute son efficience. En effet, le phénomène d'implication, qui est encore assez mal connu, est directement lié à l'action commerciale.

L'implication signifie l'engagement de la personne dans un acte. Selon la nature de l'acte, l'engagement est plus ou moins profond. On peut avancer que le langage commercial doit être en harmonie avec le degré d'implication du produit promu, sinon le message est refusé. Lorsque l'implication est faible, par exemple pour une lessive ou un produit d'entretien, le message peut être didactique, fort, très argumenté, comme une démonstration péremptoire. À l'inverse, lorsque l'implication est élevée, pour un produit de soin ou un parfum, le message ne peut violenter la personnalité du récepteur déjà mise en question par le choix à effectuer, il doit persuader, convaincre sans violence, plus par une adhésion globale que par une argumentation technique. Plus le degré d'implication est élevé, plus la personnalité de l'acheteur est fragilisée. Ce sont les publicitaires qui sont les plus concernés par ce paramètre.

La communication, contrepoids du risque, doit être nuancée par le degré d'implication. La croissance du degré d'implication n'est cependant pas univoque, selon la croissance du degré du risque. Les produits de la classe essentielle supportent une plus grande démonstration technique que les produits déterminants à cause d'une nouvelle nécessité : la réassurance. La décision d'achat à prendre devient traumatisante, pour cette catégorie. L'acheteur va chercher à se rassurer en s'entourant du maximum de précautions. Le ton de ces messages doit ainsi être à la fois de persuasion, sans violence, pour tenir compte d'un degré d'implication élevé, et à la fois d'apparence rationnelle et technique pour rassurer l'acheteur potentiel.

La classification proposée a vocation de s'appliquer à l'ensemble des produits. Pour un produit donné, il conviendra d'entreprendre une étude pour le situer réellement sur une échelle de risque et d'implication. Bien entendu, cette étude devra être comparative en introduisant dans les échelles des produits repérés dont on connaît déjà le classement.

Le risque et l'implication sont de nouveaux opérateurs de typologie

La population interrogée dans ces études sera divisée selon des critères classiques de segmentation : niveau de consommation et catégories sociodémographiques ou socioculturelles. Le degré de risque est aussi un critère de segmentation. Pour certaines personnes, la perception d'un risque élevé est aiguë lors de l'achat même d'un produit banal, alors que, pour d'autres, l'achat d'une automobile est sans aucune perception de risque. Le décalage entre la classification théorique des produits, telle que nous l'avons exposée, et la classification des produits ressentie par une population précise est une information nouvelle, révélatrice de la perception du type de produits étudié par cette population, par étude ou par sondage, et dont l'intérêt est précieux lors de l'établissement d'un plan de marketing. Les degrés de risque et d'implication étant liés à la vie sociale, ces études devront être menées dans tous les marchés où l'entreprise est active.

Nouvelle classification des produits proposés à un petit nombre de consommateurs

La classification des produits que nous venons d'expliciter est applicable aux produits industriels. Le risque est peut-être plus encore que pour tous les produits de consommation publique le paramètre le plus discriminant. Pour une entreprise industrielle, le risque pris lors de l'achat d'un marteau est nul, mais il est maximal lorsqu'il s'agit d'acheter une machine spécifique à l'activité même de l'entreprise. Pour les biens industriels, le risque concerne l'acheteur et l'entreprise. L'implication de l'acheteur est fonction du risque pris par l'entreprise. Voici une nouvelle classification prenant en compte ces critères.

Comme le montre cette nouvelle classification, la notion de risque est aussi bien inductrice pour déterminer les comportements et les attentes des acheteurs, dans le domaine des produits de consommation courante que dans celui des produits industriels. On notera, pour ces derniers, des différences de degré selon les professions et selon les personnalités des entreprises et des acheteurs. La classification proposée permet de savoir à l'avance le type d'attentes que l'entreprise va devoir satisfaire. Elle est ainsi un appui logistique fondamental à toute élaboration de stratégie aussi bien commerciale que de fabrication.

AFFINER LA CLASSIFICATION DES PRODUITS POUR JAUGER LES RISQUES

Les produits banals

Ils sont interchangeables au niveau des marques. Ce sont des produits comme l'huile de coupe ou le petit outillage.
Le risque pris par l'acheteur est quasiment nul. Le prix est un élément déterminant. Les relations personnelles comptent beaucoup au moment de la décision. Les prix unitaires sont peu élevés.

Les produits banals déterminants

Ils sont déjà des produits qui ont une certaine spécificité liée à celle de l'entreprise. On trouve parmi eux les composants simples.
La marque commence à être prise en compte par habitude, surtout au niveau de la fiabilité et de la commodité : le fournisseur connaît bien les

besoins de l'entreprise dans ce domaine de produits. Si l'écart de prix est substantiel, l'acheteur n'hésitera cependant pas à changer de marque. Le degré d'implication est un peu plus élevé que pour la classe précédente, car ce type de produits est déterminant dans la bonne marche de la fabrication.

Les produits déterminants banals

Ils sont destinés à la fabrication du produit de l'entreprise. Ils sont déterminants pour l'activité. Ils englobent les moyens de transport et les outils environnant la fabrication. Leurs caractéristiques viennent en partie du bureau d'études.

Le prix compte moins que les performances et la fiabilité. L'acheteur est jugé sur ses fournisseurs. L'implication est forte et, si le prix se discute, l'interrogation est surtout au niveau de la qualité.

Les produits déterminants essentiels

Ils concernent surtout les moyens de production. La rentabilité des ateliers dépend en grande partie de ce type de fournitures. Les machines-outils sont achetées pour la production de l'entreprise.

L'acheteur y est totalement impliqué. La marque comptera moins que les performances, bien qu'une marque à image forte puisse servir de réassurance. La décision de l'achat dépasse le niveau de l'acheteur qui prépare le dossier et donne sa recommandation.

Les produits essentiels banal

Une partie du destin de l'entreprise est soumise à leur acquisition. Banals en eux-mêmes, ils sont essentiels à l'activité de l'entreprise. Dans cette classe, on trouve surtout les moyens informatiques.

Le cadre purement industriel est dépassé au profit du cadre financier. L'acheteur va essentiellement jouer sur les prix, en liaison avec la direction financière. De plus, ce n'est pas seulement la gestion quotidienne industrielle qui est en cause, mais aussi la gestion à moyen terme. Le degré d'implication est élevé et concerne également la direction de l'entreprise.

Les produits essentiels

Ils sont indispensables à la production de l'entreprise. Il s'agit des machines à imprimer pour une imprimerie, des laminoirs pour une aciérie, des fours pour une biscuiterie. De leurs caractéristiques dépendent celles du produit fini, donc la compétitivité de l'entreprise.

Leur prix unitaire est très élevé. Le choix de l'achat est celui de la direction générale, totalement impliquée dans la décision. Le risque est maximal.

LE NOUVEAU CYCLE DE VIE DES PRODUITS

Le nouveau cycle de vie des produits est fondé sur la résolution des crises de croissance. La doctrine classique admet la naissance et la mort du produit. Le concept de cycle de vie d'un produit est très largement connu. Les quatre phases qui y sont décrites servent le plus souvent à dater un produit. On dit d'un produit qu'il est en phase 3 par exemple. Ce concept n'est cependant pas opérationnel, il demeure descriptif d'un état. La plupart des auteurs qui s'en sont préoccupés restent au niveau d'une évaluation statique. Théodore Levitt, quant à lui, a proposé d'utiliser le cycle de vie comme base de raisonnement à l'élaboration de politiques de survie, spécialement pour les produits obsolètes.

Cette présentation de la vie d'un produit rappelle irrésistiblement le cycle de vie de l'homme, de la naissance à la mort. Cette pensée anthropomorphique introduit peu d'efficacité dans le marketing. Aussi cette courbe, qui figure dans tous les ouvrages, induit l'idée fâcheuse d'une fatalité qui conduirait tous les produits à une mort inéluctable. L'expérience montre, heureusement, que les morts sont rares en ce domaine. L'économie des marchés n'est pas anthropomorphique. La vie triomphe le plus souvent.

Ce cycle peut présenter des amplitudes de durée très différentes d'un marché à l'autre. Certains marchés parcourent les quatre phases en deux années, comme le skateboard en France, il y a dix ans, pour disparaître totalement et réapparaître vers 1990 très fortement cette fois, comme la plupart des produits de mode. D'autres sont dans la troisième phase de maturité depuis plusieurs décennies, comme les apéritifs ou les stylos à bille. De plus, si les durées de vie sont diverses, les parcours ne le sont pas moins. Sur cinq produits en phase 1 à peine un passera en phase 2. La mortalité est forte dans l'innovation. De la même manière, des produits passent directement de la phase 2 à la phase 4, comme le marché du disco ou celui des pochettes pour hommes.

Le nouveau cycle proposé est fondé sur la notion de crise

La crise est causée par l'insuffisance de la réponse du complexe marketing-produit-marque par rapport au niveau des attentes du marché.

Une nouvelle phase de la vie d'un produit prend naissance lors de la réponse à un problème de demande ou d'attente. S'il n'y a pas de réponse, le produit déclinera ; s'il y a réponse, la croissance continuera. La fin d'une phase est provoquée par une distorsion entre la réponse précédente, qui était adaptée à une demande antérieure, et le nouvel état de la demande. C'est une crise. Si elle n'est pas résolue, c'est le déclin. Or, chaque phase successive porte en elle sa propre crise. La réponse à une demande provoque la crise suivante lorsqu'elle atteint sa maturité.

LA VIE D'UN PRODUIT EN QUATRE PHASES

Quatre phases classiques décrivent les différents états de la vie d'un produit.

Phase 1

Elle concerne l'apparition du produit. Il faut informer et convaincre. La distribution aussi est à conquérir. Le produit lui-même est encore à perfectionner. Cette opération est très onéreuse pour l'entreprise. Elle y risque en plus son image auprès de la clientèle et son crédit auprès de la distribution.

Phase 2

Les ventes s'accélèrent, la demande décolle. Les concurrents apparaissent. L'entreprise doit faire de gros efforts pour faire préférer son produit à celui des concurrents. De la même manière, elle doit augmenter ses linéaires. L'équilibre financier n'est pas encore atteint.

Phase 3

Le marché est établi. Les positions des différentes marques sont stabilisées. Il faut maintenant se partager les consommateurs. C'est l'époque des offres spéciales, des batailles de prix. Les entreprises segmentent le marché pour s'y tailler des territoires. Le produit rapporte du profit malgré l'importance des dépenses de commercialisation.

Phase 4

La consommation par habitant commence à décliner. De nouveaux produits, répondant mieux aux nouvelles attentes, sont en phase de croissance. Des concurrents disparaissent. L'entreprise n'investit plus. Le produit atteint une haute rentabilité, mais le nombre d'unités vendues diminue lentement.

COMMENT DÉFINIR LES SIX PHASES DE LA CROISSANCE

Phase 1 : pouvoir être trouvé

Le lancement du nouveau produit contribue, généralement par son aspect spectaculaire, à la connaissance du concept qu'il incarne. La première phase est celle de la croissance par la promotion du concept.

Au départ, par construction, tous les consommateurs sont ignorants du nouveau concept. C'est la vitesse de propagation de cette connaissance qui détermine la vitesse de croissance des ventes du nouveau produit. Pour atteindre cet objectif, ce sont aussi bien des moyens publicitaires grand média que des moyens promotionnels, ou des démonstrations et des dégustations qui sont utilisés. Dans le cas des produits industrialisés, en plus de la publicité, on provoquera des réunions d'informations et de démonstrations avec les principaux acheteurs. L'entreprise crée sa demande. Plus la demande devient forte, plus la recherche du produit est multipliée. Le consommateur veut trouver immédiatement le produit qui doit être partout disponible. Or, il y est rarement. C'est la crise de disponibilité. Elle revêt souvent deux aspects : celui de la distribution qui devient trop vite faible et celui de la fabrication qui ne monte pas suffisamment en cadence. La fabrication éprouve souvent de grandes difficultés à monter en capacité lors du lancement d'un nouveau produit, car le passage de la présérie à la série industrielle est souvent hasardeux.

Une autre raison, imputable au marketing, est que les prévisions de cadences sont inférieures à la demande réelle. La solution de cet aspect de la disponibilité est d'obédience interne. La crise de disponibilité dans son aspect distribution introduit la phase 2. Si elle n'est pas résolue, le nouveau produit disparaît rapidement. On recherche un nouveau produit une fois, deux fois ; la troisième fois, on hausse les épaules. Il faut ici souligner les conséquences affectant l'image de la marque. Si elle est nouvelle, des efforts coûteux seront par la suite nécessaires pour faire oublier que c'est une marque que l'on ne trouve pas. S'il s'agit d'une marque déjà installée qui lance une nouvelle variété, le risque est grand de voir rejaillir sur l'ensemble de la gamme cette absence de disponibilité qui confinera au manque de sérieux.

Phase 2 : pouvoir rester seul

Le taux de croissance des ventes a diminué à la fin de la phase 1. Pour l'augmenter, il convient de résoudre la crise de disponibilité par la recherche de nouveaux points de vente ou / et par une montée plus rapide des cadences de fabrication.

La deuxième phase est la phase de croissance par l'extension de la distribution. La demande devenant plus forte, la distribution peut elle-même être désireuse de détenir le produit. Il devient ainsi plus facile de trouver de nouveaux canaux de distribution que de travailler ceux déjà existant. L'entreprise peut alors prendre des positions fortes car la distribution veut avoir son produit. Elle ne doit pas négliger pour autant la promotion de son produit en linéaire. Après les démonstrations ou les dégustations de la phase 1, la direction marketing met en place tout l'arsenal de la promotion sur les lieux de vente.

Pendant ce temps-là, la publicité a toujours pour objectif de renforcer l'installation du concept. Le produit prend place parmi les habitudes. Le succès attire les concurrents. Des produits semblables sont à leur tour lancés. Le consommateur, déjà bien sensibilisé, est sollicité par d'autres marques qui promettent de nouveaux avantages. C'est la crise de concurrence. Le taux de croissance des ventes s'essouffle. La phase 2 est achevée.

Phase 3 : pouvoir être distingué

Si l'entreprise ne réagit pas à la crise de concurrence (les marques apparues présentant de nouveaux avantages, ne serait-ce parfois qu'un prix plus intéressant), la marque va perdre très vite sa position dominante et devenir bientôt une marque parmi les autres, avec une part de marché en diminution constante. La distribution lui retirera ses références, préférant les autres marques plus dynamiques, car en phase 1 de lancement.

Pour retrouver un taux de croissance important, l'entreprise devra faire porter ses efforts sur la promotion de sa marque. Elle fera en sorte d'établir un capital de confiance et de sécurité afin que sa marque soit plus souvent choisie que celles des concurrents qui lui font qu'apparaître sur son marché. Elle devra fournir la réassurance du savoir-faire : «Notre marque est la première qui…», «Nous sommes les créateurs du…», «Depuis dix ans, notre marque a…». Elle a été l'initiatrice, elle s'exercera à devenir l'habitude.

Cette action aura des répercussions sur l'attitude de la distribution à qui elle offrira un comportement plus combatif. Son langage sera simple : «Votre assortiment doit être composé de ma marque qui donne toutes les garanties. C'est la marque que réclament les acheteurs.» Le *facing* le plus large lui revient car elle est la marque de référence. L'entreprise doit individualiser sa marque en tant que leader et en tant qu'experte. Cette action sur la marque va amener les concurrents à promouvoir leurs propres produits. Les consommateurs, très sollicités par des qualités diverses mais toutes attrayantes, vont porter une attention particulière aux performances promises et réellement obtenues. C'est la crise de la demande. Si elle n'est pas résolue, le produit ne va plus être perçu parmi tous les autres. Le marché va se partager rapidement. Les ventes vont décroître lentement.

Phase 4 : pouvoir définir ses meilleurs acheteurs

La demande se disperse. C'est le moment des essais pour voir. La fidélité disparaît. La crise de la demande est destructrice de la confiance. L'entreprise réagira par la promotion des caractéristiques spécifiques de son produit. Elle fera des offres spéciales pour le promouvoir. Son objectif sera de sortir son produit de l'ensemble des propositions concurrentes.

La crise de la demande a rapproché certaines attentes de certains produits. La promotion des caractéristiques segmente par induction. L'entreprise choisira alors de s'adresser plus particulièrement à des segments précis de la population pour qui son produit paraît le mieux adapté. L'audience cessera d'être globale. Les panels aideront à effectuer cette segmentation. La publicité sera très dirigée, les messages devenant très pointus. L'abandon de certains segments devra être compensé par un fort accroissement des ventes dans les segments choisis pour que le solde redevienne rapidement positif.

C'est aussi pendant la quatrième phase que l'entreprise peut être amenée à mettre en question l'intérêt de certains canaux de distribution trop peu fréquentés par les segments de population choisis. Ceux-là ne seront pas abandonnés mais les efforts promotionnels porteront sur les plus favorables.

Le marché a cependant vieilli. Les consommateurs sont sollicités par de nouveaux produits. Il n'y a plus grand-chose à dire sur le produit. Il est trop connu. Les efforts de promotion des caractéristiques des produits ont poussé la consommation à son maximum. Leurs actions conjuguées contenaient déjà la prochaine crise : la crise de saturation. Les ventes commencent à régresser. Le marché s'effrite peu à peu. C'est la crise de saturation.

Phase 5 : pouvoir être différent en évoluant

Les positions respectives des marques sont figées. Les efforts de promotion ont réduit la rentabilité qui demeure cependant encore satisfaisante. Le produit représente un capital certain de notoriété et d'image qui a été constitué au cours des phases précédentes. C'est le moment de l'exploiter. Pour transgresser la saturation de la demande, certaines marques seront tentées de mettre en œuvre une politique agressive fondée sur la baisse des prix de vente : des «3 pour 2», du *couponing*, de simples rabais, etc. Outre le fait que cette politique est souvent ruineuse, elle dilapide rapidement le capital image de la marque. Déclenchées pendant des périodes qui se recouvrent, les actions sur le prix menées par de nombreuses marques annulent la majeure partie de leurs effets. La distribution est naturellement favorable à des actions de ce type qui animent les ventes, mais il faut qu'elle continue à y trouver ses avantages, ce qui finit par coûter très cher.

La demande étant saturée, elle ne peut absorber toutes ces offres. Elles ne font qu'augmenter le stockage du produit dans les foyers, mais la consommation n'est pas stimulée. Le phénomène du stockage fait illusion et l'on peut penser que la demande est repartie. Certaines actions, spectaculaires ou particulièrement bien menées, peuvent aussi faire repartir les ventes. Une autre facilité consiste à modifier le packaging. Cette opération ne peut avoir du succès que lorsqu'elle est le signe d'un changement plus fondamental : composition ou formule. Isolée, l'illusion ne dure pas longtemps. Il peut même y avoir des conséquences négatives, le consommateur estimant à juste titre avoir été dupé volontairement.

La solution de la crise de saturation doit être recherchée dans une stimulation et un élargissement de la consommation qui ne s'obtiennent que par des propositions réellement nouvelles. L'entreprise recherchera les diversifications possibles à son produit.

Le marché de la télévision est exemplaire. Le premier produit a été le récepteur noir et blanc, puis le récepteur portable vint relancer les ventes, le poste couleur repoussa ensuite pour longtemps la saturation de la demande, entretenue successivement par les jeux adaptables aux récepteurs et ensuite par la commande et le réglage à distance. On annonce pour bientôt l'écran plat et le mini-récepteur de la taille d'une montre-bracelet. Ajoutons à cela des diversifications franches comme le vidéophone ou la télématique et la fusion totale entre ordinateur et téléviseur.

La crise de saturation se surmonte par la créativité. Le consommateur sera sollicité par de nouvelles utilisations d'un produit ancien ou par une déclinaison de ce produit. Comme il y aura progrès dans les performances offertes, l'avantage perçu fera redémarrer les ventes. Cette politique améliore l'image de la marque. Ce n'est pas uniquement par la communication qu'une image de marque vieillie peut se rajeunir. C'est surtout par la mise sur le marché très régulièrement de produits diversifiés du produit initial. En élargissant ses gammes de produits, l'entreprise multiplie ses centres de coûts. Vient un moment où la rentabilité générale est affectée par des imputations de plus en plus nombreuses. Certains produits diversifiés, répondant à une demande éphémère, s'essoufflent rapidement et constituent des poids morts. Une nouvelle crise s'amorce : la crise de dispersion.

Phase 6 : pouvoir se recentrer

En s'obstinant à maintenir en vie des produits non rentables, l'entreprise épuise vainement ses forces. Elle ne parvient plus à financer les recherches de nouveaux produits. Les sommes consacrées à la commercialisation sont éparpillées sur un trop grand nombre de micromarchés. Chaque année, les choix deviennent plus difficiles et beaucoup de produits ne reçoivent plus d'affectation de soutiens publicitaires ou promotionnels. La crise de dispersion fait croire à un manque de moyens, alors qu'ils sont trop atomisés. Le consommateur se détache des produits non soutenus et par sa désaffection accélère le processus d'effritement des parts de marché. L'entreprise doit réagir par la réduction de ses références et concentrer ses moyens sur les seuls produits encore susceptibles d'une croissance. C'est au responsable marketing qu'il appartient d'entreprendre cette analyse. Il s'agit d'un check-up de chaque produit, de chaque référence, en termes de clientèles, de distribution, de concurrence et de profit.

La nouvelle gamme, selon les circonstances, repartira en phase 3 ou 4, soutenue par des moyens compatibles avec ses objectifs de croissance. Car il s'agit bien d'amorcer une nouvelle croissance et non d'entretenir un *statu quo*. La crise de dispersion et le passage à la phase 6 sont très difficiles pour une entreprise. La réduction des références est le signe d'une volonté de rajeunissement. Ne pas y procéder, c'est subir l'évolution générale du cycle de croissance des produits et admettre le déclin.

Présenter la courbe de croissance d'un produit sans présenter en même temps l'évolution de la demande provoquée par les efforts des entreprises en présence, c'est tout simplement oublier le consommateur. Présenter la courbe de croissance d'un produit sans présenter les différentes décisions à prendre pour résoudre les crises, c'est oublier la volonté de l'entreprise. La notion de crise apparaît bien comme fondamentale. Préparer la crise, bien l'identifier, étudier toutes les stratégies possibles, choisir la meilleure et l'adapter aux moyens disponibles, constituent l'utilisation optimale de ce nouveau cycle de vie d'un produit.

Le conducteur marketing est fondé sur la résolution des crises.

Dans le schéma où sont figurées les six phases de la croissance d'un produit, la succession des crises est harmonieuse. La réalité est souvent différente. Une crise mal résolue peut se représenter avec plus de force. Les phases peuvent durer plus ou moins longtemps. Certaines phases peuvent être très brèves, des crises peuvent ne pas apparaître. Il reste cependant que l'entreprise doit tenir un diagramme de la progression de son produit phase après phase, procéder à un diagnostic régulièrement et surveiller de la même manière ses concurrents qui peuvent avoir des cycles différents, ainsi que les cycles de chacun des marchés internationaux où l'entreprise est active.

Comme on peut le voir, c'est par l'identification de la crise qui s'amorce que l'entreprise peut préparer les décisions adéquates à sa résolution.

L'identification de la crise

Il ne faut pas se tromper de crise. Le principe présenté ci-dessus se veut exhaustif et logique. La réalité peut révéler des surprises, des phases peuvent ne pas apparaître, des crises peuvent s'intervertir, des retours en arrière sont possibles. Le signe d'une crise demeure toujours la baisse de la croissance des ventes en nombre d'unités. Dès qu'une réduction de la croissance est constatée, il faut immédiatement procéder au diagnostic d'une erreur de terrain, d'un problème passager de distribution, d'un problème de qualité. Il peut s'agit aussi de l'approche d'une crise.

L'identification de la crise
revient au conducteur marketing.

La résolution d'une crise a pour objectif la reprise de la croissance. Cette attitude est la traduction du dynamisme de l'entreprise. La croissance seule permet de dégager les financements des investissements qui, eux-mêmes, soutiennent une nouvelle croissance. Il s'agit soit d'une erreur de diagnostic concernant la crise, soit d'une solution mal adaptée ou insuffisante. Un produit âgé supporte mieux les crises.

La direction du marketing doit évaluer le montant des dépenses nécessaires à l'application de la solution choisie. Il est aisé d'estimer le supplément de profit devant être dégagé par la reprise de la croissance escomptée. Le management de l'entreprise peut donc apprécier si le solde de l'opération est compatible avec la rentabilité générale. S'il ne l'est pas, la réponse à la crise ne sera pas développée, et le produit commencera à décliner. Cette estimation est d'autant plus nécessaire que l'on approche des phases 5 et 6. En effet, la vitesse du déclin des ventes se ralentit dès que l'on passe d'une phase à une autre. Elle est brutale après la phase 1, proche d'un retrait du produit en quelque mois, elle est très lente après la phase 5, pouvant se dérouler sur une durée de plusieurs années avant que le produit disparaisse physiquement du marché.

Dans certains cas, l'entreprise aura intérêt à laisser la crise agir, en phase 4 ou 5, donc à ne plus investir sur le produit, de manière à retirer le maximum de profit sur une période longue.

Enfin, un produit peut être le support principal d'une marque, à la limite la signi-fier à lui tout seul, se confondre avec son image. Ce produit, quoi qu'il en coûte, sera soutenu par l'entreprise. Le sort des autres produits vendus sous la même marque est lié au sien. Que serait devenu Gervais sans petits suisses et Lacroix sans eau de Javel ? Pour ces produits, supports privilégiés de la marque, le mar-keting agira avec prudence, car la décision est réservée à la direction générale de la société.

La courbe de croissance d'un produit proposée ici s'applique aussi bien aux produits de grande consommation qu'aux produits de service, aux produits industriels, aux produits présentés sur le Web. Pour le transposer, il convient seulement de retirer les caractéristiques propres de leur spécificité. Il est une synthèse suffisamment générale pour servir de guide à la plupart des diagnostics de situation d'un produit. C'est en plus une méthode de diagnostic nécessaire pour toute analyse internationale afin de comparer l'évolution des différents marchés où l'entreprise est présente ou envisage de lancer son produit.

De plus, ce cycle est parfaitement adapté à une modélisation. Chaque crise comporte ses variables et leur logique, chaque phase de croissance qui succède a aussi ses paramètres et sa logique. Tout peut être joué en probabilités d'appari-tion ou de négation.

Chaque crise est un système précis qui peut parfaitement être modélisé. L'ensemble des crises constitue à son tour un vaste système : celui de la vie d'un produit, champ d'actions multivalent du marketing de stratégie.

Il est nécessaire d'établir une courbe de croissance pour chaque produit et pour chaque marché de l'entreprise. Les comparaisons mondiales sont ici d'un immense intérêt pour l'amélioration des politiques de l'entreprise. Enfin, toutes les entreprises concurrentes d'un marché seront situées sur la courbe de crois-sance du type de produit étudié.

LA PERTINENCE DES POSITIONNEMENTS

Les positionnements communiquent des promesses d'intérêt et de satisfaction. Un produit est rarement solitaire. La politique de produits d'une entreprise s'applique non seulement dans le choix du positionnement de ses produits, mais aussi dans leur déclinaison en différentes variétés. Cette observation conduit à prendre en compte la profondeur des gammes dans l'analyse du conducteur marketing.

Par ailleurs, un produit peut être pour une entreprise la base même de toutes ses fabrications, son offre leader auprès de la distribution, une mise en avant permanente pour ses actions commerciales. Son positionnement dominera alors la personnalité même de l'entreprise. À l'inverse, la situation qualitative du produit peut être mineure pour l'entreprise. L'analyse de la situation qualitative des produits modulera les prévisions des réactions probables des entreprises en présence lors d'une modification de l'offre.

De même, des produits proposés dans des marchés extérieurs peuvent très rapidement être importés et perturber l'offre intérieure. Il conviendra, selon les caractéristiques du marché étudié, de choisir quelques marchés extérieurs parmi les mieux établis, et dans ceux-ci, un certain nombre d'entreprises parmi les plus susceptibles d'exporter. Leur politique de produits sera soigneusement surveillée. De même, chaque positionnement sera précisé et confronté à l'ensemble des positionnements du marché intérieur.

Cette surveillance comporte un intérêt supplémentaire : multiplier les incitations à innover en s'inspirant des initiatives prises dans d'autres marchés.

Une imitation bien choisie peut préserver une marque d'une brusque importation. La constitution de vastes ensembles économiques accélère ce processus. L'Europe, la zone États-Unis-Mexique-Canada, la zone Japon-Extrême-Orient, autant d'ensembles qui pulvérisent leurs frontières intérieures. Les marques fortes occupent alors irrésistiblement tous les territoires jadis protégés et les marques faibles disparaissent peu à peu. Autant connaître à l'avance les compétiteurs.

> *Le positionnement est ce qui définit l'attitude*
> *et le rôle d'un produit sur son marché.*

Le choix d'un positionnement est essentiel pour une entreprise. Information, savoir et talent le déterminent. La réponse du marché en est la sanction exemplaire.

Le positionnement n'est pas une notion fermée sur elle-même. En soi, il n'est rien. Il n'existe que s'il est perçu par l'entreprise et par le marché. Ici, on atteint les limites de l'effort marketing. Tant de savoir et de rigueur, tant de temps passé, de réunions mobilisant l'état-major de l'entreprise, tant d'études coûteuses, pour parvenir à une définition du positionnement précise jusqu'au choix des mots. Puis, quelques mois ou quelques années après, il y a ce que les consommateurs, les utilisateurs, les fournisseurs, les distributeurs, la force de vente elle-même en ont retenu, compris, accepté, qui est le plus souvent très simple, voire simpliste, réduit à une ou deux dimensions et pas toujours en harmonie avec l'intention initiale.

Il n'est pas aisé de définir un positionnement. La connaissance des positionnements des marques du marché et des marchés internationaux, du lien entre chacun de ces positionnements et les parts de marché, les positionnements des autres marques de l'entreprise, les tendances des attentes des consommateurs à moyen terme, autrement dit ce qui fera les succès de demain, la stratégie de l'entreprise pour progresser dans ses marchés tant en part des achats qu'en marge de marque, c'est-à-dire sa volonté, ce que signifient les évolutions récentes des opinions des consommateurs et des utilisateurs concernant les marques présentes, sont les principales variables à étudier. Un peu d'analyse et beaucoup d'imagination.

Un positionnement doit être intéressant et le rester longtemps. C'est bien en termes d'intérêt qu'on apprécie sa valeur. Le positionnement fait ou ne fait pas qu'un produit ou qu'une marque présente de l'intérêt pour l'acheteur. L'intérêt est une valeur ajoutée au produit, un discours du produit sur lui-même.

Ainsi, la seule question préalable est celle de savoir si le positionnement envisagé présente ou non un intérêt pour le segment de population à qui il est destiné et suscite de l'intérêt pour la marque et pour le produit. Études de conformité avec les attentes, études des réactions à sa formulation, études comparatives d'intérêt par rapport aux autres positionnements des marques concurrentes sont à disposition d'autant plus que sur le plan international les concurrences sont différentes.

Quel contenu donner à la notion d'intérêt? Il s'agit de l'espérance éprouvée par un acheteur lorsqu'il recherche, par la possession d'un nouvel objet, une satisfaction supérieure à celle que lui procure son objet habituel.

L'intérêt se fonde sur une espérance de satisfaction. Plus on espère une satisfaction importante et plus sera grand l'intérêt porté à l'objet qui permettra de l'obtenir. Si l'acheteur ne pense pas qu'un produit qui lui est présenté puisse lui fournir une satisfaction d'ordre supérieur à son produit habituel, ce produit ne lui offrira aucun intérêt particulier.

Si le nécessaire consiste à trouver un positionnement intéressant, le plus important est de communiquer cet intérêt. Ce qui s'avère difficile, car la communication d'un intérêt présupposé doit elle-même être intéressante.

Communiquer ce que l'on veut être

Le meilleur moyen de dominer ce que l'on devient, c'est de communiquer ce que l'on veut être. L'expression de base est un signe – objet, visage, musique, décor, phrase, geste – qui va exprimer sans ambiguïté le positionnement choisi. Des expressions seront testées auprès de trois échantillons : consommateurs du segment recherché, représentants des circuits de distribution, personnel concerné de l'entreprise (commercial, fabrication, direction). Ces tests utiliseront les échelles d'intérêt établies pour les tests ayant servi à déterminer le positionnement. Ces tests doivent être menés au plan international. À partir des résultats obtenus, il faut établir une hiérarchie des expressions de base du positionnement.

Chaque manifeste de la marque doit exprimer le positionnement choisi. L'étude doit en être faite simultanément pour atteindre la meilleure cohérence. Aucun manifeste ne doit rester neutre : conditionnements, étiquettes, sigles et graphismes, matériels de point de vente, cartons et suremballages, argumentaires et, au même niveau d'importance, ensemble des manifestes publicitaires et communicationnels.

À cette étape de la démarche, il convient de vérifier si la généralisation de l'expression de base à tous les manifestes est établie harmonieusement pour chacun d'entre eux. Les tests de cohérence seront réalisés auprès d'échantillons de consommateurs (segments recherchés) et de distributeurs. Ces tests auront pour objectif essentiel de vérifier si chacune des expressions reflète bien le positionnement choisi. Tests internationaux à l'évidence.

Bien avant que démarre le lancement du nouveau positionnement, les partenaires directs de l'entreprise doivent être convaincus de son contenu et de l'expression de base choisie. Il s'agit d'argumentaires élaborés en fonction des problèmes que rencontrent les destinataires, exprimés avec leur langage. Il s'avère primordial que la force de vente, le personnel de fabrication, les grossistes, les distributeurs finals soient convaincus de la justesse du choix effectué et de la force du nouveau positionnement qu'ils auront à promouvoir ou à défendre. Il ne faudrait en aucun cas qu'ils le découvrent en même temps que les consommateurs. Si l'on prend soin de les initier, ils joueront le jeu du marketing. Dans le cas d'un changement d'un positionnement très important, il conviendra de mettre en place un programme de réunions de présentation.

La campagne de communication peut enfin commencer. Des mesures du niveau d'intérêt suscité par le nouveau positionnement devront être réalisées à intervalles réguliers – tous les trois mois, puis tous les semestres, puis tous les ans – pour redresser éventuellement ce qui est dit, s'il y a déviation par rapport à la stratégie retenue.

Lors de l'étude d'un marché, les positionnements seront analysés selon leur contenu et l'intérêt qu'ils suscitent. Le type d'étude à réaliser est ici très simple : passation d'un certain nombre d'échelles exprimant toutes les dimensions des contenus et,

sous forme de note, l'intérêt pour chacune d'elles. Une analyse multidimensionnelle permettra de visualiser l'ensemble des positionnements.

La chaîne de qualité
implique l'entreprise et son marché

La qualité se mesure, mais chacun a son étalon. La qualité est une notion rarement formulée dans les plans de marketing. Il y est question de constats, mais
les constats concernant la qualité suscitent des controverses techniques : quel
peut être le bon outil de mesure? Il y est question d'opinions et d'attentes, mais
les psychosociologues contestent la capacité des consommateurs à formuler ce
qu'ils pensent et ce qu'ils désirent et suggèrent de ne surtout pas prendre au premier degré ce que les consommateurs arrivent à dire. Il est question, dans les
plans de marketing, de politiques et de stratégies, mais celles qui s'appliquent à
la qualité sont le plus souvent exprimées en termes velléitaires : «Il faut, nous
allons améliorer la qualité.» En revanche, on connaît la qualité lorsqu'elle est
liée aux prix de vente : c'est le rapport qualité-prix. C'est le prix qui introduit le
souci de la qualité, car on sait ce qu'est un coût de revient ou un prix de vente,
on peut le définir avec précision et le comparer aux prix concurrents. Les rapports qualité-prix sont ordonnés selon des échelles de prix, très rarement selon
des échelles de qualité.

Les paramètres de performance ont peu d'influence sur l'acheteur potentiel, par
rapport aux paramètres d'image qui jouent un rôle déterminant au moment de
l'achat. Il y a trois types de qualité :

- celle des techniciens de produit, peu active sur le marché de la demande;
- celle du message, dit ou non dit, de l'entreprise qui offre (qualité essentielle
  au moment du choix);
- celle qui résulte de l'expérience et se traduit par un jugement.

Pour chacune de ces qualités, les items de mesure sont différents. De plus, ces
items de mesure n'ont de réelle importance que pour ceux qui les éprouvent et
les utilisent. Quelle est donc la véritable expression de la qualité d'un produit :
la qualité de la fabrication, l'image de qualité ou le jugement sur la qualité? Il ne
suffit donc pas d'atteindre un haut niveau de qualité (composition, fabrication,
conservation). Il est également nécessaire d'en construire l'image.

L'expression de la qualité est bien souvent la qualité elle-même. Le distributeur s'interroge sur la qualité de ses prestations. Il choisit les produits qu'il propose à sa clientèle et en détermine les prix. Il doit savoir apprécier la qualité des produits qu'il choisit. Les critères qu'il utilise sont en général simples : adéquation à ce qu'il sait du niveau d'exigence de sa clientèle en matière de qualité (il se fonde alors sur les jugements émis par elle), rapport entre niveau de qualité et prix de vente possible (avec les remises), appréciation du risque de la «non-qualité» (retour, perte sur stock, après-vente). Le distributeur définit la qualité de ses prestations selon le degré de satisfaction de ses clients et en choisissant les meilleurs produits proposés aux prix exprimant le mieux le positionnement de son enseigne. Vient ensuite la nécessaire publicité.

Lorsque l'implication est maximale dans la relation au produit, la qualité n'existe que lorsqu'elle est signifiée. Elle doit être dite pour devenir une variable active dans les choix des consommateurs ou des utilisateurs. Il s'agit d'un marketing d'images. Lorsque l'implication est minimale, la qualité existe en tant que telle, c'est-à-dire que les indices résultant de la mesure des performances du produit sont suffisants pour entraîner l'adhésion ou le rejet. Il s'agit alors d'un marketing de fiches techniques. Si la qualité est une image, la consommation est-elle un rêve?

Dans la perspective du conducteur marketing, la qualité n'est pas une notion absolue et elle existe peu en tant que telle.

Son importance varie car elle est souvent opposée au prix d'achat, critère de choix déterminant pour les produits de très grande diffusion. Elle est plus liée à une série d'images et à un ensemble de jugements qu'à la valeur même du produit. La qualité est une variable marketing sous l'influence directe de la nature de la relation au produit. L'exigence de qualité sera plus grande pour un produit impliquant. La qualité est l'une des expressions possibles de la relation au produit. C'est un paramètre de choix pour le consommateur ou l'utilisateur, c'est aussi le choix du producteur.

L'analyse du conducteur marketing permet de comprendre les caractéristiques d'un marché, notamment la qualité, et son évolution.

Le producteur va ainsi choisir un niveau de qualité pour son offre produit, et par ce choix, son produit sera positionné par rapport aux produits concurrents. Le choix d'un niveau de qualité est, en fait, celui d'un segment de marché, car le niveau de qualité représente une des libertés du producteur. Il peut en décider et choisir les destinataires de son produit. La qualité est l'élément de préemption d'un créneau de marché.

La qualité est un outil de pouvoir sur les marchés

Le niveau de qualité d'une production est un élément d'appréciation, perçu par le consommateur mais également par l'ensemble des partenaires de l'entreprise. La qualité peut être utilisée pour améliorer ou orienter la nature des relations de l'entreprise avec ses fournisseurs. Le niveau de qualité que l'entreprise atteint pour ses productions devient un niveau d'exigence envers ses fournisseurs, afin d'obtenir des matières premières ou des éléments à incorporer de qualité identique.

La qualité s'exporte comme une marque

À l'époque de la mondialisation, la qualité n'est plus une notion nationale. Elle est confrontée à d'autres qualités, nationales elles aussi, souvent de contenus et de niveaux différents, parfois même rendus artificiellement différents.

L'exportation de la qualité passe par la réglementation et le marketing doit prendre ce fait en compte. L'entrepreneur doit connaître et analyser les niveaux de qualité atteints par le marché international, choisir le sien en fonction de sa stratégie d'attaque des marchés étrangers, choisir aussi son niveau de qualité pour défendre son marché domestique contre les attaques des entreprises étrangères. Le niveau de qualité devient ainsi un élément stratégique dans le plan marketing international de l'entreprise.

Des normes internationales de qualité devraient être adoptées dans les années à venir. Elles rendront ainsi possibles toutes les évaluations. Il faudrait créer parallèlement une nomenclature des goûts nationaux corrélée à une norme de qualité.

Enfin, l'introduction des certifications de qualité dans les produits de grande consommation pose le problème général de leur signification auprès des consommateurs et de leur utilisation par les entreprises qui en sont bénéficiaires. Il n'est pas certain que la multiplication des labels et des garanties d'origine apporte au public une clarification des niveaux de qualité. Comment leur impact est-il reçu par les consommateurs ? Y a-t-il des confusions ? Quelles relations se sont instaurées entre ces labels et les prix de vente ? A-t-on réellement fait le marketing des labels d'origine contrôlée, qui jouent parfois le rôle d'une marque ? Ce phénomène, qui ne peut que se développer, renforce, pour l'ensemble des produits, le rôle de la marque, qui devient le garant de la qualité. On retrouve l'interface entre la qualité et le marketing, la marque étant le support du niveau de qualité proposé par le producteur.

La qualité est un choix du producteur pour s'installer dans une position précise sur un marché. Plus le produit implique le consommateur, plus celui-ci va l'apprécier en termes d'image et plus il sera influencé par le contenu de la communication qui en sera faite. En période de croissance, la qualité est appréhendée par l'image qu'elle suscite d'elle-même et par l'image qu'elle confère à l'acheteur. En revanche, en période de difficultés, la notion de qualité a un statut et un rôle différents.

Le consommateur est attentif au niveau de performance par la nécessité d'investir au meilleur prix pour la meilleure qualité; c'est le propos des associations de consommateurs. Il y a ici un retour étonnant. La croissance fait que le discours sur la qualité distancie la qualité intrinsèque de son image alors que la baisse du pouvoir d'achat redonne à la qualité intrinsèque la primauté sur le discours publicitaire. Pour tenir la proposition publicitaire, il faut que le producteur augmente ou assure le niveau de qualité de son produit. En période de croissance, les consommateurs achètent des images. En période de difficultés économiques, ils achètent des produits.

La chaîne de qualité, nouveau concept marketing

La qualité est pour l'entreprise un élément de base de son existence, au point que la qualité intervient à tous les niveaux de son activité, notamment :

- des relations avec ses fournisseurs, en exigeant une qualité accrue des fournitures;
- des fabrications, en multipliant les contrôles de qualité à chacune des étapes du processus d'élaboration du produit;
- de l'appréciation de la qualité du produit fini, en cherchant à apprécier l'adéquation du niveau de qualité du produit aux exigences de la clientèle finale;
- du transport, en exprimant la qualité en termes de conditions de protection du produit et de délais de mise à disposition;
- de la distribution, en exigeant le respect des normes de conservation, de présentation, de durée de vie en linéaire;
- des consommateurs et des utilisateurs, par une surveillance accrue des réactions à la qualité du produit proposé (tests, enquêtes) et par la création de services annexes à la prestation principale du produit;
- du marché international, par la confrontation avec les attentes de qualité des différents marchés.

L'entrepreneur est amené à faire de la qualité un critère commun de performance de toutes ses activités. L'intégration du même niveau d'exigence à chaque étape du fonctionnement de son entreprise fera la force de ses propositions. La chaîne de qualité, au niveau fixé selon la stratégie de l'entreprise, est à présenter à l'ensemble des personnels comme un impératif de base orientant leurs actes de productifs ou de commerciaux. Cette chaîne de qualité traduit la prise en compte des problèmes des marchés où la concurrence est sévère. Il y va de la responsabilité de chacun, de l'entreprise.

*La prise en compte de la qualité
par le conducteur marketing en fait
une nouvelle valeur pour l'entreprise.*

Le marketing de la nouvelle donne économique transforme la notion de qualité en obligation de respecter ce qui a été proposé et d'être conforme à ce que le marché est en droit d'attendre comme performances d'un produit.

L'entreprise est responsable de la qualité de son produit face aux consommateurs, aux pouvoirs publics, à sa distribution et à ses actionnaires.

QUELQUES IDÉES REÇUES

La composition des produits alimentaires est incompréhensible. Il n'y a jamais de traduction.

Les produits de charcuterie, boucherie, de fruits et légumes, tout sera emballé, sous vide, bien entendu, la notion de produits frais va s'exposer au musée de l'alimentation.

Quand c'est de l'alcool qui est vendu, quel est le produit? Du rêve, de l'enfouissement de soi-même, un éclair? Jamais de l'alcool. C'est pareil pour tous les produits. Mais en plus discret.

Un programme d'études pour les classes de CM1 est un produit. Quelle est la marque? Le professeur, l'école, le ministère de l'Éducation. Le choix de la marque transcende la valeur du produit, ce qui veut dire que le produit ne compte pas.

La technique est seule périssable. Le degré de technique dans la composition du produit fixe son expérience de vie. S'il n'y a pas de technique, le produit est immortel.

Quand les produits congelés auront disparu, le sous-vide introduira la liberté du transport. Même en plein soleil.

La composition des produits est écrite en si petits caractères qu'on ne peut la lire que chez soi. La composition devrait être hurlée sur les emballages comme un fantastique argument de vente. À moins d'être honteux.

C'est la certitude du succès de l'utilisation qui compte, pas l'avance technique. Il faut se méfier des annonces de recherche. Préférer l'annonce des entreprises qui adopte le produit. C'est la preuve de l'exclusivité du succès.

Un produit de haute technologie a une durée de vie de six mois.

Les techniques peuvent tout, jusqu'à ce que tous les produits soient de qualité égale. Marques, points de vente, prix, sont les uniques différences. À ta place, je ne lirais plus les étiquettes.

QUIZ DU PRODUIT ÉTUDIÉ

Quelles sont les informations opérationnelles résultant de la compréhension du produit étudié?

Quelles sont les politiques concernées par ces informations?

Quelles sont les conséquences sur leurs contenus?

Quelles sont les conséquences sur la planification de leurs applications?

Quelles informations complémentaires doit-on rechercher?

Et dans quels délais?

Qui doit être destinataire de ces informations?

Quelles influences ces informations opérationnelles ont-elles sur les autres domaines d'analyse et de décision?

Chapitre 6

LA COMMERCIALISATION

Les volontés sont exprimées par des choix dans l'ensemble des éléments de l'argumentation qui peut influencer la vente du produit. Les moyens sont constitués par les forces dont l'entreprise dispose pour promouvoir et soutenir la stratégie choisie. L'analyse de ces volontés et de ces moyens, tant au niveau du marché qu'à celui de chaque entreprise, permet d'établir l'inventaire des forces commerciales qui assurent le dynamisme des ventes du type de produit étudié.

Stockage, approvisionnement, animation par les forces de vente et des forces de vente elles-mêmes, recherche et achat des produits à vendre, recherche et conviction des circuits de vente, ces multiples systèmes de relations sont aujourd'hui mondiaux. Les délais priment désormais sur les distances. Une recherche permanente, tout territoire confondu, aussi bien de nouveaux fournisseurs que de nouveaux circuits de distribution, est aujourd'hui la règle. L'analyse structurelle de la distribution d'un produit ou d'une entreprise est permanente et mondiale.

Il existe des myriades d'informations commerciales dans le marché mondial, et l'entreprise doit consacrer des moyens adaptés à sa puissance pour obtenir les données nécessaires à l'établissement de sa stratégie commerciale. Elle peut accéder elle-même sur le Web à de très nombreuses banques de données sur les actions commerciales, d'autant plus que certains prestataires lui fournissent une information adaptée selon les mots clés retenus et cela au niveau mondial. Les entreprises peuvent avoir recours à des spécialistes extérieurs qui réalisent des revues de presse spécifiques à leur activité, qu'elles reçoivent périodiquement.

Le conducteur marketing commercial consiste à :

- comprendre ce que signifient les données de procédures de commercialisation dans chaque marché;
- définir pour chaque entreprise concurrente la nature de son comportement de vente ainsi que les moyens mis en place et les bénéfices qu'elles en retirent;
- définir pour chacune la nature de la stratégie mise en œuvre;
- choisir, pour l'entreprise concernée par l'observation réalisée, la conduite la plus adaptée à son identité, à son environnement commercial et à ce qu'elle veut être.

LES SYSTÈMES RELATIONNELS

Des systèmes relationnels
structurent les politiques commerciales.

On peut réduire à treize principaux systèmes relationnels l'ensemble des politiques généralement utilisées par les entreprises pour assurer la vente de leurs produits. Chacun de ces systèmes regroupe de multiples interactions liant le concept, le prix par exemple, aux éléments constituant le produit. Ces systèmes évoluent avec la nature même du marché et lui donne sa vie. Leur importance est modulée selon les politiques commerciales, c'est-à-dire les choix effectués par les entreprises. Ces systèmes sont toujours présents dans une politique commerciale, même au niveau d'une simple trace. Les treize systèmes relationnels sont les suivants :

- la recherche qui situe le produit au niveau le plus élevé des performances actuelles ;
- la fabrication, avec mises en avant des matières premières utilisées, de la protection contre d'éventuelles contaminations, de l'absence de pollution ;
- le produit, avec mise en avant de sa technicité, de ses composants, de son avance ;
- le produit, avec mise en avant de son image ou de l'image qu'il confère à son utilisateur ;
- le prix avec mise en avant d'offres de réduction ou de la meilleure position sur le marché sans oublier sa projection symbolique ;
- la distribution qui apparaît comme un avantage lié à la disponibilité du produit ;
- le consommateur, cité comme un expert de la consommation, donc sachant bien choisir ;
- la communication dit ce que vend la marque et ce que veut être l'entreprise ;
- Internet est un signe de confiance, l'analyse du site révèle ce qui est important dans la stratégie commerciale de l'entreprise et la situation qu'elle veut conquérir ;
- le service après-vente qui met en œuvre tout ce que peut soutenir la fiabilité du produit pendant son utilisation ;
- les services, avec lesquels l'entreprise fait de l'environnement de son produit sa supériorité par rapport aux produits concurrents ;
- la marque, qui supplante l'argumentation même du produit, qui recouvre le produit de sa signification présentée comme un argument déterminant, le distinguant de l'ensemble des autres produits ;
- l'international, caution et expression du savoir et de l'expertise de l'entreprise par le seul exercice de sa volonté mondiale.

On procédera à une estimation du poids de chaque système relationnel, en appréciant les efforts de toutes les entreprises du marché. Cette estimation permet d'établir un graphe à treize branches afin de visualiser l'argumentation principale développée par l'ensemble des politiques commerciales d'un marché ou d'un segment de ce marché. L'estimation du poids de chaque élément peut être aussi bien effectuée pour la classe de produits étudiée ou pour chacun de ses segments, ce qui permet de les caractériser individuellement, que pour chaque entreprise et pour chacun des produits d'une gamme.

Si ces graphes sont étudiés périodiquement, chaque année par exemple, l'analyste aura à sa disposition un ensemble de notations chronologiques qui constituera une base précieuse pour comprendre les tendances de la stratégie commerciale d'un marché, de la manière dont généralement le produit étudié est proposé à la clientèle. On pourra dire alors qu'il s'agit d'un marché de prix ou de produit, ou bien avant tout, un marché d'action sur la distribution.

L'étude des attentes de la clientèle actuelle et potentielle d'un marché peut aussi être disposée selon le graphe résultant de l'analyse des politiques commerciales généralement appliquées dans ce marché. La superposition de ces deux graphes – ou de ces deux séries de graphes si l'étude porte séparément sur chaque segment qui compose le marché étudié –, peut faire apparaître des éléments pour lesquels il y a déséquilibre entre les systèmes relationnels et les attentes de la clientèle. Ces éléments pourraient ainsi constituer une base pour établir une nouvelle politique commerciale.

CHOISIR LES POLITIQUES COMMERCIALES

Le choix des politiques commerciales résulte avant tout du nombre de consommateurs à convaincre. Une première observation montre que les politiques orientées vers les distributeurs utilisent plus souvent comme moyen principal la promotion, alors que celles qui sont orientées vers les consommateurs utilisent davantage la publicité.

Une seconde observation conduit à distinguer quatre stratégies correspondant à quatre «moments» de la situation d'un produit sur son marché, sans que ces moments se succèdent nécessairement dans un ordre logique. Les politiques commerciales qui les caractérisent sont appliquées en fonction des nécessités imposées par la situation de l'entreprise dans son marché. Elles sont déclenchées par la direction générale selon les besoins et la stratégie de l'entreprise. Le déterminisme historique n'a pas cours dans les comités de direction générale.

POLITIQUES OFFENSIVES ET DÉFENSIVES

Les politiques offensives

Lancement : les actions commerciales mettent en avant les caractéristiques du produit et l'originalité que la marque considère comme son élément de distinction par rapport aux produits concurrents. Elles sont principalement destinées à convaincre les consommateurs, sans que la distribution y soit cependant systématiquement ignorée. La publicité est largement utilisée et ses relais dans les points de ventes fonctionnent le plus souvent comme des signaux de notoriété.

Relancement : les actions commerciales de cette phase ont pour objectif de redonner au produit un intérêt particulier pour les consommateurs, intérêt qui devra être exclusif, ou présenté comme tel, par rapport aux produits commercialisés par les marques concurrentes. C'est donc sur un nouvel attribut du produit, généralement un service, que porteront les efforts de la communication.

Les politiques défensives

Recherche de référencements : les actions commerciales sont destinées à impressionner la distribution. Les caractéristiques du produit y sont mises en exergue, les campagnes de publicité sont fortement valorisées auprès des acheteurs des centrales. D'importantes actions de promotion sont proposées aux distributeurs afin de démontrer la vitesse de rotation du produit. Dans cette phase, l'image de la marque est un élément souvent mis en avant par les politiques commerciales en plus de la valeur intrinsèque du produit.

Défense des linéaires : d'autres marques ont, par leur agressivité, occupé les linéaires. Les actions commerciales appliquées à maintenir une présence dans les linéaires attaqués mettent en avant des argumentaires concernant non plus seulement les caractéristiques du produit, très largement connues, mais surtout les nouveaux services qui sont, le plus souvent, plus destinés à faciliter la tâche des distributeurs qu'à relancer l'intérêt des consommateurs.

Ces quatre phases apparaissent rarement d'une manière isolée. Elles s'interpénètrent le plus souvent. Pour caractériser une action commerciale, il convient de rechercher quelle est la phase dominante dont elle est l'expression.

Internet, nouvelle donne commerciale

Les politiques commerciales des produits promus sur Internet suivent les phases que nous avons décrites pour la commercialisation classique. Il convient simplement de comprendre linéaire et distributeur par l'espace Internet. La proposition est exposée sur Internet par un message soulignant les points forts du produit, puis la mise à disposition est simplement explicitée. Il n'y a là rien qui ne soit habituel par rapport à toute politique commerciale.

L'avantage cependant réside dans la délocalisation des intervenants constituant un marché mondial sans aucune limitation, aussi bien le marché de l'offre que celui de la demande. L'expansion de ces nouveaux marchés étant déjà démontrée, la mise à disposition des produits va constituer un grand problème de logistique. Les systèmes de livraisons seront à l'évidence mis en avant dans les nouvelles politiques commerciales des marques sur Internet.

Politiques commerciales pour la vente par correspondance

Il en est de même pour le marché des ventes par correspondance. Chaque catalogue des leaders de ce marché, couvrant alternativement les saisons d'été et d'hiver, par semestres successifs, correspond au lancement d'un nouveau produit. Les phases de relancement sont matérialisées par des extraits de quelques pages du catalogue semestriel avec des promotions, le plus souvent sous la forme de prix cassés. Les autres acteurs du marché des ventes par correspondance, très nombreux mais d'importance moindre, épuisent fichier après fichier avec une unique phase de lancement.

À l'évidence, ces deux marchés vont se confondre car Internet devient le vecteur le plus efficace des ventes par correspondance; la navigation dans le catalogue étant parfaitement identique sur le réseau. Les politiques commerciales seront alors celles utilisées sur Internet et l'on parlera uniquement des ventes électroniques à distance devenues alors internationales : le e-commerce.

Les politiques commerciales s'adaptent au nombre d'utilisateurs

S'il y a un petit nombre d'utilisateurs, les politiques commerciales cherchent à animer. Dans le cas des politiques commerciales s'appliquant à un petit nombre d'utilisateurs (produits industriels, d'équipement et haut de gamme), les quatre principales phases ont des contenus différents de celles des produits de grande consommation, puisque la distribution du produit est le plus souvent réalisée par les entreprises elles-mêmes ou par des circuits très spécialisés.

LES DIFFÉRENTES PHASES COMMERCIALES

Lancement

Les actions commerciales mettent l'accent sur les performances du produit, en utilisant souvent les démonstrations et en accumulant les preuves techniques. La notion de progrès et d'innovation est largement utilisée. La documentation est abondamment diffusée et constitue le moyen de communication le plus important avec la visite des représentants technico-commerciaux. Pour les produits haut de gamme, les communications commerciales sont soutenues par des événements spectaculaires. La communication est essentiellement placée dans des supports haut de gamme qui leur font en plus une large place dans leur rédaction. Cependant, il est nécessaire de communiquer sur ces produits haut de gamme dans des supports à très large cible, non pour vendre, mais pour leur donner de la notoriété. À quoi servirait de les porter, s'ils ne sont pas connus?

Relancement

L'objectif est de retrouver un attrait particulier pour le produit maintenant en situation de concurrence et bien souvent en difficulté. À défaut d'une réelle innovation technique, le relancement sera effectué à partir de l'environnement du produit, un ensemble de services exclusifs par exemple, mettant l'accent sur la certitude de la performance et de la sécurité. Les produits haut de gamme seront relancés par la relation d'événements mettant en avant des personnalités médiatiques.

Extension des parts de marché

Il s'agit ici de convaincre des utilisateurs dont le produit offert ne constitue pas un équipement de base. Les actions commerciales de cette phase utilisent essentiellement les démonstrations et dans leur documentation, voire leur publicité, elles mettront en avant des exemples d'utilisation heureuse réalisée par des utilisateurs actuels à l'image de marque prestigieuse. L'utilisation d'Internet multiplie en plus les extensions des parts de marché.

Défense des parts de marché

Les actions commerciales visent ici à empêcher la pénétration de produits directement concurrents, en argumentant sur la proposition d'une accumulation de services. La défense des parts de marché des produits haut de gamme consiste le plus souvent à créer une gamme de produits dérivés portant le nom de la marque, d'un prix plus abordable afin d'étendre la clientèle et l'amener ensuite à acquérir le produit initial.

Les moyens (publicité, force de vente, promotion, conditions de vente) sont utilisés dans toutes les phases décrites ici, avec des dosages différents, mais la plupart sont présents dans chacune d'elles. L'inventaire de ces moyens n'est donc pas suffisant pour décrire avec précision une politique commerciale. Ils peuvent être un bon indicateur de leur puissance, pas de leur nature. En étudiant un marché, le conducteur marketing doit décrire avec le plus de détails possibles les stratégies commerciales que nous proposons. Il disposera d'un instrument clair permettant de classer les stratégies commerciales de chaque marque en présence, d'en retracer les évolutions passées et de mieux comprendre les justifications des actions entreprises. Cette analyse doit être effectuée sur les principaux marchés internationaux. Les différences entre les marchés permettent de mieux comprendre les mécanismes des politiques et leurs choix.

Comment définir un marché

Un marché est un système relationnel animé par les volontés des acteurs économiques et sociaux. Cette conception induit l'absence d'élément passif dans un marché. Le système met en relation des producteurs d'actes. L'agrégation de l'ensemble des actes exprime le niveau d'activité du marché, ce qui souligne la nécessité d'une définition plus précise et plus opérationnelle d'un marché déterminé. Faire partie d'un marché, c'est être en relation avec les autres acteurs, entrer en communication par des signes et par des actes, produire une série d'actes qui structurent les relations, les appels et les réponses. Chaque acteur est producteur de son propre rôle.

Un marché est intentionnel

L'intentionnalité des rôles exprime les volontés de domination des acteurs du marché. C'est le système du marché qui provoque des intentions. Chaque acteur a son intentionnalité qui est à la fois son statut et son rôle. Il projette son existence vers l'autre et établit ainsi sa relation. Il ne peut le faire que si l'état du marché est déjà installé.

FAIRE PARTIE D'UN MARCHÉ

Produits de la grande consommation

Les entreprises proposent à leurs partenaires des produits qui doivent correspondre à leurs attentes. Elles sont sans cesse interrogées par le marché. Elles répondent par leurs propositions. Ce sont des producteurs de réponses. Les achats des consommateurs sont des questions, de même que les commandes de la distribution. Elles existent sur le mode de la séduction. Elles fabriquent les réponses qui sont les objets des relations du marché.

Les consommateurs recherchent la réalisation de leurs attentes. Ils désirent, prévoient, attendent et calculent. Ils contournent souvent les contraintes économiques par des compromis entre le niveau de leurs désirs qui éloigne la possession et l'achat de leurres qui la rapproche. Ils produisent de la satisfaction avec ce qu'ils achètent. Consommer, c'est extraire de la satisfaction d'un produit. Ils existent sur le mode du vivre mieux.

La distribution de la grande consommation est un relais actif qui est une mis à disposition. Elle regroupe à la fois les entreprises et les consommateurs et offre la possibilité du choix. Elle est la rencontre entre la proposition de l'entreprise et la satisfaction imaginée de sa consommation. Les points de ventes sont des producteurs d'échanges. Chacun reçoit son profit de ce commerce d'objets et de désirs. La fabrication est échangée contre le mieux vivre, la question contre la réponse. Le mode d'existence de la distribution de la grande consommation est le mode de la multiplicité.

Produits industriels

Les entreprises fournisseurs de l'industrie assument la responsabilité de la réussite de leurs clients. Le moindre défaut est parfois une catastrophe, car les intérêts en jeu sont souvent énormes. Il en va parfois de l'existence même de l'entreprise cliente. Ces entreprises sont productrices de perfection. Leurs offres doivent être aisément appréhendées, la perfection qu'elles proposent étant aussi un gage de réussite pour les entreprises clientes. Elles n'existent qu'en apparaissant comme les meilleures.

Les entreprises consommatrices de produits industriels recherchent la perfection. Ce sont des entreprises intermédiaires qui fabriquent des produits pour d'autres entreprises productrices. Leurs attentes se situent au plus haut niveau. Elles recherchent le dépassement de la performance de leur produit ou de leur image, voire de leur apparence. Consommer, c'est devenir inaccessible. Elles existent sur le mode de la réussite. Ce sont des producteurs de succès.

Les distributeurs de produits industriels conseillent les entreprises clientes et l'on s'adresse à eux aussi bien pour la qualité de ce qu'ils proposent que pour leurs connaissances et leurs jugements concernant leurs fournisseurs. À l'évidence, ce sont des vendeurs qui allient constamment l'avant-vente et l'après-vente. Leur tâche est rendue encore plus complexe par la vie de plus en plus courte des éléments de fabrication qu'ils proposent, les incessantes évolutions techniques qu'ils doivent savoir prévoir, tout cela à l'échelle mondiale. Ce sont des producteurs d'expertise, laquelle doit être mise en avant dans toutes les relations avec leurs clients. Ils sont fiables. Ils existent sur le mode de la crédibilité.

Le conducteur marketing qualifie les rôles des acteurs du marché en termes d'actions commerciales, selon les stratégies perçues de chacun de ces acteurs.

Pour l'entreprise établissant ces politiques, le conducteur marketing élaborera, en fonction de cette connaissance commerciale, les arguments de choix de son offre produit.

L'acheminement des produits structure la logistique

Ce point d'analyse concerne les moyens que les entreprises d'un marché mettent en œuvre pour écouler leur produit vers la distribution, et en même temps, convaincre cette dernière de les privilégier par rapport à leurs concurrents. Ce point d'analyse est fondamental pour comprendre la manière avec laquelle les produits sont «vendus» à l'appareil commercial qui, en tant qu'acheteur intermédiaire, joue le rôle le plus important dans la commercialisation des produits à un large public.

Le système de vente d'une entreprise est composé de deux sous-systèmes : l'acheminement des produits entre l'unité de fabrication et les circuits de distribution et l'animation de la distribution elle-même. Le sous-système d'acheminement comprend généralement une étape de stockage (unités régionales) et une étape de livraison. Le sous-système d'animation (force de vente) remplit parfois les fonctions d'acheminement, soit directement à partir de l'unité de fabrication, soit à partir des unités de stockage.

L'APPAREIL COMMERCIAL EST AU CŒUR DU MARCHÉ

La proposition est le fait de l'entreprise

Elle propose son produit aux grossistes, et parfois en direct aux points de vente et de plus en plus aux consommateurs par Internet. Sa publicité est aussi une proposition qui touche cette fois tous les acteurs du marché. Cependant, les grossistes proposent aussi leurs assortiments aux points de vente qui eux-mêmes les proposent aux consommateurs. La proposition oriente ainsi tous les actes des acteurs de l'offre.

La concentration est le fait de l'appareil commercial

L'appareil commercial concentre les propositions des entreprises et le choix des consommateurs. Le grossiste est le premier niveau de concentration pour l'entreprise. Il l'est aussi pour le point de vente. Celui-ci est le second niveau de concentration pour l'entreprise. Il est cependant le premier niveau de concentration pour le consommateur.

Le choix est le fait des consommateurs

Les consommateurs choisissent la réponse des entreprises qui leur convient et qui leur est accessible. Ils choisissent également le lieu d'échanges commerciaux commode et avantageux. L'appareil commercial adopte aussi le choix comme type de relations avec les entreprises lorsqu'il s'agit de constituer l'assortiment des grossistes ou des points de ventes.

Comme on le voit, l'appareil commercial est bien au cœur du marché, puisqu'il intervient dans les trois fonctions de proposition, de choix et de concentration.

Le système de vente apparaît comme un système de relations entre l'entreprise et sa distribution, l'acheminement et l'animation étant les deux modes de communication structurant ce système. L'analyse devra prendre en compte aussi bien les données factuelles comme les délais de livraisons, le rythme des visites de la force de vente à la distribution, les marges financières pratiquées, que l'interprétation de ces données considérées comme des signifiants de la communication induite par le système de vente, qui est bien un vecteur de communication, au même titre que la publicité.

Le stockage a pris une importance particulière car il représente une immobilisation des marchandises donc des coûts. La tendance est de diminuer au maximum sa durée et les quantités entreposées. On avance aujourd'hui vers le «zéro stock». Une autre solution consiste à fondre le stockage et le transport des produits. Cela donne un stockage itinérant. Une évolution, concomitante, apparaît dans la distribution : l'augmentation des surfaces de vente, la diminution des surfaces de stockage.

Pour les produits éphémères, en particulier les produits de mode dans l'habillement ou les séries limitées dans le blanc, le réapprovisionnement disparaît car il est trop coûteux. Il semble préférable de perdre des ventes plutôt que de financer un stockage.

Il convient, pour l'entreprise étudiée, d'analyser le système de rémunération de la force de vente, ainsi que les diverses stimulations dont elle est l'objet. Cette analyse sera fondée sur l'étude des zones d'action : dimensions des secteurs de vente, rythme des visites, détermination des quotas et des objectifs, découpage de l'année en campagnes de ventes, rôle des chefs de vente (au siège et en région), information des représentants.

La dimension internationale, si importante soit-elle, ne modifie pas les étapes de cette démarche d'acheminement des produits et de vente. La démarche s'applique d'une manière identique dans chaque marché où la marque est active. Il convient seulement de prendre en compte la taille du marché, le nombre et la puissance des concurrents, la structure de la distribution.

En revanche, la commercialisation sur Internet est absolument différente. Le système d'acheminement des produits est d'emblée international, alors où stocker? Comment acheminer? Outre une logistique lourde à mettre en place, se pose le problème des prix de revient, car le transport diffère d'un pays à l'autre. Le produit est proposé sur écran aux acheteurs potentiels sans le coût des intermédiaires. La force de vente n'existe pas. C'est le message qui en tient lieu. L'acte de vente est sur l'écran. D'autant plus qu'il y a des millions de messages, des millions qui se ressemblent. Le désir du produit est essentiellement créé par une image et une parole.

Ces données sont autant de vecteurs de communication entre l'entreprise et sa distribution. Une seconde analyse est donc nécessaire, concernant la nature des communications ainsi créées, volontairement ou non.

Les ventes à l'international

Les ventes à l'international sont les sources d'information les plus opérationnelles. L'obligation de parfaitement comprendre la situation commerciale de l'entreprise dans chacun des marchés où elle est active lui impose de répondre à des milliers de questions. L'un des intérêts de l'international est de permettre la comparaison des marchés comme autant d'expérimentations réelles.

La première série de questions est toujours opérationnelle :

- Où mes produits sont-ils placés en surface de vente?
- Quels sont les magasins qui bradent ma marque?
- Quels sont les magasins qui sous-exposent ma gamme?
- Mes produits sont-ils localisés au meilleur emplacement en surface de vente?
- Comment varie ma part de marché en fonction de l'exposition accordée?
- Quel est l'impact de la mise en place d'un présentoir spécifique pour mes produits?
- Comment réorganiser le linéaire de ma famille de produits pour optimiser ses performances?
- La segmentation du marché proposée en rayon aux consommateurs correspond-elle à leurs attentes?
- Quelle est l'image de ma force de vente et l'impact de mes actions merchandising auprès des distributeurs?
- Quelles sont les attentes des responsables de magasin à mon égard concernant l'implantation et l'organisation du rayon (plv, information consommateurs, etc.).

La seconde série de questions est toujours stratégique :

- Quel est le circuit de vente le plus efficace pour ce type de produit, le moins encombré, le plus accessible financièrement?
- Faut-il choisir un grossiste distributeur ou créer une force de vente? Ou passer un accord avec une entreprise proposant ce type de produit dans sa gamme?
- Parmi tous mes produits quels sont ceux qui sont exploitables?
- Faut-il adopter le même positionnement que dans le marché initial? Un autre, pourquoi? Quelles seront les contraintes de ce choix imposées au choix du prix de vente?
- Le conditionnement doit-il être identique à celui utilisé dans le marché d'origine?
- Quel profil de consommateurs rechercher?
- Quelle sera la rentabilité après 3 années de vente?
- La part de marché stagne. Est-ce dû ou non à la marque, à son prix, à la force de la concurrence, au goût du produit, à la distribution, aux différences des habitudes de consommation?
- Un nouveau produit concurrent vient d'être lancé, il est meilleur et moins cher, quelles réactions à court terme et à long terme?

Ces deux types de questions se posent aussi pour le marché d'origine.

LA DISTRIBUTION COMMENCE SA RÉVOLUTION

De tous les agents économiques, la distribution est celui qui est, par nature, le plus proche des consommateurs ou des utilisateurs. Ce contact permanent lui assure une connaissance profonde des attentes des clientèles. Elle subit en même temps qu'elle provoque les évolutions des comportements. Toute analyse de marché doit s'arrêter longtemps sur cet élément, mais pas uniquement d'un point de vue statistique (analyse de panels ou de ventes), ce qui serait réduire son rôle à celui d'une mécanique de dispersion des marques, mais bien en reliant le système de la distribution aux autres facteurs étudiés, de l'économique au psychologique.

Esquisser une prospective commerciale

L'observation de ces dernières années d'exercice commercial permet d'esquisser une prospective.

Le commerce de détail va disparaître. L'obligation de tout emballer (viande, poisson, légumes, etc.) va accélérer cette disparition, car l'hygiène va devenir la première préoccupation. Quelques commerces subsisteront à condition de rester ouverts vingt-quatre heures sur vingt-quatre et sept jours sur sept.

Le système des grandes surfaces, réelles ou virtuelles, sera étendu à tous les types de produits.

Le transport des marchandises est primordial, le zéro stock est la base de la gestion. Les stocks sont sur la route ou sur le rail. La livraison des produits achetés sur Internet est déjà une préoccupation sans solution.

Internet prend constamment des parts de marché supplémentaires. La VPC y est absorbée.

La mondialisation des achats et des ventes des grandes surfaces implique le regroupement des achats de certaines enseignes sans que l'acheteur final le sache.

La mondialisation va faire augmenter le nombre de marques, la distribution va créer encore plus de marques propres, les progrès techniques de fabrication vont améliorer la qualité de tous les produits, seuls les experts trouveront des différences, les acheteurs vont donc délaisser les grandes marques indépendantes devenant trop chères pour l'ensemble des produits de base.   .../...

Tous les produits devenant de bonne qualité, les grandes marques mondiales vont se spécialiser dans les produits très sophistiqués, de consommation ostensible, avec lesquels les acheteurs se font plaisir. Or, il y aura encore plus de consommation de plaisir. Les grandes marques ne seront donc plus que des hauts de gamme, mais les hauts de gamme seront encore plus des pactoles.

Le sans-marque disparaît, l'obligation des emballages impose la marque pour les légumes, les fruits, le poisson, la viande, la charcuterie, le pain, la viennoiserie, etc.

Les sous-vides vont remplacer les surgelés qui exigent un appareillage de conservation coûteux aussi bien dans les points de vente qu'au domicile. De plus, les sous-vide ne modifient pas la structure des produits à l'inverse des surgelés.

Les modes de vie deviennent mondiaux, petits-déjeuners céréaliers, déjeuners rapides, dîners selon les programmes télévisés, grignotage à volonté, moins de produits frais, plus de laitages, boissons alcoolisées de meilleure qualité, les repas de grande cuisine devenant des fêtes espacées.

La distribution sera alors confortée dans son offre internationale, bientôt partout la même.

Le système de la distribution existe pour d'autres produits que ceux de la grande consommation. Les hôpitaux peuvent être assimilés à des grandes surfaces de la santé, les aéroports et les gares sont des grandes surfaces pour les produits de transport, les banques sont les grandes surfaces pour les produits de l'argent. On peut en dire autant des complexes de cinéma, des chaînes de grandes surfaces « livres, audiovisuel, spectacles, voyages ». La tendance à la concentration des offres va s'accentuer de manière exponentielle. Les médecins ou avocats exerçant en solitaire vont disparaître. Les concessionnaires de véhicules automobiles vont être regroupés dans des centres automobiles multimarques.

Ces estimations d'évolution sont en germe aujourd'hui,
certaines étant déjà expérimentées.
Elles sont assez claires pour que le conducteur marketing
des produits et des marques les prenne en compte.

Les distributeurs vont mettre leur expérience au service de cette évolution pour répondre aux attentes nouvelles des clientèles. Les fabricants doivent les étudier pour trouver des solutions aux nouveaux problèmes que pose la distribution et une réponse à ceux de la clientèle.

Distribution et Internet

Les linéaires sont les écrans des attentes des consommateurs, Internet en sera la télévision. Les distributeurs agissent désormais en gestionnaires avisés. Les histoires de commerçants ignorants la composition de leurs réserves ne concernent plus qu'une poignée de petits indépendants tenant boutique. Les fabricants doivent maintenant élaborer autre chose qu'un argumentaire promotionnel pour convaincre. Les professionnels de la distribution attendent un véritable professionnalisme de la part des fabricants. Si le fond des négociations demeure financier, les attributs des échanges ressortissent à l'organisation à haute technologie des moyens de vente. De la même façon, les fabricants doivent inclure dans leurs recherches marketing la meilleure présentation de leurs produits en linéaire. Ceux qui le feront systématiquement et avec compétence occuperont les meilleures places car ils pourront dialoguer de façon réaliste avec leurs partenaires distributeurs et parfois leur apporter un nouveau service : la mise en place la plus rentable.

Avec les caisses enregistreuses reliées à des ordinateurs, les distributeurs connaissent la rentabilité de chaque linéaire en temps réel, parvenant à descendre au niveau des sous-familles de produits, et ainsi à ne mettre en rayon que des produits à forte rotation et à forte rentabilité.

La présence commerciale de marques sur Internet crée un univers de vente particulier, car les marques peuvent y être proposées sans l'intermédiaire de la grande distribution. Les marques sont en direct avec leurs consommateurs. La distribution est active sur Internet et le sera toujours plus, mais il est aisé pour les marques d'exploiter leur propre site dans une stratégie de ventes indépendantes, donc sans intermédiaire et sans commission de distribution.

Des limites existent. La présentation des linéaires dans les points de ventes tient compte des mentalités et des habitudes d'achats locales. D'un pays à un autre, les variations peuvent être importantes. Cette adéquation n'est pas possible sur les linéaires virtuels. Et il y a le problème de la livraison, le vrai grand problème. En revanche, reste une opportunité formidable : une petite marque ne peut espérer être référencée dans toute la grande distribution, mais toutes les petites marques peuvent tenter leur chance sur le marché mondial avec un site peu dispendieux. De plus, des produits rares, avec une espérance de vente trop faible sur un seul marché vont être lancés grâce à Internet sur tous les marchés mondiaux.

L'action des fabricants se situera dans la proposition d'agencements de linéaires, mais pourra aussi descendre au niveau des sous-familles en travaillant des nouvelles structurations de *facing* pour leurs propres produits. Il reste encore beaucoup d'idées à trouver pour les mises en avant et les marquages. Pourra-t-on encore se contenter «d'acheter» des têtes de gondoles à un distributeur sans donner en même temps des suggestions de mise en place avec des preuves tirées de l'expérience de leur plus grande rentabilité?

L'analyse des ventes qualifie les stratégies des marques

La société Nielsen effectue dans vingt-huit pays industrialisés des études permanentes sur la distribution. Elle dispose dans ces pays d'un panel de points de vente. Elle propose des services selon deux modalités : des informations statistiques tous les deux mois et les études à la demande.

Certaines informations sont fondamentales : par exemple, les ventes mensuelles moyennes qui permettent de hiérarchiser les points de vente ou les différents circuits, les sources d'achat des détaillants pour établir une politique vis-à-vis des grossistes, les stocks moyens par magasin pour donner les instructions à la force de vente, ou la disponibilité-valeur qui permet de déterminer la valeur d'une distribution. La demande pure, dernier paramètre d'information régulière, permet d'évaluer l'attraction exercée par une marque auprès des consommateurs. Il s'agit de sa part de marché dans les magasins qui la proposent et non sur le marché total dans lequel une autre marque peut disposer d'un plus grand nombre de points de vente. En conséquence, cette dernière bénéficie d'une part de marché plus importante due, non pas à l'attraction qu'elle exerce, mais à une meilleure distribution.

La distribution et les consommateurs

La distribution est aussi un moyen d'analyse des comportements des consommateurs. Interviewer des consommateurs sur un changement de conditionnement, de prix, de composition, ou tout simplement sur un nouveau produit, revient à faire appel à une opinion exprimée sans être certain du comportement effectif lors de l'achat réel.

La réponse apportée par Nielsen est un panel d'acheteurs. Le système HOME-SCAN comprend 8000 foyers (12000 en 2006) situés autour de points de vente répartis dans toute la France. Les panélistes scannent leurs achats à domicile. Leurs achats sont ainsi enregistrés automatiquement chaque semaine. Les mini-tests Nielsen servent à apprécier l'acceptabilité de nouveaux produits, des changements de prix ou de conditionnement.

DES ÉTUDES À LA DEMANDE

Chaque échantillon est constitué de façon telle que chacun des univers produits y soit représenté proportionnellement à son chiffre d'affaires consommateurs et non par rapport au nombre de points de vente. Les enquêteurs dressent l'inventaire (tous les deux mois) des stocks des magasins et un relevé des achats effectués. La détermination des ventes aux consommateurs découle de la relation :

Stock au 10 janvier + achats du 10 janvier au 10 mars − stock au 10 mars = ventes aux consommateurs du 10 janvier au 10 mars.

Les résultats expriment l'ensemble de l'activité commerciale des points de vente concernés par une catégorie de produits donnés. On y trouve les informations suivantes.

Les ventes aux consommateurs : ventes totales, chiffre d'affaires, part de marché en quantité et en chiffre d'affaires, ventes mensuelles moyennes, nombre de magasins ayant vendu effectivement chacune des marques étudiées.

Les achats des détaillants : achats totaux, part de chaque marque dans les achats, sources d'achat (grossistes, directes), achats mensuels moyens, nombre de magasins ayant acheté.

Les stocks des détaillants : stocks détenus, part de chaque marque dans les stocks, stock moyen par magasin, durée en mois pendant laquelle les stocks seraient suffisants pour répondre à la demande en fonction de son rythme actuel, stocks en surface de vente uniquement pour les grandes et moyennes surfaces et part de ces stocks par rapport aux stocks totaux.

Les degrés de disponibilité : nombre de magasins détenteurs, nombre de magasins désapprovisionnés, nombre de magasins ayant le produit en stock mais pas en surface de vente, disponibilité-valeur. Ce dernier représente la part du chiffre d'affaires total de la classe de produit réalisée par les magasins détenteurs.

La publicité sur le lieu de vente : exposition en vitrine, étalage dans le magasin, affichage au point de vente, messages sonores.

Il convient de souligner les limites de ces tests car ils sont effectués sur un très petit nombre de points de vente. Les réactions de la concurrence n'ont pas le temps de se manifester pendant la courte durée de l'observation. Enfin, ces tests ne s'étendent pas sur une durée suffisante pour mesurer la fidélité de la clientèle. Ce sont simplement de bons indicateurs qui fournissent des informations pour une prise de décision, mais pas la décision elle-même. Ils soulignent les risques. À la direction de l'entreprise de faire son choix.

COMMENT APPRÉCIER L'ACCEPTABILITÉ DE NOUVEAUX PRODUITS

La méthode consiste à introduire le produit dont on désire apprécier l'acceptabilité dans un petit nombre de grandes surfaces, entre dix et trente en général, pendant une période correspondant à un premier achat et à un ré-achat.

Les ventes du produit étudié et de ses concurrents seront relevées quotidiennement.

Les facteurs mis sous contrôle sont l'influence des magasins, l'influence des périodes d'observation et l'influence des variables à tester.

Panel de distributeurs Intercor

Ce panel représente une alternative à Nielsen en France. Conçu par Sécodip, il est constitué par un échantillon représentatif de la distribution française et par 95 hypermarchés, 160 supermarchés, 100 supérettes et 250 magasins traditionnels. Les inspecteurs Intercor relèvent la composition des linéaires, les prix de vente, les stocks, et calculent ainsi les ventes. Les actions sur les points de vente sont aussi relevées, comme la présence des têtes de gondole par marque.

Les informations recueillies autorisent l'analyse de l'offre : adéquation des linéaires aux parts de marché, ensemble des prix de vente pratiqués, profondeur des gammes. Elles autorisent également l'analyse de la demande : rotations des marques, nombre des références, sorties par période, etc.

L'influence de la distribution sur les politiques commerciales

La distribution est plus qu'un partenaire, ses exigences font parler les politiques commerciales. Les aides à la vente, les animations, les mailings, les concours entre points de vente, peuvent être assez facilement inventoriés. Elles sont soit exigées par les points de vente (ou les centrales d'achat) pour un nouveau référencement ou une extension du *facing*, soit proposées volontairement par les fabricants, ces actions représentent une part considérable des investissements de la communication commerciale, de l'ordre de 50 % pour les produits à très large diffusion.

L'analyse de ces actions sur la distribution, souvent conçues par les fabricants eux-mêmes (direction commerciale et chefs de produit) permet de mieux établir et de mieux comprendre les politiques commerciales des entreprises concurrentes. Il convient de distinguer deux types d'actions sur la distribution :

- les aides à la vente, qui sont en fait dirigées sur le public, mais qui servent aussi à influencer favorablement la distribution envers la marque (animation, dégustation, démonstration, chaîne sonore et télévision, promotion, mise en avant, affichage, packaging);
- la stimulation, uniquement destinée à l'animation des distributeurs (concours points de vente, formation, animation, publicité avec adresses des points de vente, vitrines, matériels de rayon).

QUELQUES IDÉES REÇUES

Il y avait les concessionnaires de marque automobile. L'avenir est pour les grandes surfaces multimarques. Les constructeurs d'automobiles ne sont plus des enseignes.

Le plus important : l'eau ou le tuyau? La distribution vote pour le tuyau. Le consommateur pense plutôt à l'eau. Les acheteurs sont partagés.

Les petites et moyennes surfaces des enseignes nationales resteront seules actives dans les villes. Les petits commerçants auront disparu. L'originalité ne sera plus.

La distribution sur Internet. Le problème, c'est la distribution à domicile. Après la commande.

Dans le e-commerce, tous les services devraient être gratuits, excepté la livraison.

Il est impossible de multiplier les livraisons dans les centres-villes. Les gens viendront chercher leurs commandes Internet dans les centres de stockage. Et l'on ajoutera des rayons, des caisses, des promotions. Bientôt un nouveau supermarché.

Le circuit de distribution mondiale s'établit, sans aucune particularité locale dans ses structures. Les grandes surfaces sont identiques, quel que soit le continent, l'africain à la traîne encore. Le seul problème non encore résolu réside dans la surpuissance des enseignes. À vos ordres, mon enseigne.

Tout ce qui est téléchargeable va disparaître des points de vente spécialisés qui disparaîtront à leur tour. Les malins fermeront boutique après avoir créé leur téléchargeur.

Si deux produits de qualité égale en apparence sont à des prix différents d'un étal à l'autre d'un marché, ce n'est pas forcément une différence de qualité, car ce sont des commerçants différents. Dans une grande surface, une différence de prix induit aussitôt une différence de qualité, car c'est le même commerçant.

Quiz de la commercialisation

Quelles sont les informations opérationnelles résultant de la compréhension des politiques commerciales étudiées ?

Quelles sont les politiques concernées par ces informations ?

Quelles sont les conséquences sur leurs contenus ?

Quelles sont les conséquences sur la planification de leurs applications ?

Quelles informations complémentaires doit-on rechercher ?

Et dans quels délais ?

Qui doit être destinataire de ces informations ?

Quelles influences ces informations opérationnelles ont-elles sur les autres domaines d'analyse et de décision ?

Chapitre 7

LA CONSOMMATION

Les rôles des acheteurs, des consommateurs et des prescripteurs fondent les politiques commerciales. Il serait irréaliste de penser qu'un individu ne joue qu'un seul rôle dans la consommation d'un produit. Il peut être à la fois acheteur et consommateur. Il peut être aussi prescripteur et acheteur, voire jouer tous les rôles. Il peut aussi évoluer, cesser d'être un prescripteur, puis le redevenir, acheter et ne plus acheter.

Si c'est un prescripteur reconnu pour un type de produit, il est évident que cet individu ne le sera pas pour tous les types de produits. Il n'y a pas de prescripteur universel, comme il n'y a pas d'acheteur ou de consommateur universel. Les rôles constituent ainsi autant de classes d'individus qu'il est très difficile de constituer autrement que par des sondages répétitifs, et dont l'existence est uniquement statistique pour les produits de large diffusion. Pour les produits à très faible diffusion, le rôle d'acheteur devient même une fonction professionnelle et les entreprises, offreuses dans ces marchés, les connaissent nominativement.

Cette notion de rôle est importante sur le plan opérationnel car elle permet de diriger avec efficacité les actions de proposition de la marque, soit au moyen de médias spécifiques, soit au moyen du contenu même des messages.

COMPRENDRE LES CONSOMMATEURS

Les enquêtes par sondage et les panels permettent de déterminer ceux qui consomment ou utilisent un produit. Les panels habituels donnent uniquement les caractéristiques des foyers acheteurs. Les résultats de ces études montrent que les consommateurs exclusifs d'une marque sont rares et que l'état normal est une constante instabilité.

Plutôt que d'établir des profils de consommateurs pour chacune des marques, il est plus judicieux de constituer des groupes de marques consommées habituellement, car on constate que la mixité n'existe qu'entre deux ou trois marques. Ces groupes de consommation homogènes permettent en plus de comprendre les relations entre les marques. En effet, la consommation se stabilise le plus souvent dans un champ étroit de choix potentiels. Par exemple, les marques consommées par :

- le groupe 1 = A, B, E;
- le groupe 2 = C, E, D, etc.;
- le groupe 3 = E, C, B;
- le groupe 4 = A, D;
- etc.

Il suffit alors de noter les caractéristiques de chaque groupe : âge, sexe, revenus, habitat, etc. Il apparaît bien que la distinction, pour une catégorie de produits en cours d'étude, entre prescripteur, acheteur et consommateur offre de grandes potentialités de meilleure orientation des actions de commercialisation. Si l'on sait que le prescripteur, dans le marché des yaourts aromatisés, est en majorité l'enfant, que l'acheteur est la mère de famille, mais que le consommateur est aussi bien chaque membre du foyer, le père compris, on devine quelle stratégie de conviction peut être développée auprès de chacun de ces acteurs concernés, selon des rôles divers, par un même produit, entretenant donc des types de relations différents avec ce produit, et ainsi plus accessibles à certaines argumentations qu'à d'autres.

Il ne faut pas se contenter de qualifier les rôles, il est nécessaire d'en induire la nature de la relation aux produits et aux marques qui en résulte. La qualification des rôles est descriptive et parfois explicative, il faut la rendre opérationnelle. Chaque qualification des rôles est le signe d'un type de relation, à quoi correspond un système de communication ou de commercialisation, selon nécessité.

Le rôle du prescripteur exprime le niveau d'intérêt des produits et des marques

| **Définition** | *Le prescripteur est un individu qui, par ses habitudes de consommation et/ou par ses décisions d'achat (prescripteur passif) ou par ses recommandations (prescripteur actif), influence le choix du type de produit et/ou le choix d'une marque devant être faits par les individus d'un groupe.* |

© Éditions d'Organisation

Cette définition s'applique aussi à un groupe considéré comme un groupe prescripteur : les moniteurs de ski sont prescripteurs dans le domaine des équipements pour la neige, bien qu'ils n'appartiennent pas aux circuits de distribution de ces produits. Identifiable, le prescripteur est un objet de marketing; non détectable, c'est seulement une préoccupation.

Les produits peuvent être classés selon l'importance que le rôle de la prescription joue lors de leur achat. Les produits banals, de large distribution, n'ont en général que des prescripteurs d'imitation où l'exemplarité tient lieu de compétence. En revanche, les produits à prix unitaire élevé ne sauraient être choisis sans recherche de conseils et d'informations. Le service rendu par les conseilleurs est en fait celui d'un prescripteur qui supprime les dernières hésitations.

Le rôle de l'acheteur est connu avant et après l'acte d'achat, jamais pendant

Définition	*L'acheteur est celui qui conclut l'acte d'achat, qui achète habituellement.*

Les femmes achètent les chemises de leurs maris lorsqu'elles appartiennent aux catégories sociales moyennes et basses, les hommes procèdent seuls à cet achat lorsqu'ils appartiennent aux catégories supérieures. L'électroménager est le plus souvent acheté par le couple. De plus en plus de ménages font ensemble leurs achats d'alimentation le samedi dans les grandes surfaces. On connaît bien l'acheteur en titre des entreprises, celui qui négocie les quantités et les prix.

Cependant, le moment de l'achat, en fait le moment capital de la commercialisation, est peu analysé. Nos techniques nous renseignent sur l'amont (attentes, opinions, mécanismes du choix) et sur l'aval (consommation, puis opinions). L'acte d'achat reste une boîte noire dans la chaîne des décisions.

L'analyste marketing décrit le marché, ses mécanismes, la consommation, la distribution, la publicité. Elle ne dit pas quelle est la psychologie de celui qui est « en train d'acheter ». Il est possible de connaître les rythmes d'achat, les lieux, les choix, les périodes. Certains chercheurs observent, d'autres pratiquent les entretiens rétrospectifs, pour interpréter ces informations objectives de comportement.

Le rôle de l'acheteur et de l'utilisateur des produits destinés à l'industrie est connu

Les acheteurs sont en très petit nombre et parfois connus nominativement. Nous n'avons plus à faire avec un rôle exercé par un segment important de la population décrit uniquement par des données statistiques, mais bien à des individus que l'on peut inviter à déjeuner. Le prescripteur est lui aussi aisé à découvrir. Pour une même catégorie de produit, il peut changer de profil d'une entreprise acheteuse à une autre, mais la collection peut en être exhaustive. Il en est souvent de même pour les utilisateurs.

Ainsi, la caractéristique commune aux trois rôles est que les individus qui les exercent peuvent le plus souvent être identifiés. Cette affirmation est naturellement à nuancer selon les types de produits destinés à l'industrie. On peut connaître tous les acheteurs de charpente métallique, facilement les prescripteurs (le plus souvent des architectes), mais avec plus de difficulté les utilisateurs de ce produit.

Il faut connaître chaque entreprise pour déterminer qui tient les rôles clés. Toute étude ayant pour objectif de définir les classes d'individus concernés par un produit industriel devra procéder par monographies d'entreprises et non par sondage sur une population de personnes travaillant dans ce genre d'entreprises. L'acheteur en titre n'est pas forcément celui qui conclut l'achat, le prescripteur peut être extérieur à l'entreprise, l'utilisateur peut ne jouer aucun rôle lors du renouvellement du produit.

L'établissement du marché et son cheminement expriment déjà sa maturité

Lorsque le produit a été mis sur le marché, ou lorsqu'une marque est apparue pour la première fois dans un marché nouveau pour elle, quel a été le profil des premiers acheteurs et des premiers consommateurs? Quel a été leur comportement? Quelles ont été leurs réactions à ce nouveau produit ou à cette nouvelle marque? Il est précieux de connaître la réponse à ces questions le plus rapidement possible pour préfigurer le futur marché du produit ou de la marque.

Autant, il y a une quinzaine d'années, c'étaient les jeunes aisés et urbains qui adoptaient les nouveautés, autant les conditions actuelles de la distribution, quasiment semblables pour tous les segments de la population, introduisent des critères psychosociologiques.

Les analystes parlent maintenant d'ouverture à l'innovation ou de mentalité socioculturelle y prédisposant. Il faut pour cela utiliser des sondages auprès d'échantillons très importants pour saisir ces premiers consommateurs ou alors des panels.

Bien choisir les techniques d'analyse

Techniques d'interrogation, méthodes d'analyse, traitements statistiques, les progrès réalisés depuis vingt ans sont considérables. La communication qui en a été faite les rend familiers à tous les utilisateurs d'études. Notre propos n'est donc pas ici de décrire pour la énième fois toutes les procédures d'étude de la consommation et de la communication. Nous voulons traiter ici ce qui semble encore poser des problèmes ou qui doit bénéficier d'un éclairage nouveau.

On peut toujours observer, il est plus difficile de décrire, et l'on comprend rarement les consommateurs. Le domaine des études, ou études de marché, recouvre une pluralité de techniques qui permettent d'atteindre une grande diversité d'objectifs. Il n'y a plus de sujet qui ne puisse être traité convenablement par une technique adaptée.

Il convient toutefois de se garder d'un trop grand optimisme. Les sciences humaines ont un retard important vis-à-vis des sciences physiques. À l'heure où des fusées d'exploration parcourent l'orée de l'univers avec une précision stupéfiante, où la physique des particules traque les constituants ultimes de la matière, où l'ingénierie pénètre la biologie cellulaire, nous sommes encore incapables de prévoir avec exactitude les résultats d'une action commerciale, nous ne connaissons pas les mécanismes de la communication, nous ne pouvons que formuler des hypothèses sur la nature des motivations des consommateurs. Les sciences exactes d'aujourd'hui sont l'aboutissement de plus d'un millénaire de recherches, alors que les sciences humaines n'ont pas un siècle d'existence. Aussi, les connaissances obtenues par les techniques actuelles d'études de marché sont-elles fragmentaires, parfois tronquées, souvent insuffisantes, toujours indispensables. Les techniques d'études peuvent être réparties selon deux démarches :

- la démarche qui ne prend en compte que les éléments qui se rattachent à un phénomène, par exemple un sondage sur l'utilisation du café soluble. Chacun des paramètres est étudié séparément, avec parfois quelques essais de corrélation;

- la démarche qui englobe tous les aspects d'un marché et les traite simultanément. C'est la synthèse qui aide à la compréhension. Les paramètres sont très nombreux et leur distance par rapport au marché étudié est parfois très grande. Ce sont justement les synthèses successives qui en prouveront la pertinence ou l'indépendance. La démarche permet d'esquisser l'organisation des paramètres entre eux et c'est de cette organisation que provient la compréhension recherchée. C'est par exemple l'analyse multidimensionnelle.

Chaque démarche comprend des techniques d'études relevant de deux attitudes vis-à-vis des individus interviewés ou observés. Certaines techniques ne considèrent que les réponses concernant le problème analysé sans prendre en compte la personnalité de celui qui les formule, d'autres en revanche intègrent, en plus de ce type de réponses, tous les éléments de la personnalité des répondants. Dans l'application du premier type de techniques, l'individu est un être statistique, découpé en réponses. Dans le second type, l'individu est avant tout une personne et chacune de ses réponses est une expression de sa personnalité. Il n'y a pas de hiérarchie de valeur entre ces démarches. Chacune constitue une réponse à une série d'objectifs d'étude et son choix représente le premier talent du chargé d'études.

L'observation

Définition	L'observation participante consiste en une observation simple qui est suivie par quelques entretiens spontanés.
	L'observation instrumentale a pour but de filmer dans une surface de vente en installant une caméra qui devra être invisible.

Le comportement des personnes peut être considéré comme une communication. Agir, c'est signifier. L'observation des comportements peut donc revêtir un grand intérêt, d'autant plus que les personnes observées agissent naturellement sans intervention de l'observateur. Le biais de l'expérimentation introduit par toutes les techniques d'études est ici supprimé.

L'observation est peu utilisée, c'est pourtant la seule démarche d'étude qui exclut les mots comme information de base. L'observation peut revêtir des formes diverses. L'essentiel est que l'enquêteur soit le moins repérable possible, qu'il se fonde dans l'environnement du lieu ou de l'acte observé.

Un exemple d'observation participante

Dans une étude concernant les vêtements pour les enfants de six à douze ans, des interviews de mères montraient que c'était la mère qui choisissait à la fois le tissu, l'apparence des vêtements et le prix.

Nous envoyâmes des enquêteurs observer des scènes d'achat. Cette observation, dans laquelle nos enquêteurs jouaient le rôle de vendeur passif (rangeant des vêtements sur des étagères), montra que l'acte d'achat se déroulait toujours de la même manière. La mère fixe le niveau de prix, le type de vêtement, la qualité recherchée. Pendant ce temps, l'enfant est indifférent. Le vendeur apporte des vêtements répondant à la demande de la mère. Celle-ci en élimine aussitôt quelques-uns, elle attire l'attention de l'enfant sur ceux qui restent. L'enfant devient soudain actif et choisit soit l'un des vêtements présentés, soit un autre qu'il a déjà remarqué. À partir de là, si la mère n'approuve pas, l'enfant insiste : «Si tu m'achètes autre chose, je ne le mettrai pas!» Le plus souvent, la mère cède, certainement par expérience.

Dans ce cas, l'observation a permis de connaître exactement le rôle de l'enfant dans ce type d'achat, rôle que la mère avait du mal à avouer car il détériore son statut de mère responsable.

L'avantage de l'observation instrumentale réside dans un document qui peut être analysé objectivement par la suite alors que dans l'observation simple, il s'agit de l'analyse du témoignage de l'enquêteur qui peut être biaisé par ses attitudes personnelles.

Il convient de classer dans les techniques d'observation les tests en libre-service. La procédure est simple : un produit expérimental est placé en linéaire, le test portant sur un prix, un emballage, une appellation, ou un volume. Un relevé quotidien des ventes du linéaire permet d'observer l'accueil réservé au produit. On peut doubler cette mesure par l'observation directe des comportements d'achat du produit testé. Enfin, des entretiens ponctuels peuvent aussi être réalisés sur place. Certains instituts d'études ont équipé spécialement des libres-services pour ce type d'observation. L'accueil du produit est ainsi estimé objectivement par la seule réponse pertinente : l'acte réel d'achat. Enfin, l'utilisation d'un libre-service virtuel est encore plus riche car les linéaires peuvent être modifiés selon la nature des réactions des interviewés.

L'interrogation directive

L'opposition entre quantitatif et qualitatif doit être dépassée. Les sondages sont traditionnellement classés dans les études quantitatives, les entretiens libres dans les études qualitatives. La pratique des études ne fonde aucunement cette dualité. Il existe des sondages dont les résultats sont plutôt d'ordre qualitatif, relevant de l'interprétation et non de la lecture. Il y a des recherches de motivation dont les résultats s'expriment en typologies et en analyses statistiques et qui relèvent du quantitatif.

Il faut simplement connaître ce qu'une technique permet d'obtenir comme type de résultats et savoir choisir la technique la mieux adaptée à la résolution d'un problème posé. Il y a des techniques de dénombrement de faits, de comportements, d'opinions, qui fournissent des nombres et qui sont des techniques quantitatives. Il y a des procédures qui apportent des éléments de compréhension de ce qui cause ou motive des faits, des comportements ou des opinions, qui fonctionnent par relevés exhaustifs de ces éléments et par tentatives de les lier dans un système causal, et ce sont les procédures qualitatives.

Dans un schéma de déroulement normal d'une étude, les techniques qualitatives seront utilisées en premier pour baliser le terrain, pour relever toutes les dimensions du problème posé, pour tenter de fonder plusieurs hypothèses explicatives. Les techniques quantitatives seront utilisées ensuite pour dénombrer les éléments et pour tester les hypothèses. Ces dernières données constitueront véritablement les résultats de l'étude car elles seules sont pondérées selon ce que répond la population interrogée. Les techniques sont utilisées pour ce qu'elles fournissent, ce ne sont que des moyens pour recueillir une information. L'information, elle seule, peut être quantitative ou qualitative. L'étude, elle, est descriptive ou interprétative.

Il existe pourtant une manière de faire simple et très sûre pour déterminer l'ensemble des questions qui sont nécessaires pour recueillir les informations de base afin de répondre au problème posé :

- élaborer tous les tableaux de résultats qui seront nécessaires pour donner les réponses aux objectifs de l'étude. Ces tableaux comportent uniquement les intitulés des questions, la figuration des colonnes et des lignes;
- dresser la liste de toutes les questions qui devront être posées pour remplir ces tableaux.

Le questionnaire est complet. Toutes les questions nécessaires ont été ainsi inventoriées. Il convient seulement de passer au stade de la rédaction des questions et de la recherche de la bonne structure du questionnaire.

Le questionnaire

L'ordre des questions est un élément non négligeable, car un questionnaire ne doit ni fatiguer, ni choquer ou surprendre la personne interviewée. Il commencera par des questions fermées, les plus simples, les moins impliquantes, traitant de faits ou d'actes n'exigeant pas un trop grand effort de mémoire. Ces questions ont un rôle d'apprentissage, la personne interviewée se relaxe, apprend à répondre selon un rythme qui lui est imposé par l'enquêteur, reprend confiance en s'apercevant qu'on ne lui demande pas de répondre à des questions compliquées. Dans le deuxième tiers du questionnaire apparaissent des questions ouvertes, celles-ci sont soit plus impliquantes, soit plus compliquées. Ce sont des questions qui abordent les problèmes d'opinion, de choix personnel, de goût ou qui exigent une manipulation de listes de mots ou même de documents. Les questions figurant dans le troisième tiers traiteront de faits banals. Le questionnaire sera terminé par la prise de renseignements sociodémographiques.

L'enquêteur lit les questions les unes après les autres. Si l'interviewé ne comprend pas une question, l'enquêteur ne doit pas expliquer les termes de la question, mais uniquement la relire dans son intégralité.

La rédaction des questions est le fait de base d'un sondage. Un échantillon biaisé peut être redressé. Les réponses à une question incompréhensible ou ambiguë sont à mettre au panier. Quelle que soit la forme d'une question, les interviewés répondent. Un artiste de variétés, Bernard Haller, a réalisé des reportages en se présentant comme un reporter d'une station de radio et en posant des questions dont un seul mot était audible, les autres étant une série d'onomatopées imitant une phrase sous une forme interrogative. Toutes les personnes interviewées ont répondu, entraînées par le mot inducteur. C'est ce qui se passe lorsqu'une question n'est pas claire. Les personnes répondent toujours. Elles n'y ont perçu qu'un seul mot, mais ce mot suffit pour entraîner leur réponse.

L'ensemble des questions étant rédigé, le chargé d'études procédera à un test du questionnaire. Il s'agit d'une procédure légère. Un enquêteur confirmé soumettra le projet de questionnaire, parfois en testant même des variantes internes, à une dizaine de personnes prises au hasard. L'enseignement de ce test permettra d'éliminer certains biais, certaines erreurs de rédaction et les problèmes de compréhension ou de durée de l'interview.

Dans les cas, maintenant très fréquents, d'un questionnaire utilisé dans plusieurs pays de langue différente, l'erreur consiste à faire une traduction mot pour mot. La bonne démarche consiste à faire parvenir les tableaux théoriques qui ont été utilisés pour établir le questionnaire en français et le questionnaire en langue étrangère, le tout étant envoyé en français et en anglais. Au retour, le questionnaire et les tableaux en langue locale seront retraduits en français pour vérification.

Exemples de mauvaises questions

Quelle est la marque de savon préférée par votre mari?

Comment la femme le sait-elle exactement? N'impose-t-elle pas ses propres goûts à son mari?

Combien de crêpes avez-vous fait l'année dernière?

Qui a pensé à les compter?

Buvez-vous régulièrement de la bière?

Que signifie régulièrement? Pour certaines personnes, régulièrement signifie tous les jours, pour d'autres une ou plusieurs fois par semaine.

Aimez-vous les boissons frappées?

Frappées est un terme qui peut être familier, donc avoir un sens précis pour un segment de la population, mais qui peut n'en avoir aucun pour la majorité des autres personnes.

Pensez-vous qu'un Français puisse acheter des produits étrangers qui mettent les Français au chômage?

Le second élément de cette question biaise toute la signification du premier.

Connaissez-vous la marque K?

Que signifie exactement connaître? Est-ce posséder, avoir essayé, connaître au moins de nom?

Lisez-vous le journal?

Même remarque, que signifie lire?

La validité des réponses

Les études par entretiens reposent sur la manipulation du langage. L'interviewé doit pouvoir comprendre la question qui lui est posée et exprimer sa réponse. L'enquêteur doit pouvoir comprendre cette réponse et celle-ci doit souvent être codée par lui, immédiatement, dans le questionnaire (questions fermées). Même en prenant la précaution de tester un questionnaire, est-on assuré de tenir compte des différences culturelles qui séparent les individus de la population interviewée? Un mot peut avoir des sens différents selon l'environnement culturel dans lequel les individus le situent. Une salopette est un vêtement de travail pour les ouvriers. C'est un vêtement d'avant-garde lorsqu'on sait qu'on le voit en vitrine chez Dorothée Bis. Un même questionnaire devrait donc être rédigé en plusieurs versions, chacune tenant compte des différences culturelles des segments de population composant l'échantillon. La barrière du langage existerait cependant encore. Les personnes habituées à parler, à s'exprimer, à comprendre, à participer à des discussions répondent aux sondages sans rencontrer de problèmes. Les autres ne sont-elles pas éliminées par les enquêteurs, quand ils s'aperçoivent des difficultés provoquées par les premières questions?

Un exemple

Pour la marque Gervita, nous devions procéder au test d'une annonce. Elle représentait un pot de Gervita coupé en deux, mettant en évidence une couche de fromage blanc surmontée de crème fraîche fouettée. Au commencement de l'entretien, l'enquêteur montrait la maquette pendant quinze secondes, la reprenait et posait ses questions. Une de celles-ci était : «Pouvez-vous me décrire ce que vous avez vu sur la maquette?» Il y eut 37 % de mauvaises réponses à cette question.

Le test fut recommencé avec un matériel spécial. Sur un carton, cinq pots identiques à celui figuré sur la maquette furent dessinés, quatre ayant une composition erronée, une la composition juste. Le questionnaire initial fut maintenu. Le pourcentage de mauvaise compréhension fut de 13 % seulement. L'enquêteur donnait le carton aux personnes interviewées et demandait : «Parmi ces cinq pots, quel est celui qui est sur la maquette que je viens de vous montrer?» Les personnes répondaient en désignant un des cinq pots, sans avoir à s'exprimer avec des mots.

L'expérience montre qu'un certain vocabulaire est nécessaire même pour décrire ce que l'on pense être simple. Par crainte de se tromper, de paraître inintelligent devant un inconnu, on préfère souvent répondre : «Je ne sais pas». Le sondage comptabilise ces personnes parmi celles qui n'ont pas compris. Une grande proportion d'entre elles a compris, mais elles ne savent pas exprimer ce qu'elles ont compris. Bien des sondages deviennent des tests d'intelligence où l'ignorance mesurée n'est que le résultat d'une erreur de langage. Et cela est d'autant plus préoccupant dans les études internationales.

Les enquêteurs

La formation des enquêteurs à l'objet du sondage est souvent inexistante. La plupart reçoivent par la poste un paquet de questionnaires, les quotas à atteindre et une courte note d'instructions. La règle voudrait qu'ils soient réunis avant le démarrage du terrain pour recevoir une information détaillée sur le marché étudié, les produits en présence, le problème que l'on cherche à résoudre, les objectifs de l'étude. Un travail sérieux d'explication devrait y être effectué sur le questionnaire, de manière à ce que les enquêteurs eux-mêmes comprennent bien chaque question, allant jusqu'à leur faire réaliser quelques entretiens préalables pour qu'ils saisissent le mécanisme de l'interview. L'idéal est que les enquêteurs, qui sont responsables du terrain, réalisent le test du questionnaire. Ce sont les coûts d'une telle formation qui la rendent exceptionnelle. Réunir les enquêteurs par région pour recevoir cette formation suppose une journée payée au tarif du sondage, des frais de transport et d'hébergement. Il s'agit pourtant de la valeur de l'information recueillie. Un mauvais plan d'analyse peut être recommencé autant de fois que l'on veut. On ne recommence pas un terrain de sondage.

Les biais introduits dans les sondages sont nombreux : erreurs d'échantillonnage, ambiguïté dans la rédaction des questions, problèmes de compréhension des mots utilisés et difficultés d'expression de certaines personnes interviewées. Les enquêteurs eux-mêmes peuvent biaiser les informations recueillies. Certains se départissent, au cours des entretiens, de l'attitude neutre qu'ils doivent adopter vis-à-vis des réponses fournies. Il suffit de lire le texte sur un certain ton pour encourager ou décourager l'expression d'une opinion.

Enfin, il existe des enquêteurs peu scrupuleux qui, après avoir bien conduit quatre ou cinq entretiens, en savent assez pour remplir eux-mêmes la plupart des réponses aux questionnaires qu'ils ne posent plus en entier. La relecture des questionnaires ne permet pas de s'en apercevoir à chaque fois. Les instituts de sondages n'hésitent pas à contrôler par téléphone, ou même par contre-visite, près de 10 % des entretiens.

L'interrogation semi-directive

Dans l'interrogation directive, tout est codifié, même l'attitude de l'enquêteur, même l'analyse des résultats. L'enquêteur ne tient aucun compte de la personnalité de la personne qu'il interroge, car il n'a aucun moyen de le faire : l'entretien est stéréotypé, le questionnaire est rigide. Dans l'interrogation semi-directive, l'enquêteur intègre la personnalité de la personne interrogée comme une information complémentaire, car le questionnaire lui laisse la place de noter ses réactions. Il se fonde sur cette personnalité pour déterminer le style de conduite de l'entretien.

La personne interrogée, de son côté, est guidée par la progression du questionnaire qu'on lui propose dans sa propre recherche de son opinion ou de son attitude. L'un et l'autre peuvent s'exprimer en appuyant leur expression sur le support modal du questionnaire et sur leurs deux personnalités. Il y a un commencement de communication.

Les échantillons sont d'une taille nettement plus faible que celle des échantillons utilisés pour l'interrogation directive. Leur effectif est de l'ordre de 100 à 250 personnes. Ils sont constitués selon la méthode des quotas. Si la représentativité est satisfaisante, en revanche les effectifs réduits ne permettent pas des croisements de données très ramifiés.

La codification, réductrice, appauvrit le contenu des réponses

Les réponses aux questions fermées sont exploitées comme les questions des sondages, par comptage et tri. Les questions ouvertes sont analysées en deux temps. Dans un premier temps, un chargé d'études effectue l'analyse de leur contenu. Il relève tous les thèmes qui apparaissent, explicitement ou implicitement. Dans un second temps, chaque réponse est codée selon la liste des thèmes inventoriés et l'ensemble des questionnaires est dépouillé sur ordinateur en utilisant des programmes de segmentation ou de typologie et des programmes d'analyse multidimensionnelle. Le chargé d'études recherche comment les thèmes qu'il a trouvés lors de l'analyse préalable s'organisent, quelle est la structure du champ psychologique sous-tendu par la totalité des réponses.

Le problème de l'expression est une nouvelle fois posé. Une personne interviewée disposant d'un talent certain d'expression fournira des réponses riches en contenu pour les questions ouvertes et l'enquêteur aura tendance à les approfondir avec elle, ce qu'il ne fera pas avec une personne qui s'exprime de manière frustre. Pour pallier cette distorsion, il faudrait que l'enquêteur conscient de ce problème joigne à ces questionnaires réalisés trop vite des commentaires d'approfondissement personnel. Ce qui ne se fait jamais.

Les échelles d'attitude

Le nombre de degrés dans les échelles est un sujet de discussion. Certains sont en faveur d'un nombre pair qui n'admet pas de position moyenne. L'interviewé est alors contraint de choisir entre une position négative ou une position positive. Il doit être favorable ou défavorable à la proposition. Cette conception est fondée sur le fait que la position 0 peut être un refuge en cas de conflit interne et permet de ne pas choisir. D'autres recommandent un nombre impair de degrés pour justement prévoir une position neutre qui peut être un reflet de la réalité.

Pour apporter notre point de vue dans cette discussion, il est possible de déterminer une règle simple : si l'interrogation porte sur un sujet très impliquant, il convient d'adopter une échelle avec une position neutre, dans le cas contraire où le manque d'implication se traduit le plus souvent par des opinions ou par des attitudes plus nettes. Il est plus efficace de prévoir une échelle avec un nombre pair de degrés.

L'entretien libre

Un marché peut être appréhendé dans un ensemble de statistiques et de données factuelles. C'est une lecture formelle, à la limite de la froideur. Les comportements des acteurs qui le constituent sont décrits, mais ne sont pas compris. La posture est extérieure. Le marketing a besoin, pour s'établir, d'être à l'intérieur.

L'attitude introduite par les études psychologiques consiste à saisir ce qui motive et ce qui freine les acteurs dont les conduites construisent et détruisent les marchés. L'interrogation libre est l'ensemble des techniques qui permettent de recueillir les informations nécessaires pour cette compréhension.

Dans cette perspective, un marché se définit par toutes les interactions possibles entre un nombre fini d'acteurs. Pour qu'il y ait un marché, il est nécessaire que se rencontrent une entreprise, un produit, un consommateur, un système de distribution. Ce marché est primaire. Si le produit correspond à un besoin réel, une autre entreprise apparaîtra avec un autre produit, chacune des deux entreprises proposera vite une gamme de produits diversifiés. Le marché est alors constitué. Les acteurs sont sur la scène.

Les interactions vont très vite devenir multiples. Entreprises, produits, gammes, consommateurs, distributions, vont agir les uns par rapport aux autres, antagonistes ou complices. Ces interactions se produisent dans un milieu lui-même actif, l'environnement économique et social. Le nombre de paramètres intervenant est considérable et ne peut pas actuellement être inventorié. Le pourrait-on, il manquerait un modèle général de fonctionnement qui serait le modèle de la consommation. En effet, il s'agit bien de la consommation des produits et des services, industriels ou grand public.

L'interrogation libre fait surgir dans le discours de l'interrogé, quel que soit le type d'acteur auquel il appartienne, le maximum de signes qualifiant la nature de ces interactions. Comme il est impossible de les prévoir donc de les codifier dans des questions impératives, l'interrogation libre laisse à l'interrogé et à l'interrogateur la liberté d'exploration de cet univers. C'est sa richesse et sa limite.

L'interrogation libre dépend du talent d'expression de la personne interrogée plus que du savoir-faire de l'enquêteur. Ce que disent les gens est signe de ce qu'ils pensent ou désirent. Et cela pose problème. Il faudrait disposer, pour chaque étude, d'un ensemble d'objets ou de signes révélateurs d'idées, d'opinions, de comportements, de situations significatives des relations au problème posé, exprimées par des scènes sur écran, l'interviewé choisissant et commentant ses choix.

L'interrogation libre est aussi un ensemble de techniques adaptées à l'étude des relations établies par un marché entre la personnalité des différents éléments qui composent ce marché. On cherchera à établir la nature de la personnalité des produits, des consommateurs, des entreprises, des gammes en présence, de la distribution, la nature et l'intensité de leurs relations.

Dans les techniques de l'interrogation libre, l'enquêteur et l'analyste prennent en compte la personnalité de la personne interrogée. C'est une des données les plus explicatives des informations recueillies. L'enquêteur explore les niveaux d'exigences de la personne, ses opinions et ses jugements, ses habitudes et leurs fondements, la quête d'information utilisée, par l'enquêté, ses connaissances et ses expériences. Il cherche à définir le groupe d'appartenance réel et rêvé de l'interviewé, à comprendre ses interactions avec son entourage, à établir son système de valeurs et de croyances. À chaque niveau de l'entretien, l'enquêté exprime sa personnalité et ses relations avec la personnalité du produit ou de la marque étudiés.

Dans le cas des études internationales, les guides d'entretien utilisés ne devront pas être traduits dans chaque langue mais être adaptés à la sociologie et au langage de chaque marché. Le seul impératif est que les résultats soient comparables.

La personne interrogée peut s'exprimer librement, sans la contrainte d'un questionnaire et l'enquêteur intervient peu, sans jamais montrer son approbation ou sa désapprobation, relançant le monologue de l'interviewé par des remarques neutres comme : «Que voulez-vous dire par…?», «Pourriez-vous m'expliquer pourquoi…?», «Mais encore…?». Son attitude consiste à encourager le discours de l'enquêté et à montrer en permanence que ses propos sont du plus grand intérêt. L'enquêteur laissera parfois l'entretien dérivé vers des considérations manifestement hors du sujet, mais qui pourraient, lors de l'analyse, être très révélatrices. C'est une partie de son talent.

L'ensemble des propos est enregistré. Ainsi, lors de l'analyse, non seulement le contenu des phrases mais aussi les intonations, les silences, les expressions du visage, les mouvements des mains seront considérés comme des informations.

L'expérience montre qu'après un certain nombre d'entretiens libres, l'information recueillie devient redondante. On n'apprend plus rien de nouveau. Ce nombre se situe entre vingt et trente. Il faudrait avoir la liberté de continuer ou de s'arrêter sans être enfermé par un échantillon proposé dans le projet d'étude, mais celui-ci est contractuel. Au-delà d'un certain nombre, les nouveaux entretiens sont inutiles.

L'interrogation libre permet de formuler des hypothèses concernant le nombre et le contenu de ces attitudes. Il convient ensuite de valider ces hypothèses en les quantifiant auprès d'un échantillon représentatif d'une taille suffisante. Il s'agit de transformer en questions directives une information abondante, riche en expressions signifiantes, toute en nuances. Il y aura forcément une perte qui sera limitée par l'utilisation des techniques d'échelles et des questions ouvertes. L'utilité de cette quantification est essentiellement de pondérer les principaux résultats de l'interrogation libre.

Les images

Définition	*L'image d'une marque, d'un produit ou d'une personne est l'inventaire des représentations évoquées par la nomination de cette marque, de ce produit ou de cette personne. C'est ce qui vient à l'esprit.*

Ce peuvent être tout aussi bien des qualificatifs, des opinions, des objets. L'expérience apprend qu'une image se constitue assez rapidement, en une ou deux années, alors qu'elle évolue après très lentement. Ce qui revient à dire qu'une fois une image constituée, il est très difficile et coûteux de la modifier. De plus, si l'enrichissement d'une image, ou la modification d'une partie de son contenu, est une action à moyen terme, la détérioration d'une image peut être très rapide. Il s'agit donc d'un domaine où la moindre erreur peut s'avérer irrattrapable; dans le même temps il faut déployer de la persévérance pour instituer une très légère modification.

L'image d'une marque est un bien. C'est un capital que l'entreprise doit faire fructifier. Il importe donc d'en effectuer souvent l'inventaire. De toutes les interventions utilisant l'interrogation libre, c'est celle qui intéresse prioritairement la présidence de l'entreprise. C'est son niveau de responsabilité.

La discussion de groupe

Définition	*Une discussion de groupe réunit une dizaine de personnes appartenant à la population de l'étude autour d'un psychologue.*

Le psychologue dispose, comme dans l'entretien libre, d'un guide d'entretien qui jouera un rôle identique. Il orientera le groupe sur les différents points à approfondir sans intervenir personnellement dans le débat. Une telle discussion a une durée de l'ordre de deux heures. Dans le cas d'une étude internationale, le guide d'entretien sera adapté aux différentes mentalités et non imposé sur le modèle du marché d'origine.

La composition du groupe est fonction des objectifs assignés à la discussion. Le groupe peut, en effet, être homogène, par exemple des jeunes, des mères de famille, des architectes, etc. La discussion sera alors l'expression d'un groupe social. À l'inverse, le groupe peut être hétérogène dans sa composition afin de favoriser les échanges, voire les oppositions. La discussion sera alors extensive et provoquera les assauts des parties opposées. On obtiendra alors une très grande quantité de propos.

Le psychologue doit prendre garde qu'un des participants s'affirme trop dans un rôle de leader et monopolise la parole. De même, il veille à faire parler ceux qui auraient tendance à rester en retrait. La richesse de la discussion naît de la participation de tous, chacun à son niveau de pertinence.

La discussion peut être stimulée par du matériel verbal : enregistrement d'opinions formulées par des personnes appartenant à la population de l'étude. Elle peut l'être également par du matériel non verbal : emballage, figuration de concepts à tester par exemple. L'audiovisuel peut aussi être utilisé, mais il convient de tenir compte de son fort impact qui risque de dévier par la suite le cours de la discussion.

L'analyse des résultats, plus complexe que celle des entretiens libres, s'établit selon deux points de vue :

- le premier consiste à considérer les propos de chaque participant comme autant de monologues. On obtient ainsi une série de monographies à comparer pour souligner les interactions entre les discours des individus. Chaque participant sert de stimulus aux autres;
- le second consiste à ne retenir comme résultats à interpréter que ceux qui intéressent le groupe des participants, considéré ici comme un unique émetteur. C'est une seule voix qui s'exprime à travers les registres des participants.

La discussion de groupe est essentiellement une technique d'exploration, qui doit intervenir avant l'approfondissement de certains éléments ainsi dégagés. Cette technique apporte une grande qualité des éléments éclairant le sujet traité et permet une exploration des attitudes de groupe. Ses résultats sont à la fois d'ordre extensif et d'ordre social. Elle doit donc être appliquée avant les entretiens libres et non après.

La technique de la discussion de groupe est souvent utilisée pour tester une série de concepts, d'emballages ou d'annonces publicitaires. On doit s'interroger sur cette pratique. S'il s'agit de dresser un inventaire des réactions possibles à la présentation d'un matériel à tester, la discussion de groupe est pertinente. Elle sera alors menée selon une direction extensive. S'il s'agit, en revanche, de conduire une analyse compréhensive des réactions, la technique de la discussion de groupe apparaît comme inadéquate. Les opinions émises peuvent en effet être biaisées par une attitude outrée d'un des participants, très favorable ou très hostile au matériel présenté. La discussion qui suivra s'installera autour de cette opinion qui prendra ainsi beaucoup trop d'importance.

Les profils des consommateurs

Des consommateurs viennent les succès et les échecs, l'incitation au progrès, l'émulation entre les concurrents. Tout doit être fait pour eux, car ils sont tout.

Mieux comprendre les consommateurs pour être mieux à même de répondre à leurs attentes est la condition de vie de toutes les entreprises, quel que soit leur domaine d'activité.

Qui est donc ce consommateur? Il a une identité sociale, donc un âge, un habitat, un revenu, une famille. Il est situé. Le panel renseigne la structure de la consommation uniquement sur le premier acte qui est l'acte d'achat. On sait ce qui entre dans le foyer. Pour savoir réellement qui consomme le produit étudié, il faut mettre en œuvre des procédures d'études *ad hoc*, en général des sondages. Si ce sont surtout les ménages avec enfants qui achètent le plus de yaourts, on ne peut absolument pas en déduire que ce sont les enfants qui mangent ces yaourts. Il peut très bien se faire que dans les ménages avec enfants, tous les membres de la famille consomment des yaourts. Le panel ne renseigne pas sur ce point. Si cette information est importante à connaître, il faudra effectuer un sondage pour l'apprendre. On fera alors véritablement une étude de consommation.

Chaque marché national dispose de ce type d'instruments dont les procédures sont similaires d'un pays à l'autre. Il existe une structure européenne : Europanel, véritable chaîne de panels d'acheteurs. Il reste une difficulté majeure à résoudre pour que les résultats soient vraiment comparables : les nomenclatures des catégories de produits ne sont pas homogènes entre les pays, ce qui rend les comparaisons hasardeuses. Mais Europanel a bien pour objectif de les uniformiser.

LES PANELS COMME MOYEN D'ANALYSE DES MARCHÉS

Les panels constituent des banques de données riches que les entreprises ne font qu'effleurer. En plus de la présentation habituelle des résultats, il est possible de recourir occasionnellement à des modèles d'analyses spéciaux pour en approfondir ou en synthétiser les données. Il existe deux types de modèles.

Les modèles d'analyse structurelle des marchés

Le premier modèle analyse la dispersion des résultats. Il permet de distinguer les groupes d'acheteurs selon qu'ils sont petits, moyens, gros ou très gros acheteurs et de définir des cibles en nivaux de consommation, et pas seulement en termes sociodémographiques.

Le modèle suivant est un modèle d'analyse typologique. Il agrège les ménages en fonction du volume de leurs achats concernant un certain nombre de marques ou de modèles. Ces modèles permettent de souligner les affinités entre les marques au niveau des comportements d'achat et souligne les liens de concurrence.

Enfin, le dernier modèle montre les duplications d'achat entre les marques et détermine la «fidélité» des clientèles.

Les modèles d'analyse dynamique des marchés

Il s'agit ici de comparer plusieurs périodes entre elles. L'objectif général est de caractériser des évolutions. Le premier modèle concerne plus spécialement les lancements de nouveaux produits. Ce modèle isole, sur des périodes de quatre semaines, les ménages acheteurs de la nouvelle marque qui sont suivis sur l'ensemble de la période de lancement. Il est aussi possible de faire des prévisions à court terme des ventes futures d'une nouvelle marque. Le deuxième modèle repose sur les séquences individuelles d'achat des ménages. Ce modèle rend compte de tous les passages de marque à marque au cours d'une période donnée. C'est un modèle de dynamique interne des marchés. L'étude de transferts établit comment s'effectuent, d'une période à une autre, les transferts d'achats entre les différentes marques et variétés au sein d'un marché. À partir des matrices de transferts ainsi constituées, il est possible de calculer plusieurs indices :

– un indice de position qui traduit les transferts de la concurrence vers la marque et de la marque vers la concurrence ;
– un indice de contribution au développement du marché ;
– un indice dynamique qui traduit pour chaque marque la notion de part limite vers laquelle elle tend ;
– un indice de proximité qui exprime pour chaque marque l'ensemble de ses échanges avec chacune des autres marques.

L'ACTE D'ACHAT

Il est à la fois l'instant de l'aboutissement de tous les efforts consentis par l'entreprise pour que sa marque soit choisie, l'instant sans nuance, parfaitement objectif, et à la fois celui que l'on connaît le plus mal, l'instant de la décision, souvent sans raison consciente, mais toujours rationalisé après.

La fameuse boîte noire est aujourd'hui un projet et un grand sujet de recherche. L'attitude efficace consiste, en attendant, à prendre en compte les faits observables et à les considérer comme les signes des mécanismes de l'acte d'achat, et non comme les mécanismes eux-mêmes. L'observation devra être la plus réaliste, l'interprétation des signes la plus prudente.

L'acte d'achat est une communication. L'acheteur s'exprime par son choix. Il s'adresse aussi bien au distributeur qu'à la marque. Il parle au nom de son foyer ou au nom de son entreprise. L'acte d'achat est un discours qu'il faut entendre et décrypter. C'est un entretien sans enquêteur.

> *L'analyste marketing doit interpréter les observations*
> *comme des signes d'une double communication :*
> *celle du phénomène de l'achat et celle de la psychologie*
> *de l'acheteur.*

Cette dualité d'analyse concerne de la même manière les produits de grande diffusion et les produits industriels, de l'hypermarché à Internet, du cabinet d'avocats au stade de foot, et tous les marchés du monde.

La recherche de conseils, la sensibilité aux actions promotionnelles, l'incidence des variations de prix, sont des paramètres souvent spécifiques à une classe de produits. La mesure de la recherche de conseils s'obtiendra par une observation des actes d'achat, par interrogation des vendeurs et des acheteurs. En revanche, la sensibilité aux actions promotionnelles ou aux variations de prix sera appréciée en recherche d'éventuelles corrélations entre l'apparition de ces paramètres et les modifications des comportements d'achat.

Cette sensibilité sera étudiée :

- lors d'expérimentations en zone-test ou magasin-test, l'un des paramètres étant introduit dans une zone (ou un magasin) comparable à une zone témoin (ou un magasin) où ce même paramètre n'intervient pas. Modalités factuelles de l'acte d'achat;

- lors d'une analyse statistique appliquée à une série chronologique d'actes d'achat : un modèle de régression multiple qui permet de classer les paramètres les plus fortement liés aux variations du nombre d'actes d'achat. Les actions promotionnelles ou le prix seront ainsi classés selon leur importance. Ce type d'analyse peut être effectué dans les différentes classes d'individus (segments du marché). On essaie ainsi de déterminer les modalités factuelles de l'acte d'achat;
- lors d'interviews de personnes venant acheter le produit ou la marque étudiés : des entretiens libres, de longue durée, situeront les paramètres considérés par rapport à l'ensemble des attitudes et des opinions concernant le produit, un sondage apportera ensuite la quantification de ces liaisons. Cet également une méthode qui permet de mieux comprendre les modalités factuelles de l'acte d'achat.

L'environnement psychologique de l'acte d'achat est peu souvent étudié en tant que tel. Il s'agit pourtant de ce qui facilite ou freine la décision d'acheter et le choix de la marque. Il s'agit aussi de ce qui peut déterminer des actions spéciales dans les points de ventes auprès des responsables de rayons et des vendeurs. L'environnement psychologique de l'acte d'achat est aussi une notion de base pour établir les argumentaires des produits industriels.

Les distributeurs ont pour leur part très bien compris l'importance de ce paramètre. Tout est étudié pour inciter à l'achat dans les grandes surfaces : l'éclairage, la disposition des linéaires, les couleurs, les sons. Le climat est différent dans une boutique de vêtements haut de gamme et dans un supermarché. Et cela se construit, rien n'est établi au hasard. De même, tous les lieux d'achat sont spécifiquement adaptés, le climat particulier des banques, une pharmacie sans produit apparent en serait-elle encore une? Que vont devenir les boucheries quand tout devra être emballé? Les comparaisons internationales sont très utiles pour comprendre la psychologie de l'acte d'achat, mais il ne faut jamais généraliser les résultats de ces observations qui restent spécifiques d'un marché. Il est même possible de découvrir des différences de psychologie à l'intérieur d'un même marché, par exemple l'achat de produits alimentaires n'est pas vécu dans les mêmes modalités psychologiques selon l'habitat.

Tout reste à faire pour connaître les modalités factuelles de l'acte d'achat dans les marchés virtuels. Chaque nouvelle proposition sur le Web est une expérience enrichissante. Les résultats seront cependant exploitables très rapidement. Il est déjà possible d'affirmer que les modalités d'actes d'achat différentes permettront de choisir un type de clientèle selon la volonté commerciale de l'entreprise. La dimension internationale prendra dans cette recherche toute son importance.

LA NOUVELLE MESURE DES CHAMPS DE CHOIX

La nouvelle mesure des champs de choix précise la typologie des actes d'achat. L'état de déséquilibre créé par des séries d'informations publicitaires, commerciales ou sociales, peut être brusquement résolu par un acte d'achat. Cet état de déséquilibre est d'autant plus vécu difficilement qu'il place l'individu devant l'éventualité d'un choix.

Le système du choix est le véritable champ d'application du marketing. Il en est à la fois l'aboutissement et le juge.

On peut considérer que tous les éléments qui constituent le système du choix forment un sous-ensemble de l'état de déséquilibre. Le système du choix comporte lui-même un grand nombre de paramètres. Parmi ceux-ci, le choix de la marque est le plus crucial pour l'entreprise.

Un choix s'effectue entre ce qui est connu, ce qui constitue un choix raisonné, ou il s'effectue au hasard, ce qui constitue un choix d'impulsion immédiate. Plus la valeur du produit est élevée (valeur d'économie ou psychologique), plus la proportion de choix raisonné est importante.

La marque est un signe de reconnaissance au référent de son image

Le hasard n'est pas son univers. Plus une marque est connue, plus elle sera reconnue, plus elle pèsera dans les termes du choix. Avoir une probabilité non nulle d'être choisi s'accompagne de l'obligation de figurer parmi les éléments d'un système de choix. C'est cette notion qui est définie comme un champ de choix : l'individu exerce le plus souvent ses choix parmi les éléments qu'il connaît préalablement. Un champ de choix, pour un segment de produits donné, pour un individu précis, est composé par toutes les marques de ce segment de ces produits qu'il connaît, par leurs attributs et leurs images. Ce schéma théorique conduit à une obligation opérationnelle : plus une marque figure dans un nombre élevé de champs de choix, et plus sa probabilité d'être choisie un nombre élevé de fois est grande, les valeurs d'attributs et d'images étant équivalentes entre les marques d'un même champ de choix par hypothèse.

L'ÉTABLISSEMENT DES CHAMPS DE CHOIX

Nous proposons deux séries de mesure :
- les questions habituelles de notoriété pour constituer les champs de choix;
- une appréciation de l'intérêt porté aux marques connues en acceptant comme hypothèse que plus une marque est considérée comme ayant de l'intérêt, plus elle sera présente à l'esprit lors du choix. La mesure de l'intérêt pourra se faire en invitant les personnes interrogées à placer le long d'une échelle graduée de l'intérêt le plus fort à l'indifférence totale des petits cartons où figurent les noms des marques que ces personnes connaissent.

L'intérêt est une admiration, un désir, un rejet ou une indifférence. Le choix est vite fait.

Les champs de choix sont déterminés à partir d'une tabulation simple des réponses à la question de notoriété. Le modèle théorique consiste à tirer un questionnaire au hasard, à relever les marques connues, par exemple les marques A, C et D, et à rechercher dans l'ensemble des questionnaires les personnes qui ont répondu connaître uniquement les marques A, C et D. Le premier champ de choix étant ainsi isolé, il suffit de procéder d'une manière identique sur les questionnaires restants, jusqu'à épuisement de l'échantillon.

Chaque champ de choix sera alors caractérisé par les profils des individus qui le composent, en âge, sexe, revenus, habitat, etc.

Si la notoriété de la marque A est de 70 % et qu'elle figure dans quatre champs de choix sur sept, les profils sociodémographiques de chaque champ de choix permettent de situer la marque A par rapport aux autres marques et d'expliquer éventuellement sa présence ou son absence dans certains champs de choix présentant un intérêt de cible particulier.

De même, si les marques E et F sont en haut de gamme, on remarque que la marque A ne figure jamais dans les choix où elles sont présentes. L'analyse des champs de choix peut ainsi apporter les éléments d'appréciation de l'image des marques.

En effectuant le produit de la note d'intérêt par le pourcentage de notoriété, on obtient un total qui, sommé à l'ensemble des marques, représente «l'intérêt» d'un marché (ce qui pourrait être un paramètre de comparaison de plusieurs marchés). Il s'agit de la qualification de la relation aux marques dans un ou plusieurs marchés.

La notoriété est liée à la probabilité d'être choisie parce qu'elle rend le choix plus facile. La notoriété est la variable-témoin de la connaissance des marques. C'est une notion parfaitement étudiée et très largement utilisée. En revanche, la présence à l'esprit, c'est-à-dire les marques qui viennent spontanément à l'esprit juste au moment de l'achat, est une variable dont la mesure est particulièrement difficile car sa durée d'existence est très brève et qu'elle apparaît quelques fractions de secondes avant le choix effectif.

Le concept de champ de choix est aussi riche d'enseignements. Il est paradoxal de constater qu'il s'agit en fait d'un nouveau système d'analyse s'appliquant à une mesure, la notoriété, dont la plupart des entreprises possèdent les résultats. Le coût d'une telle analyse est celui d'un passage en informatique.

On mesure la richesse des informations obtenues, en procédant à l'analyse des champs de choix de chaque marché où la marque étudiée est active. Les comparaisons internationales permettent ainsi de savoir si une même politique commerciale et de communication peut être généralisée à l'ensemble des marchés internationaux. C'est aussi un moyen simple et peu onéreux de mieux comprendre les habitudes de consommation pays par pays.

L'application de la méthode des champs de choix doit être faite aussi bien sur le marché principal de l'entreprise que sur chacun des marchés environnants pour bien saisir les politiques des marques en présence.

Le succès des études de motivations

Motivation est un mot banalisé. Il est accoutumé de confondre un objectif particulier d'étude : l'analyse des motivations d'un groupe de consommateurs et toutes les techniques d'investigation psychologique. On parle d'études de motivations à propos des études à caractère qualitatif. Nous avons même noté une demande concernant un projet d'étude de motivation de l'image d'une marque! L'étude de motivation est une étude des motivations, rien de plus et surtout rien de générique.

Les conduites sont déterminées par de multiples forces qui agissent sur les individus de l'intérieur ou de l'extérieur. Les motivations sont des forces qui tendent vers la possession et la consommation ou vers la répulsion et l'abandon. Les motivations sont ce qui justifie un individu dans sa volonté d'agir ou de ne pas agir. Dans le premier cas, ce sont des motivations positives, dans le second, ce sont des motivations négatives. Les psychologues ont introduit le terme frein pour qualifier les motivations négatives. C'est supposer que motivation et frein seraient d'une nature différente, ce qui n'est pas encore prouvé. À notre niveau de connaissances, il est préférable de manier des concepts simples. Une force peut être positive ou négative, et quand elle s'applique à une conduite, c'est une motivation positive ou négative.

Les motivations varient d'une personne à une autre, d'un produit à un autre, d'un moment à un autre. Une étude des motivations est donc relative à un produit, à un échantillon précis de personnes et à une période donnée. Le problème est de savoir à quel niveau d'introspection s'arrêter pour connaître une motivation. Le degré d'implication est une des règles possibles. Plus il est fort, plus l'introspection doit être profonde.

LA PROPOSITION DU SYSTÈME DES MOTIVATIONS EXPLIQUE L'ACTE D'ACHAT

Définition *La motivation positive est ce qui justifie un individu dans sa volonté d'agir. La motivation négative est ce qui justifie un individu dans sa volonté de ne pas agir.*

Il faut comprendre ici « justifier » comme avoir des raisons pour soi-même. Ce sont ces raisons qu'il convient de rechercher et d'interpréter. C'est le pourquoi de l'acte accompli ou du refus de l'acte. Il y a ainsi des motivations positives et des motivations négatives.

Pour élaborer le système des motivations, qui est avant tout un système fonctionnel, hors l'ambition de saisir la nature profonde de ce mécanisme psychologique, il faut partir du système des actes, tel qu'il est exposé dans notre théorie de la communication.

Lorsque des forces de sens opposés sont en présence, il y a opposition et combat. Les motivations positives et négatives s'opposent avant le déclenchement de toutes les conduites. Si les premières l'emportent, la conduite apparaît. Dans le cas contraire, elle est interdite. Ainsi, l'acte d'achat ou de la consommation est-il toujours accompagné d'une certaine angoisse résultant du conflit entre motivations positives et motivations négatives. L'implication liée au produit est un multiplicateur de cette angoisse.

Une information vient troubler un état d'équilibre. Si elle est au-dessus d'un certain seuil, c'est-à-dire si la différence opérative est suffisante, elle provoque une réponse sous la forme d'un acte qui tend à faire retrouver un nouvel état d'équilibre.

Définition

L'état d'équilibre est, pour un individu, la coïncidence entre la perception de ce qui est et de ce qui doit être. C'est la superposition entre la contingence de l'état et sa situation transcendantale : l'étant et l'image de l'être.

L'état de déséquilibre est la détérioration de cette superposition. C'est la création d'une distance insupportable avec ce qui doit être. L'effet de seuil est un effet de distance. La conscience de l'état de déséquilibre est une perte d'être.

Les motivations positives et négatives interviennent au moment de la résolution de l'état de déséquilibre. Les motivations positives justifient les actes qui réduisent la distance entre l'étant et l'image de l'être. Les motivations négatives détruisent les décisions qui réduiraient cette distance, jusqu'à de devenir insupportable. Les motivations positives sont des réducteurs de tension, les motivations négatives sont des inhibiteurs d'actes qui augmentent les tensions.

Les motivations positives et négatives constituent un système de régulation de la personnalité. Pour un état de déséquilibre, et il y en a des milliards, les motivations positives et négatives sont en interaction constante. Le déclenchement de l'acte de réponse, qui va réduire l'état de déséquilibre, n'est pas obtenu mécaniquement par la victoire des motivations positives sur les négatives. De très nombreux paramètres interviennent dans ce déclenchement : les habitudes, les goûts, l'environnement social, les sollicitations publicitaires, l'état psychologique. L'individu a la complexité d'un système d'équations à plusieurs milliers de variables. Motivations positives et négatives s'opposent à l'intérieur d'un site de négociations à entrées multiples. Celle qui l'emporte est celle qui négocie le mieux, pas forcément la plus lourde ou la plus puissante. Ce système des motivations n'admet pas le déterminisme absolu. L'illogisme est un de ses degrés de liberté.

Connaissant les éléments d'une motivation, on pourrait en établir un modèle pour simuler l'action de cette motivation. Il serait nécessaire de procéder à une analyse plus fine de son contenu, au besoin en réalisant un second entretien avec les personnes ayant manifesté cette motivation et en organisant les questions pour en faire surgir tous les aspects. Disposant ainsi de tous les éléments qui composent la motivation repérée, le système qui fonde cette motivation, qui la fait agissante ou neutre dans le cas qu'il étudie, serait élaboré. Dans ce système, les éléments ont des actions non homogènes. Certains sont privilégiés par la situation même de la personne interrogée et expliquent les différences constatées d'une motivation en apparence identique mais exprimée dans une action par plusieurs personnes dans des contextes dissemblables.

Le système théorique que l'on peut proposer décrit l'action d'une motivation :

- une motivation positive est constituée par des éléments dont la valeur du rôle est conditionnée à la fois par l'ensemble de la personnalité de l'individu et par le contexte particulier de son environnement;
- cette motivation ayant une application positive, l'acte s'accomplissant, il y a un retour de satisfaction;
- ce retour de satisfaction vient activer des éléments psychologiques qui renforcent à leur tour la motivation positive;
- si l'acte n'est pas accompli, un retour d'insatisfaction vient soit inhiber les éléments de renforcement de la motivation positive, soit exciter des éléments d'affaiblissement qui peuvent s'apparenter à des motivations négatives.

On explique bien par ce système qu'une motivation est soit positive, soit négative et que son signe n'est jamais définitif. Elle oscille entre le positif et le négatif selon la force des retours de l'expérience vécue. Ce système démontre qu'on n'agit pas globalement sur une motivation, ou tout au moins que c'est agir en aveugle et d'une manière antiéconomique. Il est préférable de bien repérer les éléments constitutifs d'une motivation et d'agir spécifiquement sur ceux dont le rôle est primordial ou sur ceux dont on sait qu'ils peuvent être influencés par les arguments dont on dispose. Les éléments de renforcement ou d'affaiblissement auront été détectés lors de l'inventaire des éléments qui constituent la motivation. Ils seront qualifiés comme extérieurs à la motivation mais agissant sur elle. C'est donc une exploration analytique qui doit déterminer ces éléments et non un a priori théorique.

Le système théorique d'une motivation négative est simplement déductible du précédent :

- une motivation négative est constituée par un certain nombre d'éléments dont la valeur du rôle a le même conditionnement que dans le cas d'une motivation positive;
- cette motivation ayant une application négative, l'acte n'étant pas accompli, il y a retour de satisfaction;
- ce retour de satisfaction vient activer des éléments psychologiques qui renforcent à leur tour la motivation dans son signe négatif;

- si l'acte est accompli, un retour d'insatisfaction vient soit inhiber les éléments de renforcement de la motivation négative, soit exciter des éléments d'affaiblissement qui peuvent s'apparenter à des motivations positives.

Un acte peut en effet être accompli en dépit d'une forte motivation négative : obligation, nécessité d'acquérir pour pallier un manque, augmentation brutale mais passagère d'une obligation positive. Une constatation similaire peut être faite pour le cas d'une motivation positive dont l'acte d'application n'aurait pas lieu.

Le système d'une motivation, positive ou négative, fait en effet lui-même partie d'un système plus vaste. Il s'agit du système des motivations relatif à un acte donné. Un acte n'est pas justifié par une seule motivation. Il existe, pour chaque acte, un ensemble de motivations positives et négatives, dont la résultante des forces en présence conduit à l'accomplissement ou au refus de l'acte.

Ces motivations constituent un système qui est naturellement évolutif selon la personnalité de l'individu et selon l'évolution de son environnement :

- dans ce système des motivations, il y a interaction entre toutes les motivations fondant l'accomplissement ou le refus de l'acte. La résultante est constituée par la domination soit des motivations positives, soit des motivations négatives;
- constituant un système global, les motivations sont liées entre elles. Les liaisons sont positives ou négatives selon le signe de ces motivations;
- si l'acte est accompli et que ce sont les motivations positives qui ont dominé, les liaisons positives renforcent le système global lui-même. L'inverse étant vrai;
- ce sont les éléments de chacune des motivations qui sont liés et non chaque motivation considérée comme un tout. En fait on nomme motivation un système d'éléments mais ce sont ces éléments qui sont actifs;
- le schéma du système des motivations est figuré ici comme étant linéaire. Il serait plus réaliste de le figurer comme une constellation aux liens multiples.

Dans le système des actes, si la différence opérative atteint un niveau suffisant, elle peut créer un état de déséquilibre dont l'accomplissement de l'acte représente la résolution. L'information est le constituant fondamental de cette différence opérative. C'est donc l'information, sous forme ou non de publicité, qui est l'agent principal de l'évolution du système des motivations et qui apparaît bien comme étant dans notre schéma l'action de l'environnement.

Ce système des motivations lié au système des actes est cohérent avec les théories de l'apprentissage. La répétition d'un acte renforce en effet les motivations positives jusqu'à en faire un acte réflexe. D'autre part, l'apprentissage d'un acte doit être fondé sur les éléments des motivations positives.

L'information, ou l'offre, qui provoque l'état de déséquilibre, interroge l'individu dans sa relation à lui-même et dans sa relation aux autres. Les motivations positives de sa réponse sont telles qu'il choisit ce qui affirme sa relation à lui-même et sa relation aux autres. Les motivations négatives sont telles qu'il refuse ce qui nie ces deux relations. Dans l'état de déséquilibre, la distance qui sépare la perception par l'individu de ce qu'il devrait être correspond à une perte de valeur de l'individu. Il n'est plus à son niveau. Il est en manque de valeur. Parmi tous les actes qu'il peut accomplir pour résoudre l'état de déséquilibre, il aura tendance à choisir celui qui lui apporte le plus de valeur pour retrouver l'état de ce qu'il devrait être. Ce principe de valorisation domine le système des motivations. L'information qui provoque l'état de déséquilibre interroge l'individu dans sa relation à soi et dans sa relation aux autres. Il choisira son acte-réponse parmi ceux dont l'apport de valorisation rétablira l'égalité dans les termes de la relation. Le système des motivations est surtout orienté par la recherche constante de ce qui améliore la perception de soi-même.

Enfin, l'état d'équilibre retrouvé n'est jamais le même que l'état d'équilibre initial. L'information reçue, qui a provoqué le déséquilibre, le choix et l'accomplissement de l'acte a modifié les structures mentales de l'individu. Après un acte, quel qu'il soit, un individu n'est jamais le même.

L'inventaire des consommations marginales

L'inventaire des consommations marginales est une veille stratégique. L'entreprise doit être attentive aux déviations de l'utilisation de ses produits, car elles peuvent être le signe de la création d'un nouveau segment du marché, voire la création d'un nouveau marché. Les consommations marginales sont multiples et seulement quelques-unes d'entre elles s'établissent sur une population suffisante pour avoir une certaine pérennité. La surveillance est ainsi difficile et les paris perdus sont nombreux. Pourtant, les réussites ne manquent pas.

L'entreprise doit aussi observer les consommations n'existant pas encore, mais existant déjà sur des marchés étrangers. Concrètement, il appartient aux départements de marketing de mettre en place des moyens d'observation de ces consommations marginales et de savoir alerter l'entreprise des développements éventuels dont elle pourrait tirer profit. Cette attitude rejoint celle de la veille technologique.

Exemples de consommations marginales

Le tourisme dans le Sud a fait découvrir l'utilisation des herbes aromatiques par les vacanciers, peu nombreux il y a trente ans. Le marché des épices a connu par la suite un important développement.

La convivialité des soirées chez soi, entre amis, préférée depuis peu aux sorties extérieures, soutient l'apparition des fours à raclette, des grils de table, etc.

Quelques propriétaires de résidences secondaires ont pris l'habitude de faire griller brochettes et viandes à l'extérieur : le marché du barbecue s'est rapidement installé.

Ce sont les jeunes, au début marginaux, qui, en recherchant les meilleurs tarifs pour voyager en avion, ont été les signes avant-coureurs de la mutation des transports aériens, du transport de l'élite au transport de masse.

QUELQUES IDÉES REÇUES

Pour une étude sur les produits alimentaires, l'heure des interviews n'est pas neutre. À 11 heures du matin l'échantillon est affamé, à 20 heures il pense à sa soirée et digère.

Si je présente la marge d'erreurs affectant les résultats obtenus à partir d'un échantillon de 300 interviewés, tout le monde se demande à quoi sert l'étude.

Les visages des enquêtrices et des enquêteurs devraient être cachés. Ça influence les réponses.

Plus long est l'interview, plus l'interviewé est en confiance. Alors il se met à penser à autre chose.

Les résultats des études omnibus dépendent des mots utilisés dans les textes des questions et des périodes d'interrogation. Toutes les réponses sont relatives. Et pourtant elles sont des vérités pour chaque entreprise. Alors que chaque entreprise a des mots et des périodes bien à elle.

Pour que la différence 52/48 soit significative, c'est-à-dire qu'elle existe réellement, l'échantillon doit être supérieur à 2500 interviewés. Ce qui ne se fait jamais, et le résultat est pourtant la majorité ou rien.

Les spécialistes des études déplorent de ne disposer d'aucune méthode pour savoir à quoi l'on pense au moment même de l'acte d'achat. Pour une immense majorité de produits, le bon sens permet d'affirmer qu'on n'y pense pas.

On devrait faire payer les produits à ceux qui les testent pour que les résultats soient proches des utilisations réelles. Si c'est gratuit, on est toujours content d'un cadeau. Ou alors on le jette. Les résultats obtenus sont faux dans les deux cas.

Il faudrait faire écouter leurs réponses aux interviewés, quelques jours plus tard. Et noter leurs commentaires. Enfin, les vraies réponses.

Quiz de la consommation

Quelles sont les informations opérationnelles résultant de la compréhension des consommateurs du produit étudié ?

Quelles sont les politiques concernées par ces informations ?

Quelles sont les conséquences sur leurs contenus ?

Quelles sont les conséquences sur la planification de leurs applications ?

Quelles informations complémentaires doit-on rechercher ?

Et dans quels délais ?

Qui doit être destinataire de ces informations ?

Quelles influences ces informations opérationnelles ont-elles sur les autres domaines d'analyse et de décision ?

Chapitre 8

La communication

Le système relationnel qui constitue un marché est vivant par tous ceux qui ont de près ou de loin un lien avec le type de produit proposé. Il s'agit de la définition même du marché. Les entreprises, les distributeurs, les structures sociales, les consommateurs, tous les acteurs de la communication, l'univers financier, la recherche, l'enseignement qui n'est jamais neutre. Et tout cela est multiplié par chaque marché mondial. L'entreprise doit communiquer avec chaque entité ce qu'elle est, ce qu'elle veut être et ce qu'elle propose. Plus il y aura d'acteurs touchés et plus sa communication sera première. Et ce système relationnel multipliera sans cesse sa communication.

Comprendre les politiques de communication des marques en présence, c'est saisir tout ce qui se dit sur un marché et connaître ceux qui jouent la même partie sur ce marché convoité, comme on connaît mieux un partenaire après une longue conversation où l'écoute est plus riche que l'échange.

La communication est le paradigme de la stratégie

C'est une mise en scène et une logique. Les stratégies n'existent que lorsqu'elles sont perçues. Les produits sont des discours de puissance et d'intérêt. La marque est séductrice et chaque marché national a son langage et son accent. Le marché mondial parle d'une voix qui couvre rapidement toutes les autres.

L'information est une énergie universelle

Chaque région du monde connaît une offre quotidienne de plusieurs centaines de milliers d'heures de radio et de télévision, de milliers de sites Internet en croissance exponentielle et au contenu inépuisable, de plusieurs centaines d'heures de lectures proposées par la presse, des sollicitations constantes de l'affichage et celles, plus discrètes, du cinéma. Les médias émettent ainsi une quantité considérable d'informations qui modèlent les mentalités et les comportements, accélèrent leur évolution et transforment le monde en un immense «gueuloir».

L'information est la véritable énergie sociale. Instrument de pouvoir, aussi bien économique que politique ou social, c'est aussi un enjeu. C'est grâce à elle que les États sont gouvernés, que les entreprises dominent leur marché, que les communautés parviennent à coexister. Plus il y a d'informations en circulation, plus la société se transforme. Plus il y a d'échanges d'informations, plus la société s'enrichit, car la quantité d'informations agit directement sur les structures de la société. C'est l'importance de ces échanges entre les individus qui fonde la qualité de la vie sociale.

Les transports de l'information connaissent une croissance fantastique due aux multiples applications de l'informatique, de l'électronique, du téléphone et de la télévision. De plus, le récepteur devient actif, il émet à son tour de l'information et devient un consommateur de communication. Il choisit selon son plaisir et ses intérêts. Il achète de l'information comme il achète son pain, en choisissant son fournisseur. Internet lui fait entendre et voir le monde entier et il peut lui parler. Les individus vont tout connaître et tout dire. Ils posséderont le véritable monopole de la communication.

Dans cet environnement contrasté, bruyant, en transformation constante, où toutes les informations sont en concurrence, les entreprises développent leur politique de communication, déjà suspecte de facilité, car leurs intentions sont mercantiles. Elles s'adressent à des individus informés de tout en temps réel, n'approfondissant plus rien par manque de temps, recherchant l'insolite par lassitude du quotidien. Elles succombent souvent au désir de les éveiller par une surenchère, une audace ou une outrance.

Toute entreprise est située dans un système de relations fait de l'influence qu'exercent les uns sur les autres tous ses partenaires. C'est son système de relations qui constitue l'entreprise. Sans ce système de relations, l'entreprise n'existerait pas. Plus le système de relations est dense et étendu, plus l'entreprise est importante. Si le système perd de sa puissance, l'entreprise est en chute. Le système de relations est un réseau dense de communications où chaque partenaire est un pôle émetteur et récepteur. Ce réseau d'influences est multipolaire et les relations entre chacun des pôles épousent de multiples formes : à la fois transitive, interactive et univoque. Il se déforme sans cesse et la connaissance de son évolution est aussi importante que celle de sa configuration d'un moment. L'appréhension d'un réseau d'influences se fait en inventoriant tous les pôles du réseau (émetteurs et récepteurs), en soulignant les liaisons multipolaires, en qualifiant ces liaisons.

L'analyse qualitative des modes de communication de chaque réseau d'influence permet d'établir le contenu des messages destinés à chaque pôle du réseau et va fonder le choix du cœur de cible de la communication projetée et la forme adaptée. On aboutit ainsi à établir une nouvelle définition du marketing, plus réaliste.

Définition | *Le marketing est la gestion des réseaux d'influence dans lesquels se situe l'entreprise pour mener à bien la réalisation de ses objectifs.*

SCHÉMA DE LA COMMUNICATION : LA DIFFÉRENCE OPÉRATIVE

C'est la faim (signe du déséquilibre) qui déclenche l'activité de recherche de nourriture et c'est la satiété qui est le signe de l'équilibre. C'est le désir d'un objet (signe du déséquilibre) qui provoque son achat et non l'indifférence (signe de l'équilibre). L'état de déséquilibre est insupportable. L'ensemble des actes tend inlassablement à le réduire. L'état d'équilibre parfaitement accompli est la mort. Il y a ainsi un état zéro.

L'individu, le groupe, l'époque, la circonstance, font varier le déséquilibre à l'infini. La réduction par l'acte est aussi multiple puisque à chaque état de déséquilibre correspond un ensemble infini d'actes réducteurs possibles. L'adaptation de chaque acte aux caractéristiques de l'état de déséquilibre étant fonction de sa puissance de réduction du déséquilibre. La pulsation perpétuelle de l'équilibre au déséquilibre et du déséquilibre à l'équilibre fonde le système de la communication.

Une information intervient et modifie l'état d'équilibre préalable. Si l'information est forte, un nouvel état s'installe : un état de déséquilibre. Un concept est nécessaire pour comprendre le déclenchement de l'acte : la différence opérative.

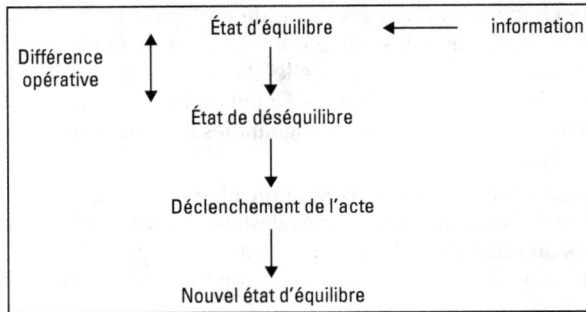

La différence opérative

Définition | *La différence opérative exprime la force que l'information doit avoir pour troubler l'état d'équilibre. C'est la différence entre la puissance de la solidité de l'état d'équilibre et la puissance de l'information transmise.*

Plus un état d'équilibre est fort, plus la différence opérative nécessaire à sa transformation sera grande. En fait, si une information transmise est perçue, c'est qu'elle véhicule un élément dérangeant. S'il n'y a aucun élément dérangeant, elle ne sera pas perçue. Si elle est perçue mais que l'élément dérangeant est plus faible que la solidité de l'état d'équilibre, celui-ci restera identique. Plus forte que la différence opérative nécessaire, elle provoquera la constitution de l'état de déséquilibre.

Pour introduire un état de déséquilibre chez un catholique et pour l'amener à embrasser la religion musulmane, la différence opérative étant considérable, l'information transmise devra être grande. Pour faire changer de marque un amateur de yaourt, une promotion suffira car la différence opérative sera faible. En fait, l'état normal, pour un individu comme pour un groupe ou une société tout entière est l'état de déséquilibre. Le schéma représenté plus haut est celui d'un seul acte et intention est didactique. Dans la réalité, la vie est constituée par des millions d'actes simultanés qui, à n'importe quel moment, structurent un état de déséquilibre général.

Le facteur déséquilibrant est l'information. La faim est la conscience d'une information d'ordre hormonale, le désir d'un objet est provoqué par l'information véhiculée par une publicité, la mimique d'agression est une information qui provoque le coup de poing. Sommée à tous les individus d'un groupe, l'information est la véritable énergie sociale, la seule qui déclenche les réactions, qui procure la vie à la société. Sans information, une société est condamnée à l'immobilité.

Toute information est un facteur de déséquilibre

La publicité est fondée sur ce schéma. L'objectif de la publicité est de provoquer un état de déséquilibre par une information dérangeante, puis aussitôt, proposer la solution pour sortir de ce déséquilibre par l'accomplissement d'un acte. L'information médiatisée va introduire un déséquilibre, ou l'accroître, et si la différence opérative est suffisante, l'objectif sera atteint. Le choix du message, de son expression, des médias qui le supporteront, du rythme et du nombre de passages, détermine directement l'amplitude de la différence opérative. La succession des vagues entretient ou accroît l'état de déséquilibre en valorisant l'état d'activité. L'état d'équilibre est la récompense promise, le bénéfice annoncé.

La publicité promet l'état d'équilibre, c'est son plus sûr moyen de déséquilibrer

La publicité recherche la conviction. Son ambition est d'assurer la domination d'un produit ou d'une idée. La publicité est un moyen de prise de pouvoir. Sa finalité est de déséquilibrer un état qui n'est pas favorable à son objet. Le nombre d'actes qu'elle déclenche est le témoin du pouvoir qu'elle procure à l'objet qu'elle promeut. Elle fascine par le pouvoir qu'elle enferme dans son intention.

Fondée dans la provocation d'un acte, la publicité est elle-même l'expression de cet acte. Elle est à la fois l'intention d'un acte et sa représentation. Son paradoxe est de déséquilibrer par la valorisation d'un nouvel état d'équilibre. Elle exerce son influence en parant l'acte proposé des attributs de l'acte accompli. Elle fonde sans cesse le déséquilibre en signifiant l'acte équilibrant.

La différence opérative nécessaire pour le déclenchement de l'acte varie selon les individus et selon les circonstances. Son efficacité dépend de deux principaux facteurs, à côté de milliers d'autres constituant la vie sociale :

- l'image de celui qui l'initie, de celui qui l'annonce et de celui qui la provoque. C'est la nature de la relation de celui qui écoute à celui qui a la parole. Plus cette relation est positive, plus la différence opérative nécessaire au passage à l'acte sera aisée à obtenir;
- le degré d'implication et le degré de risque contenus dans l'accomplissement de l'acte. C'est la relation au passage à l'acte. C'est la relation de l'individu à l'acceptation de l'acte figuré.

L'efficacité de la différence opérative dépend aussi de la concurrence de l'attrait des autres actes dont l'accomplissement peut s'imposer à la place de l'acte proposé par le message publicitaire. Chaque moment est l'objet d'une multitude de sollicitations d'actes. La publicité désigne un acte en le parant d'un accomplissement privilégié. Les autres informations aussi. La différence opérative varie selon les mentalités et selon les identités des individus provoqués. Il y a comme une espèce d'acuité économique et sociale, avec ses myopes et ses presbytes et hélas ses aveugles et ses sourds.

Il s'agit ici de la relation de l'individu exposé à sa propre situation. La force et la nature de cette relation constituent l'environnement de l'acte proposé. C'est bien en termes de relation dynamique que s'impose cet environnement sur la réception de la proposition publicitaire. La différence opérative apparaît dans la relation entre l'état d'équilibre de l'individu et sa situation ici et maintenant. L'individu doit négocier son acte avec son environnement qui peut aussi bien être propice au déséquilibre et sa négociation sera facile, qu'être conservateur et protéger l'état d'équilibre par la pesanteur de son immobilisme.

L'appréciation de l'amplitude de la différence opérative peut être faite à partir des profils d'image des marques et des produits constituant l'état d'équilibre initial. L'image de la marque et du produit est un indicateur majeur de la structure d'un état d'équilibre, car elle en est la composante principale :

- si elle est positive, la structure est comme l'état d'équilibre et persistera même si la différence opérative est ample;
- si elle est négative, l'état d'équilibre sera fragilisé.

Nous avons recherché un phénomène qui serait connu, qui disposerait d'un corps d'analyses éprouvé et présenterait une réelle analogie avec le modèle de communication présenté. Si l'analogie est pertinente, ce que l'on connaît de ce phénomène peut servir de base à ce que l'on cherche à connaître. Il s'agit de transposer un ensemble de concepts et d'adéquations d'un domaine connu à un domaine encore inconnu.

Transposer un ensemble de données d'un domaine connu à un domaine encore inconnu

Le choix d'un phénomène appartenant à la physique est fondé sur le fait que cette discipline est la plus établie, même si elle n'est pas toujours la plus achevée. Tenter d'établir un lien, fût-il analogique, entre la physique et une science humaine peut être une ouverture à d'autres développements.

Le départ de ce raisonnement analogique est l'effet photoélectrique qui consiste en l'émission d'électrons par un métal lorsque celui-ci est frappé par un rayon lumineux :

- chaque métal est caractérisé par un seuil photoélectrique ;
- il n'y a effet photovoltaïque que si la longueur d'onde ß de la lumière incidente est supérieure au seuil photoélectrique du métal.

Le nombre d'électrons émis est fonction de la longueur d'onde ß du rayonnement lumineux incident ainsi que de la puissance du courant électrique producteur d'électrons dans le métal.

L'analogie s'établit ainsi :

- l'individu est analogue au métal, le flux d'information est analogue au rayon lumineux ;
- pour qu'il y ait acte, il faut que la différence opérative crée une distance suffisante entre l'état d'équilibre et l'état de déséquilibre. C'est bien une situation analogue à l'existence du seuil photoélectrique. Si l'information est inférieure au seuil, l'état de déséquilibre ne s'installera pas.

L'importance du flux d'électrons émis est fonction de la longueur d'onde ß du rayon lumineux incident. De même, l'ampleur et la force de l'acte sont fonction de la puissance de l'information reçue.

Un message informatif peut être caractérisé par trois paramètres :

- la pertinence d'une réponse à une attente = R ;
- la probabilité de son contenu = P ;
- la force de son expression (forme et répétition) = F.

.../...

Nous proposons de considérer le potentiel d'excitabilité d'un flux informatif M constitué par ces trois paramètres. Ce sont des caractéristiques intrinsèques du flux informatif.

L'individu possède un seuil d'excitabilité Mo qui lui sert de filtre personnel et qui est fonction de trois paramètres :

- la force de sa ou ses motivations = Ro ;
- le niveau individuel de connaissance préalable de l'événement du message = Po ;
- le degré d'exposition aux supports du message ainsi que sa sensibilité à sa forme = Fo.

L'individu réagira ou, ce qui est la même chose, la différence opérative installera l'état de déséquilibre si $M > Mo$ ou si $R > Ro, P > Po, F > Fo,$ selon la pondération de chacun de ces paramètres.

Si une information ne répond pas à une attente et si elle ne possède aucune probabilité d'étonnement, même si F est très supérieur à $Fo,$ son effet sera ou nul ou très faible, car l'individu ne réagira pas ou très faiblement.

Si M est très largement supérieur à $Mo,$ la différence opérative sera très importante et l'acte réducteur de cette différence sera très rapide et violent. De même, le paramètre R ou P peut entraîner à lui seul une réaction, à condition d'être très supérieur à Ro ou Po.

Le rayonnement lumineux incident est composé par les photons. En poursuivant l'analogie, le flux informatif serait composé par des unités d'information, identique à des quanta. Qu'est-ce qu'un quantum d'information ? Peut-on confondre quantum d'information et bit ? Nous aurions tendance à affirmer qu'un quantum d'information correspond à une unité signifiante du message général. Cette unité signifiante pourrait être individualisée par sa fermeture sur son sens. Elle ne peut plus être divisée.

L'effet photoélectrique serait l'analogie de base avec le modèle proposé du fonctionnement de la communication. Il conviendrait, pour affirmer cette tentative, d'analyser le rapprochement analogique entre le modèle de communication et la photochimie où un certain nombre de concepts peuvent être aussi rapprochés.

.../...

L'effet photoélectrique est linéairement croissant à partir du franchissement du seuil d'excitabilité du métal. À l'évidence, cette forme de croissance est analogique avec ce que l'on peut supposer être la courbe de l'effet de la communication :

– inférieur au seuil, pas d'effet;

– supérieur au seuil, effet croissant;

– à un certain seuil, saturation maximum.

Une fois franchi un seuil d'excitabilité, l'effet de réponse est croissant selon une fonction de la force du flux informatif. Il est vrai qu'à un certain niveau de cette force, l'effet cesse d'être proportionnel et qu'il devient rapidement asymptotique à une valeur maximale. Il y a saturation.

Alors? Peut-être y a-t-il là une analogie riche d'enseignement, peut-être un rapprochement inutile. Un semi-conducteur comme la diode, avec ses polarisations positive et négative, joue le rôle de résistance ou d'accélérateur du courant électrique selon le sens de ce courant, exactement comme le font les motivations qui ont aussi leurs polarisations positives et négatives. Le modèle physique de la motivation serait-il la diode?

L'audit de communication

Une institution, entreprise ou non, émet sans cesse de l'information, simplement parce qu'elle vit, évolue et travaille. Les modes de cette information sont multiples et la plupart d'entre eux échappent à toutes volontés politiques. Les effets en sont cependant réels et contribuent au contenu de ce qui est perçu, bien ou mal, et qui colore l'image. À la question : «Quelle est votre communication?», la réponse est pratiquement toujours : «Voilà ma publicité.» Il y a ici confusion entre le maîtrisable, qui n'est que partie, et ce qui est dit par les actes de l'entreprise qui est toute sa communication.

L'audit de communication s'applique à la publicité, ce qui est habituel, et aux relations publiques, ce qui l'est moins, car ces dernières relèvent souvent d'une autre direction de l'entreprise. Il s'applique aussi à une série d'éléments émetteurs dont l'impact est souvent déterminant et qui font partie de la communication de l'entreprise :

- l'agencement du site Internet et son contenu;
- la voix du standard;
- la typographie du papier à lettre, l'e-mail;
- le libellé des factures;
- les voitures de livraison (marque, carrosserie, couleurs, graphisme, message);
- la tenue des commerciaux;
- les emballages des produits;
- le graphisme des enseignes;
- l'agencement des magasins;
- les sons des emballages;
- les sons des produits;
- les échos qui paraissent sur l'entreprise (grèves, changement de P-DG, articles de presse, échos télévisé, etc.);
- le rapport annuel;
- les échos financiers;
- les communications du P-DG dans les médias.

Pour chacun de ces éléments, l'analyste cherchera à établir le contenu du message émis, sa puissance, sa contribution à l'élaboration de l'image de l'entreprise, prenant en compte tous les éléments de la communication internationale de l'entreprise, pays par pays, mais aussi tous les éléments de communication des entreprises concurrentes, et avec les mêmes détails.

L'intérêt de procéder à un audit de communication réside surtout dans le fait qu'il permet d'établir une synergie entre les éléments émetteurs de l'entreprise après les avoir analysés et confrontés à la politique de communication en vigueur.

Le système marketing dans lequel existe l'entreprise est un ouragan de communications, composé de réseaux qui apparaissent et disparaissent aussitôt, mais avec ses principaux courants qu'il faut suivre à la minute. Internet en est l'image parfaite, multiple, internationale, sans fin. L'audit de communication prend aussi cela en compte.

Le rôle émetteur du personnel : des propos à ne pas négliger

Les vendeurs, qui sont en contact permanent avec les clients et les cadres, qui représentent l'entreprise dans les instances professionnelles, tiennent chaque jour des propos sur l'entreprise à leurs interlocuteurs, propos parfois divergents allant à l'encontre du message reconnu de l'entreprise. Un sondage permettra d'apprécier les divergences entre les messages émis et les raisons de ces divergences. Cette séquence de l'audit servira à élaborer un plan d'information interne sur la communication de l'entreprise, sur l'image qu'elle veut donner d'elle-même et sur le rôle de chaque collaborateur.

Les fonctions des médias sont à harmoniser avec les situations des produits

Les premiers travaux sur les fonctions des médias ont été initiés par Bernard Cathelat et Mike Burke (groupe Havas). Nous avons repris ces travaux, ayant participé à leur élaboration initiale, en appliquant leurs premiers résultats aux stratégies de communication des produits et en leur donnant une cohérence avec le mode de fonctionnement de la communication développée précédemment. Nous avons ainsi introduit un parallélisme entre les fonctions des médias et les notions d'état de déséquilibre et de différence opérative.

- l'information naissante, diffusée pratiquement au moment même où elle se crée, est le propre de la télévision, d'Internet et de la radio. Elle perturbe la quiétude quotidienne. La télévision, Internet et la radio ébranlent les modes de vie établis. C'est la **fonction antenne ;**
- les informations ainsi apparues sont reprises par la presse quotidienne qui les amplifie en les nourrissant de descriptions et de détails. C'est la **fonction ampli ;**
- l'événement a perturbé les modes de vie existants. Il convient désormais de vivre avec lui. La presse magazine, la radio, le cinéma et Internet vont alors proposer de nouveaux modes de vie adaptés à cette situation. C'est la **fonction focus ;**
- les modes de vie doivent alors être appris. Il faut les illustrer, les adapter aux différentes couches sociales, les enseigner. On rencontre souvent cet enseignement dans la presse spécialisée et à la télévision. Internet apportera ici une quantité considérable de propositions pragmatiques. C'est la **fonction socialisation ;**
- puis les nouveaux modes de vie sont adoptés. Ils s'établissent dans la quotidienneté. Leur banalisation est achevée lorsqu'ils apparaissent sur les affiches et à la télévision. Ces deux médias renvoient au monde ses modes de vie prépondérants. C'est la **fonction écho.**

Chaque média, et chaque support, tend à occuper tout l'espace de la communication. Chaque fonction est exercée par plusieurs médias, car ceux-ci tendent à élargir constamment leur influence. Certains supports regroupent même toutes les fonctions à la fois, avec des pondérations diverses, les magazines en particulier. Internet est utilisé pratiquement à propos de chaque fonction compte tenu de la multiplicité des supports qui le constituent.

Il convient en effet de comprendre les fonctions médias en termes de relations. Les fonctions médias décrivent les différentes relations aux médias vécues par leurs audiences, le «vivre avec» et le «vivre à travers eux» sinon par eux. C'est la relation au monde telle que la propose chaque média en reformulant l'information, la relation au monde ainsi réformée par la relation au média.

Ces relations constituent le code des médias, cette parole a priori, formée avant tout message, parole qui dit la culture de la communication par les médias.

Si le choix média est plus ou moins inspiré par les fonctions médias, celles-ci constituent une grille d'analyse des politiques médias des entreprises, car leur publicité est reçue par la relation aux médias et réformée par elle. De même qu'une information s'établit par la succession des médias, la publicité d'un produit s'installe selon les étapes de son établissement dans le marché, les fonctions médias qui la supportent renforçant la signification des phases de son évolution.

La succession des fonctions médias exprime les caractéristiques de la scène médiatique de chaque marché. Ces fonctions médias ne sont pas encore universelles, même si elles tendent à se généraliser à l'international. Il importe donc de définir les relations entre les fonctions médias et le parcours des produits pour chaque marché où la marque concernée est active.

L'application opérationnelle des fonctions des médias à la communication montre ainsi que ces fonctions ont des rôles spécifiques à jouer dans chacune des phases de l'évolution d'un produit ou d'une idée. Il apparaît bien ici que le diagnostic concernant l'identification de la situation du produit ou d'une idée dans son évolution doit précéder le choix du média. Il convient, en revanche, de souligner que cette application opérationnelle des fonctions des médias doit être accompagnée de nombreuses nuances. Il faut prendre en considération de multiples facteurs : comportements de la concurrence, niveau d'investissement disponible, choix média précédent, segment de population recherché, contenu de la communication. Et cela naturellement dans une dimension internationale.

LE CHOIX MÉDIA PAR L'APPROCHE MULTIMODALE DYNAMISE LE MESSAGE

Ce choix s'effectue selon des critères pertinents appartenant à des systèmes de référence dont aucun n'est suffisant à lui seul. Chacun doit être sollicité pour la part de congruence qui lui revient, selon la nature du problème à traiter. L'inventaire de ces systèmes de référence conduit à la proposition d'une nouvelle démarche dans l'élaboration des stratégies médias : l'approche multimodale.

SIX MODES DE L'APPROCHE MULTIMODALE

Premier mode

Pour qu'un message soit renforcé par le média qui le supporte, il faut tenir compte du rôle du média lui-même sur son audience. Ce système est celui des fonctions médias exposé ci-dessus.

Deuxième mode

Pour qu'un message soit bien perçu par rapport aux messages de la concurrence, il faut analyser les stratégies médias développées dans le marché étudié. S'attacher particulièrement aux rythmes de passage des messages, à leurs positions dans les supports, à la durée des vagues et d'une manière générale à l'utilisation de l'espace. Ce système est celui des investissements publicitaires.

Troisième mode

Pour qu'un message soit reçu par ceux qui consomment la marque ou ceux qui pourraient la consommer, il convient d'établir une liaison entre la consommation du produit ou de la marque et les consommations des médias. Ce système de référence est celui du médias-produits.

Quatrième mode

Pour qu'un message porteur de signes de courants sociologiques soit situé dans des supports eux-mêmes porteurs de signes conformes aux courants qu'il exprime, les médias doivent être analysés en fonction de ces courants. Le système de référence est celui des courants sociologiques.

Cinquième mode

Pour qu'un message soit en phase avec le contenu des supports dans lesquels il figurera ou contraste fortement avec lui pour y être mieux remarqué, il faut connaître la perception des sujets traités dans ces supports auprès de leurs audiences. C'est le système de référence des sujets traités.

Sixième mode

Pour que le message soit transmis par des supports puissants, bien centrés sur la population choisie et peu coûteux, il faut dénombrer les audiences, connaître leur structure sociodémographique, leurs habitudes de fréquentation des médias. Ce système de référence est celui du repérage des audiences.

Nous proposons six modalités de choix médias qui paraissent essentielles et qui correspondent à des critères mesurables scientifiquement. Pour la plupart d'entre eux, les mesures existent. Il suffit de les intégrer dans une démarche cohérente.

LE SYSTÈME RELATIONNEL ORIENTE LE CONTENU DU MESSAGE

Le conducteur marketing est une volonté d'actions et d'attributions de moyens qui s'applique à tous les actes que l'entreprise projette de réaliser en direction de ses partenaires.

Il y a autant de plans d'action qu'il y a de relations avec des partenaires différents, il y a autant de clés d'allocation de moyens qu'il y a de hiérarchies dans l'importance des partenaires. Toutes les actions de l'entreprise ont pour finalité d'améliorer les relations qu'elle entretient avec son milieu.

Les multiples partenaires de l'entreprise peuvent être répartis selon un schéma distinguant les relations fondées plus sur la promotion de l'image que de celles fondées sur la promotion du produit, en nuançant cette répartition selon la force donnée à l'argumentation utilisée. Chaque catégorie de partenaires peut être à son tour subdivisée en groupes homogènes, selon les nécessités d'une segmentation plus fine des actions. L'ensemble constitue le système relationnel de l'entreprise, c'est-à-dire la preuve même de son existence.

Le système relationnel de l'entreprise prend sa réelle personnalité dans sa dimension internationale. Les types de relations signifiés ici seront situés pour chaque marché international dans l'un des cinq systèmes d'argumentation. C'est en recherchant les raisons des différences que la compréhension de chaque marché international sera améliorée.

Quand l'entreprise utilise une argumentation forte pour promouvoir ses produits

Les relations entreprise-distribution concernent tous les circuits de distribution, chaque point de vente, mais aussi toutes les structures du commerce comme les syndicats et les fédérations de la distribution, les publications, les symposiums, les congrès, les voyages, les pouvoirs publics concernés par la distribution, les foires et les expositions. Plus Internet avec son développement considérable.

Les relations entreprise-prescripteurs directs impliquent ceux qui sont fonctionnellement en position de recommander et de prescrire : architectes, conducteurs de travaux, chauffagistes, installateurs, médecins et personnels de santé, vendeurs d'électroménager, chefs des services achats.

Les relations entreprise-incorporateurs relient les entreprises qui utilisent un produit pour en fabriquer un autre plus complexe.

Les relations entreprise-force de vente sont celles qui concernent l'animation des représentants, chefs de groupe et chefs de région, mais aussi celles des services d'administration des ventes, parfois de l'informatique de gestion.

Quand l'entreprise utilise une argumentation nuancée pour promouvoir ses produits

Dans les relations entreprise-prescripteurs indirects, les consommateurs finals deviennent souvent prescripteurs, en exigeant de leurs fournisseurs une marque précise.

Les relations entreprise-fournisseurs concernent l'ensemble de ceux qui procurent à l'entreprise tous les produits, toutes les matières premières ou les outils dont elle a besoin pour assurer ses fabrications. L'entreprise cherche ici à fonder, sur la qualité de ses produits, les exigences qu'elle impose à ses fournisseurs.

Dans les relations entreprise-concurrents, car il faut bien communiquer avec les concurrents. Un marché étant un système de relations entre ses acteurs, la relation aux concurrents oriente l'ensemble du système de l'entreprise, car celle-ci a un rôle et un statut dans son propre marché.

Les relations entreprise-associations de consommateurs par lesquelles l'entreprise prouve le bien-fondé de son offre, en appuyant son argumentation sur des résultats aussi objectifs que possible. Il ne s'agit pas d'une promotion du produit, mais de sa bonne volonté et de la compétence du fabricant.

Quand l'entreprise utilise une argumentation forte pour promouvoir son image

Les relations entreprise-leaders d'opinion s'établissent auprès des journalistes spécialisés et parfois de la grande presse, de tous ceux qui font autorité dans le domaine des activités de l'entreprise, des autorités locales et régionales, du personnel politique.

Les relations entreprise-syndicats concernent aussi bien les syndicats de personnel que les syndicats patronaux à qui l'entreprise doit aussi présenter ses politiques, ses options et dans une large mesure, valoriser ses actions. Les relations avec les associations de consommateurs seront toujours privilégiées dans cette analyse.

Les relations entreprise-personnel impliquent tous les personnels de l'entreprise, même ceux qui ne sont pas concernés par les problèmes commerciaux. Il s'agit ici de concerner par la communication d'un projet d'entreprise et de convaincre du bien-fondé global d'une politique extérieure.

Les relations entreprise-actionnaires s'adressent, bien entendu, aux actionnaires de l'entreprise. S'ils sont très nombreux, ces relations peuvent prendre la forme d'une campagne de publicité institutionnelle. La relation aux actionnaires doit largement dépasser le cadre de l'assemblée générale annuelle.

Quand l'entreprise utilise une argumentation nuancée pour promouvoir son image

Les relations entreprise-enseignement s'adressent aux universités, aux grandes écoles, aux instituts universitaires de technologie, aux écoles professionnelles, afin de faciliter ses recrutements.

Les relations entreprise-pouvoirs publics concernent les ministères pouvant intervenir par réglementation dans ses activités, les préfectures, les autorités élues, les commissions régionales ou nationales, les départements et les régions.

Les relations entreprise-milieux financiers lient l'entreprise et ses banques, l'entreprise et les autres banques; le plan d'action doit renforcer la confiance des créditeurs.

Les relations entreprise-représentants de l'écologie concernent toutes les fonctions de l'entreprise puisqu'il s'agit des conséquences que sa production exerce sur l'environnement. L'établissement, en coresponsabilité, de programmes pour supprimer les nuisances a été couronné de succès. Il repose sur une relation de franchise, de confrontation d'intérêts et de compréhension.

Quand l'entreprise fait de son argumentation un moyen de conviction

Les relations entreprise-clientèle lient l'entreprise à ceux qui utilisent, détruisent ou adoptent son produit. Ce sont les principaux faisceaux de relations mais aussi les plus complexes, car l'adhésion de la clientèle à la marque est l'objectif majeur de l'entreprise et tous les types d'argumentation peuvent être utilisés. La clientèle est au centre du système relationnel de l'entreprise. Elle peut être aussi sensibilisée par les actions réalisées dans le cadre des autres relations. C'est ici que se pose avec le plus d'acuité le problème de l'univocité de l'argumentation.

Les systèmes relationnels des acteurs sont influencés par la résultante de leurs interactions qui est le marché lui-même, le marché étant dans son système relationnel plus vaste encore, constitué par tous les autres marchés. C'est cet ensemble qu'il faut tenter de comprendre et de prévoir.

La spécificité de la relation qui existe entre l'entreprise et un partenaire fait toute l'originalité du plan d'action grâce auquel l'entreprise va pouvoir agir sur ce partenaire. En revanche, le partenaire ne restera pas inactif et va, à son tour, entreprendre une action vers l'entreprise. Il y a ainsi un système action-réaction, une pulsation continue qui relie chacun des acteurs économico-sociaux.

Dans ce système, l'objectif de l'entreprise est de modifier la nature des relations qu'elle entretient en rendant ces relations plus favorables à l'accomplissement de sa vocation.

Le conducteur marketing est, dans cette perspective,
un plan de facilitation du pouvoir de l'entreprise
sur son marché, en optimisant sa relation au marché.

On comprend mieux pourquoi il doit y avoir un plan d'action par relation : convaincre un actionnaire n'implique pas la même argumentation que celle utilisée pour convaincre un distributeur, même si ce qui doit être prouvé est identique.

Il est urgent d'abandonner la religion de l'argumentation unique, communiquée à la virgule près à toutes les cibles, et qui prévaut toujours dans le marketing. Le système relationnel de l'entreprise est son véritable marché dans lequel elle doit systématiquement chercher à améliorer sa position. Toutes les décisions de marketing sont des décisions de paroles, de langage ou de discours. L'entreprise murmure ou hurle, mais elle dit toujours quelque chose.

Le conducteur marketing crée et met en œuvre
des plans de communication, où les facteurs économiques
et commerciaux sont secondaires.

Le système relationnel que l'entreprise exploite avec ses partenaires lui permet de recevoir les signes de leurs attentes et d'y répondre par les actions qu'elle entreprend et qui communiquent plus ce qu'elle veut dire que ce qu'elle veut faire.

Dans chacune des relations, le plan d'action doit intégrer les attentes du partenaire et ainsi tenir compte du contenu de la preuve à apporter pour que les actions envisagées soient crédibles et efficaces. Le tableau suivant est un exemple de ce que doivent prouver les plans d'action, marque, produit, distribution, etc., pour chaque partenaire vers qui ils sont dirigés et pour chaque marché international. Lors de l'élaboration des plans d'action, il convient de dresser un tel tableau qui est inducteur de leur orientation en inscrivant dans chaque case les caractéristiques à respecter pour les actions envisagées, ces caractéristiques dépendant du contenu des politiques commerciales.

		Objet de la relation				
		Marque	**Produit**	**Distribution**	**Publicité**	**Force de vente**
	Clientèle	Confiance	Besoin	Disponibilité	Adhésion	Conviction
	Distribution	Nécessité	Besoin	Sélectivité	Stimulation	Compétence
	Actionnaires	Succès	Supériorité	Couverture	Réassurance	Efficacité
Destinataire de la relation	**Fournisseurs**	Volume	Qualité	Couverture	Stimulation	Compétence
	Banque	Solidité	Performance	Sélectivité	Réassurance	Compétence
	Administration	Performance	Qualité	Couverture	Service	Information
	Prescripteurs directs	Nécessité	Qualité	Disponibilité	Réassurance	Compétence
	Distributeur international	Nécessité	Besoin	Disponibilité	Stimulation	Efficacité

Selon le contenu du tableau, l'entreprise établit un plan d'action concernant sa marque sur le mode de la nécessité lorsque ce plan s'applique à la distribution, sur le mode du volume lorsque ce plan s'applique aux fournisseurs. Chacun des acteurs devant communiquer la preuve que le partenaire attend.

Ces systèmes relationnels, sommés à l'ensemble des entreprises, forment un champ plus ou moins pénétrable selon la cohésion de ces systèmes, véritable champ de force polarisé par les entreprises les plus grosses ou les plus actives, système de marché, composé lui aussi par un vaste ensemble actions-réactions. Dans cette perspective, l'analyse de l'entreprise et de son marché est bien l'analyse d'un système plus vaste d'actions-réactions qui n'est autre qu'un mode de communication par l'action. La communication crée et fait désirer les propositions de l'entreprise.

Le conducteur marketing assure la compréhension des espaces communications multidirectionnelles où la prise de parole équivaut à une préemption de marché.

Choisir un type de communication

Le choix des signes et des genres de communication exprime les volontés de l'entreprise :

- la carrière de la marque : il s'agit ici d'un relevé de signes exprimant les composantes de l'image de la marque dont le produit est publicité. C'est ce qui est exprimé dans une volonté de paraître. Ce sont les signes dont se pare la marque ;
- l'intérêt du produit : même analyse que pour la marque. Les signes relevés sont aussi bien verbaux qu'iconiques. Il conviendra ici de prendre en compte chaque mot, la technicité de la prise de vue, son angle, l'environnement lié au produit, la musique d'accompagnement, le rythme des apparitions du produit, l'éclairage, la voix ;
- le bénéfice tangible : c'est le gain pour le consommateur, à la fois matériel et psychologique, ce qui est proclamé comme unique et attribué à l'acheteur. La proposition engage la marque et permet distinguer son discours du discours de toutes les autres ;
- l'acte suggéré : le manifeste de communication suscite le désir plus par l'acte qu'il suggère que par le pur produit qu'il propose. On peut distinguer quatre types d'acte : avant l'achat, l'acte d'achat, la consommation ou l'utilisation, après la consommation ou le résultat. L'analyse portera sur la signification du choix de l'acte suggéré et la relation entre le produit offert et celui qui doit le consommer.

Ce qui exprime les signes, les genres, la lexicologie et l'iconologie sont aussi des démarches quantitatives.

Les signes du message

L'analyse sémiotique permet l'inventaire, à partir de chacun des signes constituant le message, de toutes les significations émises. Il ne s'agit plus toutefois de considérer les signes séparément. Ils prennent leur sens par le système qu'ils organisent. Un message est un système de signes qu'il faut interpréter après y avoir intégré tous les signifiants. Ce qui est signifié l'est par le système créé par les signifiants du message. Un message est un système de communication dont tous les signifiants sont interactifs. Compte tenu de la brièveté du contact avec le message, le signifié n'est pas subtil. Si le signifié est polysémique pour l'analyste, il est souvent monosémique pour le récepteur.

Il est trivial de souligner l'abondance croissante des manifestes de communication commerciale. À moins de disposer d'un budget considérable apportant à la marque une part de voix dominante, il est devenu nécessaire de doter le discours publicitaire de signes forts et permanents à travers les différentes campagnes. Ces signes seront mémorisés et attribués à la marque. Ils constitueront son territoire de communication. À les voir ou à les entendre, le nom de la marque sera aussitôt évoqué ainsi que son image.

L'ensemble des marques proposant le même produit détermine un secteur, ou un marché, qui possède aussi des signes de communication. Une analyse sémiotique permet d'en dégager les agrégats principaux qui sont nommés les codes. Le blanc, le frais, l'exemplarité du témoignage, l'efficacité, le maintien des couleurs sont les codes de la communication des lessives. On parle d'une transgression des codes lorsqu'une marque tente de s'en échapper.

L'analyse sémiotique s'applique à tous les objets. Les manifestes publicitaires – roman, émission de télévision, programme radio, site, tableau, projet architectural, costumes, signalétique, emballage –, sont chargés de signifiants dont les interactions forment un sens. Il est nécessaire d'analyser les manifestes de communication commerciale mais aussi ce que signifie la forme des produits, le papier à lettres, la décoration des camions, etc. Ce type d'analyse permet de rechercher ce qui est homogène dans sa communication et qui la renforce et ce qui est hétérogène et qui l'affaiblit. Un langage est un système de relations. Un mot n'a de sens qu'à travers la relation qui le lie à un autre mot. Encore faut-il formuler rigoureusement les contenus de cette relation.

Le genre du message

Le genre du message est l'expression de son intentionnalité, par exemple :

- l'appel : ces messages fonctionnent sur la participation du récepteur présumé à une opération de promotion ou de rabais spectaculaire. Ce sont les prix qui sont le plus souvent mis en avant. Ce genre de message fonctionne sur le mode de l'injonction autoritaire;
- l'argumentation : c'est la mise en valeur des informations concrètes sur les caractéristiques du produit. C'est surtout l'information sur ce qu'est le produit, lié au problème que doit résoudre le consommateur;
- le témoignage : le consommateur a la parole et il témoigne de l'excellence de sa consommation. C'est l'exemplarité de la réussite du produit;
- la description : le produit est présenté objectivement, sans artifice, par un observateur d'apparence impartiale. Le ton est neutre, sans outrance, et le langage est souvent accumulatif;
- l'humour : c'est une forme de dérision sympathique, dans laquelle le produit et sa marque sont distanciés de leur consommation banale. Le message cherche à convaincre par sympathie et clin d'œil;
- l'évocation : le message évoque une imagerie souvent archétype entourant la consommation. L'imaginaire crée l'environnement du produit. C'est l'histoire d'un moment.

Adaptée à chaque média, cette classification des genres de message constitue une base d'analyse des communications des marques en présence sur un marché, car elle autorise les comparaisons et la compréhension des évolutions. Il convient, d'autre part, d'admettre qu'un message puisse appartenir à plusieurs genres à la fois, puisqu'il est de nature polysémique. Il s'agit alors d'un message mixte. La répartition des messages entre les genres est un solide instrument de comparaison internationale.

La lexicologie et l'iconographie sont aussi des démarches quantitatives

Le relevé statistique des mots composant le message, ainsi que celui des images, leur fréquence d'utilisation comparée à celle des communications de l'ensemble du marché, sont des critères d'analyse objective puissants, sans le biais de l'interprétation. Cette analyse est comparable à l'approche sémiologique comme structure linguistique du système de communication, signifié par le message. De plus, elle prend toute son importance dans les comparaisons internationales.

LA PROMOTION FAIT VIVRE LA COMMUNICATION

La distinction entre publicité médias et publicité hors médias solidement admise par les milieux professionnels ne repose sur aucune base sérieuse, sinon une habitude. Incontestablement un débat confus par manque de définition. Qu'est-ce que le hors médias (autrement *below the line*)? La réponse habituelle est : tout ce qui n'est pas dans les grands médias (presse, télé, affichage, radio, cinéma). Ce qui est faux. Une action promotionnelle peut être soutenue dans les grands médias.

> **Définition**
>
> *Un média est un vecteur de communication durable. La radio est un média car on retrouve la même station sur la même longueur d'onde, chaque jour, chaque mois.*
>
> *Le hors média est constitué par des vecteurs de communication éphémères. Ce qui est reçu au domicile dans la boîte à lettres ne dure que le temps de l'opération de publicité directe (mailing) pour une marque donnée.*
>
> *Les annuaires, vecteur de communication durable, devraient être comptés dans les médias. Internet offre les deux types de vecteurs.*

Ces définitions prennent en compte le fait que la communication commerciale peut utiliser une pluralité de vecteurs. Le manifeste publicitaire incite à s'intéresser à une marque, à l'acheter, à consommer le produit, par une argumentation ou une évocation. Le message est centré sur la marque et sur le produit et la proposition n'en déborde pas.

La véritable caractéristique de la publicité promotionnelle est la présence dans son manifeste d'une proposition secondaire par rapport au produit principal. Il n'y a donc pas, entre publicité et promotion, une différence de nature, ce ne sont pas des domaines séparés de la communication commerciale, il y a seulement une différence de mécanisme dans l'intention de convaincre.

Manifeste d'image   Offre principale conceptuelle

     ⟶ *Incitation à croire* ⟶ Conviction par le discours

                                           Mécanisme publicitaire

                         ⟶ Offre principale produit

Manifeste d'action   Injonction par le discours

     ⟶ *Incitation à faire* ⟶ Offre principale produit

                         ⟶ Mécanisme

                               Plus offre secondaire promotionnel

                               Injonction par l'offre secondaire

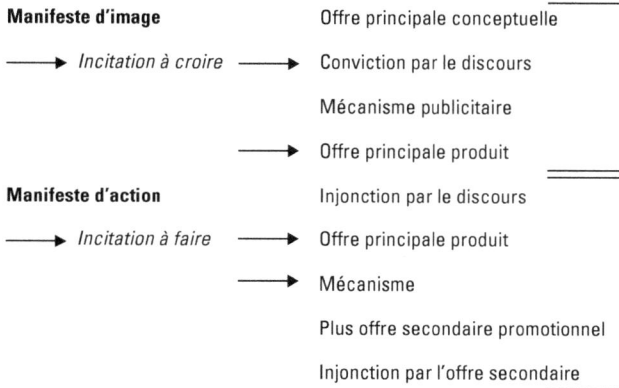

Les offres peuvent être classées en six catégories :

- les coupons, qui certifient qu'une valeur en espèces ou en marchandise sera remise au consommateur possédant ces documents;
- les primes, qui sont des objets généralement de faible valeur pouvant être des objets uniques ou des éléments d'une collection;
- les échantillons, qui sont des formats réduits d'un produit;
- les concours, qui sont des jeux dont les gagnants reçoivent des cadeaux;
- les offres à prix réduits, qui proposent, pendant une période limitée, le produit à un prix inférieur au prix habituel;
- les essais : le produit est envoyé au domicile pour un essai. Deux semaines après, il est soit conservé et payé, soit renvoyé.

L'analyse constante des mécanismes promotionnels utilisés par les entreprises présentes sur un marché permet enfin d'établir le contenu de leurs politiques de promotion. Il est en effet nécessaire, compte tenu de la masse des investissements consentis pour ce type d'actions, de les ordonner dans une politique soigneusement élaborée, au même titre que sont élaborées les politiques publicitaires ou de relations publiques. Connaître ces politiques au plan international, c'est connaître un peu les difficultés à court terme des entreprises, mais aussi leur faculté à réagir vite et avec force; c'est bien souvent apprécier leur possibilité de mobilisation.

La part réelle des actions promotionnelles dans les dépenses de communication est en constante augmentation. Elle atteint dans certains marchés plus de 75 %.

Encore faut-il souligner que la mesure de ces dépenses est approximative, car les relevés exhaustifs sont impossibles à réaliser alors que les investissements publicitaires dans les grands médias sont mesurés à la virgule près.

Cependant, l'augmentation exponentielle des supports de publicité, les chaînes de télévision en particulier, entache cette mesure d'une imprécision croissante.

LA PUBLICITÉ DIRECTE

La publicité directe argumente son offre à domicile. Elle est nommée aussi bien «mailing», «marketing direct», «publipostage» ou «publicité directe», appellation que je recommande car il s'agit d'une publicité qui parvient directement au domicile. Cette activité hors médias connaît un développement important au point qu'elle est, en investissements, devenue le premier type de communication commerciale, loin devant la télévision.

Le message est adressé par courrier ou distribué dans les boîtes aux lettres. Le succès de ce genre d'opération dépend de la qualité du fichier des destinataires du message. Le fichier doit être bien renseigné et tenu à jour. De plus en plus, la constitution et la tenue des fichiers propres sont effectuées par des sociétés spécialisées qui, par ailleurs, commercialisent des fichiers qu'elles ont constitués. Il est rentable de vendre des adresses et certaines entreprises n'hésitent pas à céder des listes de clients à des acheteurs non concurrents.

L'imprimé sans adresse est d'un prix de revient moindre car il suffit de rédiger, imprimer et faire distribuer. L'efficacité de ces opérations de publicité directe se mesure aux remontées des réponses, celles-ci étant très rapides. Cependant, une certaine lassitude s'installe devant l'abondance des envois. Outre la possibilité de chacun d'exiger de ne plus figurer dans un fichier, certaines personnes ont déjà émis l'idée d'une liste rouge au niveau de l'administration de La Poste. L'imprimé sans adresse échapperait ainsi à cette difficulté, à condition que les boîtes aux lettres restent accessibles. Certains collent sur leur boîte un autocollant interdisant le dépôt de ce type de message.

LES RELATIONS PUBLIQUES

Aucun organisme, à notre connaissance, ne comprend systématiquement les actions de relations publiques. Il faut donc surveiller la presse professionnelle du secteur étudié, la presse spécialisée, s'il y a lieu, ou tout autre support pouvant recevoir les échos de telles actions dont la plupart passent inaperçues, car elles ne sont connues que par la cible visée. L'analyste prendra en compte ces actions qui seront ensuite examinées selon les paramètres utilisés pour l'analyse des messages. Il convient d'utiliser le même ensemble de paramètres pour analyser les manifestes publicitaires, promotionnels et de relations publiques, afin d'établir les intentions et le contenu de l'action de communication d'une entreprise. Si cette action relève d'un plan, les trois manifestes seront monosémiques. Il sera intéressant de noter les profils des publics visés par ces actions dans les différents marchés internationaux ainsi que les types d'action réalisées.

L'APPRÉCIATION DE L'EFFICACITÉ DES MESSAGES DEVIENT RELATIONNELLE

Il est commun d'analyser ce qui est reçu à partir des objectifs de celui qui émet. On recherche ce que l'on a dit. Le plan des questionnaires utilisés est toujours le même : valeur d'intention, mémorisation, compréhension, crédibilité et parfois incitation à l'achat. Outre les résultats bruts de chaque paramètre, l'interprétation des tests de message porte sur :

* l'image du produit ou de la marque reçue – c'est l'image ressentie immédiatement et contingente à l'expression du message;
* la proposition qui est ce que l'annonceur désire offrir à ses prospects;
* l'injonction, c'est-à-dire l'effet produit par l'appel à la consommation du produit.

La démarche est rationnelle, car elle procède par décomposition de ce qui peut être reçu à partir de la rationalité de l'expression du message de l'annonceur. Cette procédure de tests de messages omet de tenir compte de la personnalité de celui qui est exposé au message. La démarche rationnelle de l'analyse des messages suppose un consommateur raisonnable.

Or, l'analyse objective est en réalité la recherche de ce que le récepteur du message reçoit effectivement, aussi bien en information qu'en impact psychologique. C'est l'essai d'une prise en compte de la relation au message qui ferait le parallèle avec la relation au produit (ou à la marque).

Il s'agit ici d'une seconde démarche, relationnelle, qui met en évidence l'intentionnalité du produit modifiée par la relation au message qui interfère sur son contenu. Elle interprète en plus :

- le plaisir ressenti lors de la réception du message. Il est évident qu'il s'agit d'un sentiment global résultant d'un très grand nombre de perceptions. Il est synonyme d'acceptation du message et dans le cas contraire de son refus. Un message doit plaire pour véritablement transmettre son contenu;
- le degré d'implication. L'individu qui a perçu le message doit se sentir concerné. C'est bien à lui qu'il est adressé, c'est bien de son problème qu'il est question. Les signes sont ceux qu'il aurait choisis pour exprimer le contenu du message. Le bénéfice convient à sa personnalité;
- la valorisation. Un message publicitaire doit valoriser ses destinataires. Être valorisé par un message, c'est déjà le prendre en considération ou le croire. La séduction du discours publicitaire passe par son pouvoir de valorisation;
- l'information. Le public a besoin d'information, il est habitué à en recevoir par les médias. Si le destinataire a l'impression qu'un message ne lui apprend rien, il ne l'acceptera que si ce message joue sans ambiguïté la séduction, le spectacle ou la distraction. Il ne pardonne pas l'information sans intérêt, la mise en avant de la banalité;
- la domination. Un message publicitaire jugé meilleur que ceux des concurrents fera mieux passer son contenu. Lorsque le public estime qu'une publicité est bien faite, l'image de la marque en est améliorée et du coup, le contenu du message est mieux perçu et mieux accepté;
- la situation. Un support considéré par la cible du message comme offrant des informations adaptées à leurs attentes valorise les messages publicitaires qu'il contient.

Ces six paramètres sont mesurés au moyen d'échelles d'interrogation simples. Dans une étude internationale, les échelles doivent être adaptées, en particulier leur vocabulaire, à la psychologie des consommateurs de chaque marché étudié.

Le taux de pénétration publicitaire

Le taux de pénétration publicitaire est le pourcentage atteint par ceux qui se souviennent de la campagne. Pour effectuer ce comptage, la quantité et la qualité des souvenirs ont d'abord été les uniques critères d'analyse de la population étudiée. Par la suite, des dimensions nouvelles comme les attitudes devant la marque ont été ajoutées à ces critères, les progrès des investigations psychologiques rendant possible leur mesure.

Une troisième démarche distingue des groupes d'individus dont la mémorisation de la campagne étudiée est caractéristique de leur niveau de perception. C'est la démarche catégorielle.

La population étudiée est classée en trois catégories :

- la première classe est constituée par ceux qui ne se souviennent pas avoir vu ou avoir entendu une publicité faite par une marque pendant une certaine période;
- la deuxième classe est constituée par ceux qui ont perçu l'existence d'une publicité mais qui n'en ont conservé aucun souvenir précis;
- la troisième classe est constituée par ceux qui ont à la fois perçu l'existence d'une publicité et qui en ont conservé un souvenir.

L'étude de la pénétration publicitaire consiste à quantifier les trois classes de la population étudiée et à hiérarchiser les individus composant la troisième classe selon la richesse de leurs souvenirs.

Une seconde conception de la démarche catégorielle mesure l'efficacité sur les ventes de la campagne étudiée. Deux séries de questions sont posées à un échantillon représentatif de la population cible (de l'ordre de 2000 personnes). La première série concerne des items provenant de l'action publicitaire, c'est-à-dire si la campagne a été remarquée et quels souvenirs en ont été conservés. La seconde série est centrée sur la possession et l'utilisation du produit publicité et de toutes les marques qui y sont actives.

Toute personne pouvant citer un élément clairement identifiable des manifestes publicitaires est considérée comme «pénétrée par l'action étudiée». L'échantillon est alors séparé en deux sous-échantillons, l'un composé par les personnes définies comme pénétrées, l'autre par les non-pénétrées. Une première estimation consiste à comparer la consommation du produit dans les deux sous-échantillons. Une seconde estimation a pour objectif de rendre les deux sous-échantillons homogènes quant à leurs signalétiques : âge, niveau de revenu, sexe, composition de la famille, etc. Ainsi, l'unique item qui les distingue est la pénétration ou la non-pénétration par le message publicitaire. Intervient alors le niveau de possession ou d'utilisation de la marque sujet de la campagne.

Si la consommation de la marque étudiée est plus élevée dans le sous-échantillon pénétré, comme toutes les caractéristiques des deux sous-échantillons sont homogènes, l'explication de cette différence de consommation ne peut être imputée qu'à la pénétration publicitaire.

Cette analyse peut être répétée pour chaque marque et dans tous les marchés internationaux où la marque est active.

Remarque : la qualification pénétré ou non est arbitraire. Pouvoir restituer un élément identifiable du message est sans nuance. Bien plus, il est possible de se souvenir de cet élément sans être impliqué par la campagne. Un débat éternel, qui a été le premier : l'œuf ou la poule? Les personnes sont-elles pénétrées car elles sont consommatrices de la marque, ou sont-elles consommatrices de la marque car elles ont été pénétrées par la campagne de publicité?

MESURER LA PÉNÉTRATION PUBLICITAIRE

La démarche indicielle mesure la pénétration publicitaire. Deux réflexions autorisent à chercher une nouvelle définition de la pénétration publicitaire. La recherche du seuil à partir duquel un individu est considéré comme pénétré par la publicité ne repose que sur une décision arbitraire. La liaison entre ce qu'un individu a vu et retenu du message et la transformation de l'image qu'il a du produit ou la plus ou moins grande intensité de son désir d'achat n'obéit pas à la loi du tout ou rien.

De plus, se fonder uniquement sur la qualité et la quantité des souvenirs pour déterminer si un individu est ou n'est pas pénétré est encore en contradiction avec les observations qui sont faites dans les études de pénétration internationales. Nous proposons une nouvelle démarche en deux phases pour apprécier les performances d'une action publicitaire.

Phase 1 : mesurer de l'efficacité du message

La première phase de la démarche indicielle consiste à traduire la mesure de l'efficacité du message en indices fondés sur des métriques superposables. L'efficacité du message est mesurée par le rapport de la mémorisation du contenu par

un individu à l'intensité du contact qu'a eu celui-ci avec le message. La somma-
tion de ce rapport à tous les individus de la population étudiée capables de restituer au moins un élément du contenu du message, ne serait-ce que le simple
fait de l'avoir remarqué, constitue l'indice d'efficacité du message. La mémorisation, l'image de la marque, du produit, le désir d'achat, etc., sont autant de
critères qui mesurent l'efficacité d'un message. Il est arbitraire, lorsqu'on étudie
la pénétration publicitaire, d'analyser successivement ces critères.

Phase 2 : mesurer la pénétration publicitaire

La seconde phase de la démarche indicielle consiste à mesurer la pénétration
publicitaire. L'indice de pénétration publicitaire Ip est mesuré par le rapport
entre l'indice d'efficacité du message Ie à toute la population visée, ayant ou
n'ayant pas remarqué le message. Quatre indices sont ainsi disponibles pour
apprécier la valeur et les performances d'une campagne publicitaire :

- l'indice de mémorisation du contenu Ia;
- l'indice de contact avec le message Ib;
- l'indice d'efficacité du message Ie;
- l'indice de pénétration publicitaire Ip.

Selon la nature de la campagne étudiée, ses objectifs et les caractéristiques de la
population visée, toutes les combinaisons entre les quatre indices sont envisageables. La démarche indicielle autorise toutes les comparaisons car les métriques des indices sont reproductibles à l'identique. Il s'agira de suivre les
performances de pénétration publicitaire sur plusieurs années dans un même
marché et, pour être encore plus ambitieux, de suivre les pénétrations publicitaires sur plusieurs années dans plusieurs marchés pour ainsi analyser ainsi les
pénétrations publicitaires internationales.

La communication des marchés environnants

L'analyse de la communication des marchés environnants relève de la surveillance permanente des marchés. Elle doit être conduite avec le même soin
que celle appliquée au marché principal. Il ne faut pas négliger le fait que les
produits des marchés environnants rendent les mêmes services que ceux du
marché principal et que leurs axes publicitaires, s'ils sont pertinents, viennent
directement perturber les efforts de conviction des marques du marché principal. L'objectif retenu pour cette analyse est cependant celui d'une surveillance.

ANALYSER LES CRITÈRES DU MESSAGE PUBLICITAIRE

Il convient plutôt de chercher une méthode simple pour les intégrer en une expression unique. Il s'agit d'établir un indice qui rend compte de la position d'un individu selon autant de métriques qu'il y a de critères retenus, Ia.

Calculer l'indice Ib

À partir du plan média fixé pour la campagne, l'indice d'activité de l'information Ib est calculé à partir des habitudes de chaque individu et concerne chaque support utilisé. L'indice est en fait calculé à partir des probabilités de contact. À ce niveau, l'intégration des habitudes de lecture ou d'écoute doit tenir compte de la pondération entre médias, au niveau de la pression publicitaire.

Calculer l'indice Ia

L'indice Ia est un indicateur des principales influences d'un message publicitaire sur un individu et l'indice Ib rend bien compte de l'activité d'information de cet individu à l'intérieur du plan média. En faisant le rapport simple de ces deux indices : Ia / Ib = Ie, on crée un troisième indice Ie qui apparaît comme étant une variable descriptive de l'efficacité du message.

Si $Ia = Ib$

Si pour un individu $Ia = Ib$, le message étudié est moyennement efficace. Le sens que nous donnons à efficacité moyenne est en fait différent du sens habituel. Cet individu peut avoir un indice Ia d'un niveau très élevé, ce qui implique que les influences du message ont été fortes et un indice Ib également élevé. Compte tenu de la forte probabilité qu'il a eu d'avoir été en contact avec le message, son efficacité est normale.

Si $Ia > Ib$

Si pour un individu $Ib > Ia$, l'efficacité est faible. L'individu étudié, compte tenu du fait qu'il a eu une probabilité certaine d'avoir été en contact avec le message, devrait avoir un indice Ia plus élevé. Ce résultat signifie que le message n'est pas efficace.

Si pour un individu $Ia > Ib$, l'efficacité du message est d'un niveau élevé. L'individu a eu une faible probabilité d'avoir été en contact avec le message et néanmoins celui-ci l'a bien influencé. Si la différence entre Ia et Ib est très élevée, on peut remettre en question la valeur du plan média.

Calculer l'indice *Ie*

En sommant les indices *Ia* et *Ib* de tous les individus ayant remarqué, l'indice *Ie* rend compte d'une manière simple et globale de l'efficacité du message. Cette mesure étant répétée à intervalles réguliers (tous les six mois ou tous les ans), on devra prendre soin de procéder d'une manière rigoureusement semblable pour l'établissement des indices. Par simple comparaison des indices *Ie* successifs, on constatera les gains ou les pertes de l'efficacité. On procédera de même pour les comparaisons internationales car la procédure de la méthode indicielle est identique pour tous les marchés.

En plus de l'indice global *Ie*, il est nécessaire de tenir compte de la distribution de l'ensemble des indices *Ia* et *Ib*.

Il faut que les indices *Ia* et *Ib* soient calculés à partir de métriques superposables. En particulier, chacun des points homologues de ces métriques doit avoir le même contenu. En l'absence de cette précaution, le rapport *Ie* serait biaisé par l'un ou l'autre des indices *Ia* ou *Ib*.

Bien utiliser les échelles de notation

Les échelles de notation utilisées n'ayant pas les mêmes valeurs extrêmes, il est possible de les rendre superposables en effectuant une transformation logarithmique.

Pour des raisons de commodité, prenons par exemple des échelles terminales en six intervalles égaux. En portant les notes de distribution de chaque critère sur une échelle logarithmique puis en superposant à l'échelle logarithmique l'échelle terminale en six intervalles égaux, nous avons la possibilité de coder, selon ces six intervalles, les notes primitives attribuées à chaque individu. En procédant de la même manière pour l'ensemble des échelles considérées, les notes primitives figurant dans les intervalles de l'échelle terminale ont bien un sens rigoureusement superposable.

L'ensemble des axes et des thèmes, développés dans le marché principal et dans les marchés environnants, constitue l'environnement publicitaire de la satisfaction d'un besoin identique proposé par ces marchés et contribue à l'enrichissement de ce que l'on pourrait appeler la culture commerciale de ce produit, c'est-à-dire ses codes, son discours et son langage. C'est dans cette culture internationale que les stratégies des marques vont s'opposer et c'est par elle qu'elles seront reçues par les consommateurs.

QUELQUES IDÉES REÇUES

L'entreprise a quelque chose à dire, alors on fait une campagne de publicité. Et si elle n'a rien à dire? On la fait quand même.

La communication de l'entreprise est trop importante pour la confier à la direction de la communication. Ce sont tous les services de l'entreprise qui seront concepteurs.

Les communications de chaque marque leader des principaux marchés mondiaux seront examinées. Les signes exprimant la supériorité et la réussite sont bons à prendre.

À part les dix marques réellement mondiales, les autres doivent être soumises aux comportements et aux attentes de chaque marché. La cohérence mondiale est une ambition orgueilleuse.

Les études de pénétration publicitaire sont dépassées. Les études mesurant l'efficacité publicitaire répondent désormais à l'exigence des entreprises. Même le marketing doit être efficace.

Il faut varier les contenus des messages selon les groupes de consommateurs, utiliser même des expressions opposées, un unique élément sera toujours commun : le positionnement de la marque.

La communication touche bien d'autres publics que la cible visée par la campagne : distribution, fabricants, banques, journalistes… le conducteur marketing de la communication prend en compte toutes ces cibles pour définir le contenu et le langage de la campagne vers le consommateur. On parle à tout le monde sans traduction.

Pour comparer les marchés de la communication dans une perspective internationale, il faut percer les secrets de chacun de ces marchés : hiérarchie des marques, habitudes de consommation, force de la distribution, prix pratiqués, qualité des produits et seulement après, bien après, comprendre ce que la communication commerciale veut dire. Ou cache.

QUIZ DE LA COMMUNICATION

Quelles sont les informations opérationnelles résultant de la compréhension du marché étudié?

Quelles sont les politiques concernées par ces informations?

Quelles sont les conséquences sur leurs contenus?

Quelles sont les conséquences sur la planification de leurs applications?

Quelles informations complémentaires doit-on rechercher?

Et dans quels délais?

Qui doit être destinataire de ces informations?

Quelles influences ces informations opérationnelles ont-elles sur les autres domaines d'analyse et de décision?

Chapitre 9

LE CAS DES MARCHÉS INDUSTRIELS

Le produit industriel proposé ici permet la production des entreprises en aval. C'est le marché de l'efficacité. Le marketing industriel est souvent opposé au marketing des produits de grande consommation. On parle dans ce cas d'une différence entre des produits s'adressant à un petit nombre de consommateurs et les produits s'adressant à un grand nombre de consommateurs pour qui les contraintes du marché sont naturellement différentes. On trouve cependant des produits industriels destinés à un très grand nombre d'utilisateurs et des produits de grande consommation qui ne concernent, en fait, qu'un très faible segment du marché.

L'INDUSTRIE COMMUNIQUE BEAUCOUP

Une autre distinction est préférable : celle qui sépare les produits proposés aux individus de ceux proposés aux entreprises et qui interviennent ou non dans un processus de fabrication. La différence réelle est là. Le plan marketing d'une crème glacée et celui d'une machine à bois seront sensiblement les mêmes, si ces produits sont proposés à des individus. En revanche, proposer les mêmes boulons, donc le même produit, à des individus ou à des entreprises exige des plans de marketing différents.

Le conducteur marketing industriel dépend plus de la nature des consommateurs à convaincre que de la nature des produits.

Mais il ne saurait s'agir de méthodologie différente. Une enquête par sondage effectuée auprès des ménages ayant un enfant de moins de deux ans et une autre auprès des entreprises ayant besoin de faire des trous dans des surfaces dures, procéderont par constitution de l'échantillon à interroger, puis par élaboration d'un questionnaire et traitement informatique des informations recueillies. Les tableaux établis pour noter les usages des aliments pour bébés et ceux des marteaux-piqueurs sont superposables à l'intitulé des rubriques près.

Il faut que cesse cet état d'esprit permanent : l'industrie a sa spécificité. À la technologie, domaine de l'ingénieur, le marketing de la savonnette ne saurait s'y appliquer. Il y a ici comme un racisme : d'un côté les produits roturiers et bassement mercantiles, dont l'archétype est la lessive; de l'autre, les produits nobles, intouchables parce que trop particuliers ou trop techniques. Les entreprises proposant des produits de très grande diffusion ne rencontrent jamais leur clientèle finale qui reste une abstraction. Or, elles ont besoin de l'appréhender concrètement. Les techniques d'études marketing y pourvoient. Elles reconstruisent la clientèle et matérialisent jusqu'à ses modes de vie, sous quelque latitude que ce soit. En revanche, les entreprises proposant des produits industriels côtoient chaque jour leurs clients et les appellent souvent par leur nom. Ici c'est le marketing qui apparaît comme une abstraction. À quoi bon une étude pour connaître ceux dont on sert la main? Mais cela devient moins réel sur le marché international. Cependant, l'erreur est de croire qu'un client proche est un client connu.

| **Définition** | *Le marché principal est constitué soit par tous les produits semblables au produit étudié et qui servent à l'accomplissement d'un ou plusieurs actes de fabrication industrielle, soit par un acte de fabrication industrielle identique à celui de l'entreprise étudiée.* |

Les marchés environnants sont constitués soit par tous les produits différents du produit étudié, permettant d'accomplir un acte de fabrication industrielle différent mais offrant un produit comparable, soit par tous les actes de fabrication différents de ceux du marché principal. Il y aura un marché environnant par acte.

Le marché support est constitué par l'ensemble des produits dont la présence ou les actes sont nécessaires pour qu'ait lieu l'acte ou les actes de fabrication étudiés. Ainsi dans certains cas, il est possible qu'un procédé de fabrication soit le réel support de l'utilisation d'un produit donné. Dans ce cas, le marché support sera constitué par le marché de ce procédé.

Les différents marchés

Pour recenser l'ensemble des produits industriels constituant le marché principal, la description des caractéristiques du produit étudié devra être très précise, aux spécifications techniques près. Même chose pour la définition du ou des marchés environnants et supports.

La rentabilité domine les critères de réussite

L'endettement n'est plus la réponse à l'investissement car la croissance n'est plus un droit. La rentabilité est le souci de base et deviendra l'obsession. Cette rentabilité, l'entreprise acheteuse cherche à l'améliorer par l'acquisition d'une technique nouvelle de fabrication qui augmentera sa productivité. Il faudra le lui promettre. Et tenir.

Même en respectant cette exigence, la fidélité aux fournisseurs devient un comportement rare. Chaque affaire apparaît comme une nouvelle affaire, quels que soient l'antériorité des relations et le degré de fidélité du client. La rentabilité est surveillée par les actionnaires. À la moindre baisse, ils peuvent quitter le capital. Qu'en penseront les clients? Autre nécessité d'être rentable. Les fonds de pension, toujours plus nombreux, sont des actionnaires typiques car ils cherchent les plus hautes rentabilités. Ils dominent aujourd'hui l'actionnariat international.

L'information internationale est la vraie vie de l'industrie

L'utilisation de l'information technique est une tâche fondamentale pour les entreprises industrielles. L'informatique est une chaîne de fabrication de décisions et de progrès. Une chaîne composée des informations sur les procédures de fabrication, la recherche technique directe, la recherche fondamentale, des informations concernant les marchés, surtout celles regardant les concurrents autochtones et étrangers, celles enfin touchant aux procédures de fabrication des clients et le contenu des recherches de leurs marchés. Il est aisé de concevoir dès maintenant une échelle permettant de classer les entreprises selon l'utilisation qu'elles font des informations. Le nouveau défi consiste à utiliser l'information et non plus seulement à l'accumuler.

Les décisions sont désormais collégiales

Le dirigeant d'entreprise n'est plus seul. Même dans les petites entreprises les décisions ne sont plus prises dans la solitude : les conseils extérieurs sont disponibles. Les prises de décision se révèlent plus complexes. Les différentes fonctions y ont maintenant leur part : direction financière, service d'entretien, utilisateurs du type de produit, bureau d'études et service des achats. Bien que l'analyse marketing actuelle mentionne toujours cette notion, les centres de décision sont de plus en plus nombreux. Il existe déjà des circuits, voire des systèmes de décision. Ce sont ces systèmes qu'il faut désormais appréhender. Influencer une décision, c'est dominer des systèmes d'influence et non plus quelques acteurs prestigieux.

Le système d'influence de l'entreprise industrielle est le créateur de ses produits

La proposition d'un produit destiné aux entreprises, devant ou non occuper une fonction dans un processus de production, s'inscrit dans un système de relations entre fournisseurs et entreprises, système dans lequel intervient un très grand nombre de partenaires. Tout produit est une demande et une réponse, après seulement un objet.

Le sens du produit vient de ce système et non du produit lui-même. Hors du système, le produit n'est rien. Sa valeur découle du rôle qu'il peut jouer. Cette règle s'applique à toutes les entreprises industrielles, alternativement fournisseurs et clientes. C'est le système des relations qui prime et non la proposition des entreprises. L'entreprise industrielle doit agir sur le système de ses relations, l'influencer en sa faveur. Une attitude de recherche des influences permet de synthétiser, selon des pôles précis, cette diversité des relations et de passer d'un système de relations à un système de marchés. Ce dernier est un système sur lequel l'entreprise peut agir, en identifiant les destinataires de son action. Ces marchés condensent dans certains endroits, à certains moments, le réseau de relations qui constituent l'entreprise et son environnement.

L'évidence oblige à privilégier les clients actuels et potentiels. Ils constituent un premier ensemble sur lequel l'entreprise exerce son influence. À l'arrière-plan, un second ensemble, souvent négligé, réunit les marchés finals de ces clients. On retrouve ici des définitions proposées pour qualifier les marchés : le marché principal est celui des clients que vise l'entreprise industrielle, le marché support est celui de l'activité des clients. Si le marché support disparaît, les fournisseurs de produits de fabrication aussi. Sur ce marché, l'entreprise fournisseur exercera une influence indirecte.

LA FORCE DE VENTE CONSTRUIT L'IMAGE DE L'ENTREPRISE

L'entreprise cliente de produits industriels achète plus qu'un produit. Elle achète la satisfaction d'un besoin industriel mais également un ensemble de services, un coût d'entretien, l'idée de se moderniser, d'investir pour améliorer à terme son profit. Elle achète également la satisfaction d'une attente d'acheteur (acheter pour paraître) : un élément de supériorité sur ses concurrents, de l'assurance, de la modernité. Tout cela constitue un système de propositions ayant pour centre de gravité le produit lui-même.

L'entreprise cliente de produits industriels achète aussi l'entreprise fournisseur dans son ensemble. Elle a besoin de sa pérennité, les relations entre acheteurs et fournisseurs de produits industriels s'étendant nécessairement sur une longue période, pour assurer le service et l'après-vente liés à un achat. Elle a besoin d'assurer sa confiance en une entreprise dont elle apprécie le sérieux et la compétence. Elle achète les hommes et la technique, la finance et l'atelier.

Pour les produits de grande consommation proposés aux individus, l'image de la marque est le substitut d'une entreprise que ses clients ne connaîtront jamais. Pour les produits industriels proposés aux entreprises, l'image de la marque est l'entreprise fournisseur elle-même, avec qui les clients traitent directement. Tous les attributs de cette image doivent être vérifiés car ils sont les qualifiants des multiples relations entre clients et fournisseurs.

Il convient de souligner le rôle considérable que joue la force de vente en ce domaine. Elle est le support de communication essentiel de l'image de l'entreprise industrielle. Elle est sa parole. Elle a aussi son image, créée et testée à chaque contact. La force de vente, c'est l'entreprise même, sans le masque de l'image.

Plus l'achat comporte une prise de risque élevée et une forte implication pour l'acheteur, plus l'entreprise industrielle fournisseur doit directement apparaître dans la transaction, car elle doit accompagner la prise de risque. Elle doit se poser en tant que partenaire. Elle est aussi impliquée que son client dans le choix qui va être fait et doit donner la preuve qu'elle en partage les risques. Dans ce cas, c'est le prix de son image.

Les achats sont une ressource planétaire

L'entreprise industrielle va élaborer ses stratégies d'achat selon les mêmes méthodes de marketing que ses stratégies de ventes. Elle ne subira plus ni l'offre, ni la nécessité de l'équipement local. Le marketing de l'achat, c'est le passage de séries d'achats ponctuels, même s'ils sont importants en valeur, aux achats intégrés et coordonnés par une stratégie, même si elle est à court terme. Le conducteur marketing est une gestion d'influences dans un système de relations entre l'entreprise et ses partenaires. L'acheteur d'une entreprise peut aussi influencer son vendeur. L'offre est désormais mondiale. Il est capital lors d'une analyse marketing de connaître les fournisseurs des entreprises en présence, le niveau de qualité de leur prestation, leur surface financière, leur niveau de pérennité et leur dispersion mondiale.

LES TECHNIQUES INDUSTRIELLES
SONT AUTANT DE MARCHÉS QUE DE POLITIQUES

Il s'agit de toutes les techniques s'appliquant à l'accomplissement de l'acte de production pour lequel est proposé le produit du fournisseur de l'entreprise industrielle. Le nombre de ces techniques est en constante augmentation et continuera à l'être.

Les coûts de fabrication

Ce poste est composé par un grand nombre de variables, dont les rôles varient selon le type de fabrication, comme la main-d'œuvre, les matières premières, l'énergie, le transport des produits finis, la maintenance des locaux, l'entretien et le renouvellement des éléments de production. Le marché de ces variables est désormais international, avec des coûts et des valeurs de prestations si dissemblables que le choix d'une implantation de fabrication relève de la stratégie d'entreprise.

Le fabricant de matériel de production est ainsi en concurrence avec l'ensemble du monde qu'il doit donc connaître parfaitement. Cela est d'autant plus vrai que les entreprises clientes ont le même choix avec un avantage décisif en plus : elles peuvent recevoir du matériel de fabrication d'où elles veulent, le moins cher et le plus efficace à ce prix, mais elles peuvent aussi exporter la totalité de leurs fabrications pour accroître encore leur rentabilité; ou elles peuvent ne conserver qu'une partie de leur fabrication. Les entreprises fournisseuses des entreprises industrielles peuvent lutter contre ces tactiques, rarement en proposant des avancées technologiques, le plus souvent en rognant leurs marges, mais, et c'est là pour elles un nouveau marché en devenant des intermédiaires et des prospecteurs du tiers-monde, devenu soudain fournisseurs recherchés de technologies à bas prix.

SÉRIER LES DIFFÉRENTES TECHNIQUES

Établir une segmentation du marché des techniques

Il faut en premier lieu établir une segmentation du marché des techniques selon des critères tels que : service rendu, rentabilité, fiabilité, énergie nécessaire, performances, adaptabilité, facilité d'insertion dans le processus de fabrication et prise en compte l'ensemble des marchés mondiaux. Cette opération peut aboutir à la constitution de plusieurs types de segmentation selon que les techniques peuvent être plus ou moins utilisées dans chacun des marchés, certaines pouvant même être absentes. Cette diversité de segmentations pour un seul type de production analysé dans la dimension internationale est une aide précieuse pour comprendre la structure de production de ces marchés.

Déterminer les parts de marché de chaque technique

Il faut ensuite pour chaque segment déterminer les parts de marché de chaque technique, noter les principaux processus de fabrication qui les intègrent et la part de marché dans chacun d'eux, les principales entreprises qui les ont adoptés et avoir une estimation de leurs coûts (d'achat et de revient). Il s'avère particulièrement intéressant de reconstituer «l'histoire» de ces techniques, depuis l'annonce de leur mise au point jusqu'à la manière dont elles se sont imposées sur leur marché, puis éventuellement sur l'ensemble des marchés mondiaux.

Effectuer pour chaque segment un relevé des recherches

Il faut enfin effectuer pour chaque segment un relevé des recherches que ne manquent pas de publier les revues techniques ou que fournissent déjà des banques de données spécialisées internationales. L'offre des techniques est mondiale. Une machine de production chinoise peut se révéler performante pour un moindre coût. Elle sera chinoise car sa maintenance pourra être dirigée par ses concepteurs sur le Web. Une nouvelle tendance nuance cette observation : les techniques de fabrication deviennent polyvalentes. Ainsi, un élément d'une unité de fabrication pourra être utilisé par des fabrications différentes et, au prix d'une faible transformation, être affecté à une autre unité de fabrication. Cette polyvalence pérennisera certaines organisations techniques.

IMPLICATION ET RISQUE
CLASSENT LES PRODUITS INDUSTRIELS

La provenance et le prix hiérarchisent certes la perception des produits d'une même technique de production, par exemple la provenance d'un produit de pays à faible coût de fabrication était souvent un élément négatif. Or ce sont aujourd'hui des entreprises occidentales qui délocalisent, ce qui inverse l'appréciation. Les effets sur l'image de la provenance et du prix sont changeants, alors que l'implication de l'acheteur et le risque encouru par l'achat d'un produit de fabrication sont très stables. Ce sont des paramètres fondamentaux lors de l'établissement des plans stratégiques.

Le risque mesure la distance entre le fournisseur industriel et l'entreprise productrice. Plus il est grand, plus elle est faible.

COMMENT GAGNER DES PARTS DE MARCHÉ

L'examen de la validité marketing des produits industriels fait gagner des parts de marché. Le conducteur marketing doit analyser, comprendre, projeter tous les éléments qui font qu'une entreprise gagne. La stratégie de l'entreprise est la manière dont elle va s'y prendre pour optimiser tous ces éléments en un système cohérent de propositions. Et la réussite, c'est que ce qu'elle offre soit le plus demandé, le plus apprécié, que son produit soit au sommet. L'offre de l'entreprise est l'aboutissement de tous ses efforts de perfection. C'est le produit.

Périodiquement, l'entreprise fournisseur remet en question l'existence même de ses produits. Cet examen doit être entrepris à froid, c'est-à-dire hors des périodes où le produit est contesté par le marché. La critique bannit toute sentimentalité et ne respecte aucune tradition, même et surtout celle qui consiste à parer le produit en question des mythes liés à la fondation de l'entreprise.

CLASSER LES PRODUITS INDUSTRIELS

Produits essentiels : fonderie industrielle, centrale informatique, site Internet

Le risque et l'implication sont au plus haut niveau. Il appartient à la direction de l'entreprise industrielle fournisseur d'être sa propre force de vente. La présidence-direction générale, les directions technique, financière, commerciale, des études, de fabrication mèneront les ventes de la prise de contact à la conclusion et entretiendront, par la suite, la mise en place de l'équipement vendu. La force de vente de l'entreprise industrielle fournisseur accompagne les directions et assure toutes les étapes intermédiaires auprès des échelons inférieurs de la hiérarchie de l'entreprise cliente productrice. Mais ce n'est pas la force de vente qui a l'initiative, c'est encore la direction.

Produits déterminants : Bureautique, machine-outil

Les rôles vont s'inverser. La force de vente joue ici un rôle fondamental et c'est à son initiative que les directions de l'entreprise fournisseur vont intervenir pour la soutenir dans certaines réunions déterminantes ou pour conclure. La force de vente a ici la tâche de convaincre presque exclusivement. Les rôles de la prise de risque et du degré d'implication de l'acheteur producteur sont encore très forts mais les relations personnelles apparaissent fondamentales. Comme ce type de produit est souvent confié, en plus, à une distribution afin de travailler un grand nombre de petits clients – la force de vente de l'entreprise fournisseur n'est alors chargée que des clients passant d'importantes commandes –, les distributeurs font quelquefois appel à cette force de vente pour les aider à conclure, en cas de transaction difficile. À l'inverse, la force de vente peut se voir confier des missions d'information, de formation ou de stimulation de ces distributeurs ou de leur propre force de vente.

Produits banals : ordinateur portable, petit outillage

Ici, ce sont les distributeurs qui se chargent de vendre et bien souvent de convaincre. Prise de risque et degré d'implication sont faibles. Les acheteurs se montrent sensibles aux prix et aux assurances concernant la continuité de leurs approvisionnements. La force de vente de l'entreprise industrielle fournisseur aura ici pour mission de stimuler et de former les distributeurs, mais elle ne rencontrera jamais, ou très rarement, les entreprises clientes. Mises à part quelques ventes directes, on peut parler alors d'une force de vente véritable vendant le produit à la distribution avec une fonction supplémentaire d'inspecteurs qui informent et stimulent cette distribution. De plus, ce type de produit est également proposé sur le marché des particuliers (bricolage), faisant alors appel à une autre catégorie de distributeurs.

La validité marketing d'un produit

Jusqu'à présent, le marketing a traité à chaud les cas d'urgence, faute d'un système de dépistage. Pour ce dépistage, nous proposons un nouveau système : l'examen de la validité marketing d'un produit. Qu'est-ce que la validité? C'est ce qui fait qu'un élément présente les conditions requises pour produire son effet. Il fonctionne bien. Il produit bien. Un produit industriel est valide s'il apporte à son utilisateur l'effet pour lequel il a été conçu. La validité marketing a ici le sens d'efficacité. Est valide ce qui n'est entaché d'aucune cause de nullité. Cette définition juridique est également une définition de marché. Les causes de nullité marketing sont innombrables : technologie dépassée, coûts d'utilisation excessifs, performances devenues insuffisantes. Une seule cause de nullité peut balayer un produit.

Le système d'évaluation est fondé sur ces deux définitions de la validité. La validité est ce qui qualifie la relation d'un produit avec son marché, le marché étant pris ici dans son sens le plus large.

> **Définition**   *Un produit est valide si toutes les conditions de sa commercialisation et de son exploitation sont réunies afin qu'il ait exactement l'effet pour lequel il a été conçu.*

Cette notion de validité s'applique aussi bien à la relation produit-entreprise acheteuse – la validité de produit pour le service qu'il doit rendre à l'entreprise utilisatrice – qu'à la relation produit-entreprise fournisseur – la validité du produit pour la pérennité de l'entreprise, ses profits et son image.

La validité du produit dans sa relation à l'entreprise utilisatrice

Cette relation, multidimensionnelle, regroupe les dimensions suivantes :

- la qualité : l'utilisation du produit permet à l'entreprise industrielle utilisatrice d'assurer à sa production la qualité la plus haute;
- la rapidité : l'utilisation du produit permet à l'entreprise utilisatrice d'avoir les délais de fabrication les plus réduits;
- le coût : le coût d'utilisation du produit est le moins élevé possible et abaisse d'autant le coût de production global;

- la fiabilité : c'est la contribution du produit étudié au degré de fiabilité de la fabrication de l'entreprise utilisatrice;
- la technique : il s'agit ici de savoir si la technique utilisée par le produit est porteuse, non seulement en elle-même – c'est-à-dire si elle est une technique d'avenir ou ayant un avenir –, mais encore si cette technique est une bonne contribution aux techniques utilisées par l'entreprise utilisatrice pour l'ensemble de son processus de fabrication;
- l'adaptabilité : l'utilisation du produit ne doit pas nécessiter des modifications profondes des matériels et des méthodes de l'entreprise utilisatrice;
- les investissements : la mise en place du produit ne doit pas impliquer des investissements importants qui viendraient grever la rentabilité de son emploi. Il faut entendre ici par investissements la modification d'une chaîne de fabrication, l'achat si nécessaire de produits adjuvants ou une série de connexions informatiques;
- les frais variables : ils doivent être les moins importants possibles, en particulier les frais de main d'œuvre, l'aboutissement de cette préoccupation constante étant la robotisation. Il ne faudra pas oublier le coût de l'énergie nécessaire au fonctionnement, comme celui de tous les adjuvants annexes (huiles par exemple). Ces relevés étant réalisés sur le marché mondial;
- la polyvalence : le produit étudié a été acheté pour réaliser une certaine tâche, isolément ou à l'intérieur d'un processus de fabrication. Serait-il possible de le convertir rapidement et à peu de frais pour d'autres tâches? Si oui, il apporte de la souplesse à l'entreprise utilisatrice;
- la maintenance : elle sera étudiée en durée et en coût, en cas d'arrêt de fonctionnement du produit ou de l'ensemble auquel il a été intégré.

Les produits industriels banals n'auront que très peu de dimensions permettant de les apprécier, à l'inverse des produits essentiels dont le diagnostic portera sur un grand nombre de dimensions. Ainsi le nombre de dimensions concernées permet de situer un produit dans l'échelle des préoccupations de l'entreprise qui l'utilise. Ce nombre est lié au risque couru par cette entreprise, quand elle fait l'acquisition de ce produit.

L'estimation de la validité du produit dans la relation produit-entreprise utilisatrice est effectuée par chaque entreprise pour son propre compte, mais chaque entreprise peut le faire pour l'ensemble des entreprises utilisatrices du marché. Ce diagnostic s'avère toujours pertinent pour juger de l'opportunité de changer ou non un produit de fabrication. Il est par ailleurs impératif de réaliser ces diagnostics de validité dans plusieurs marchés choisis dans le marché international en retenant à la fois des produits uniquement nationaux et des produits multinationaux.

La validité du produit dans sa relation à l'entreprise fabricante

Il s'agit ici (voir p. 221-223) de la relation entre une entreprise et son propre produit. L'examen de validité marketing du produit consiste à diagnostiquer ce qu'apporte à l'entreprise le produit qu'elle fabrique ou un projet de nouveau produit : le produit est-il valide pour l'entreprise, compte tenu de sa stratégie d'entreprise et de sa vocation?

La synthèse des deux approches devra être réalisée pour toutes les entreprises, aussi bien celles qui fournissent le produit que celles qui l'utilisent dans leur procédure de fabrication, afin de parvenir au véritable résultat de l'examen de la validité marketing d'un produit. En effet, en milieu industriel, la réponse du marché ne doit pas être suivie, mais prévue le plus tôt possible. Il s'agit du premier travail de base de l'élaboration de la stratégie de l'entreprise.

L'EXAMEN DE VALIDITÉ MARKETING D'UN PRODUIT

L'examen de validité marketing du produit englobe différentes caractéristiques du produit. En voici les principaux éléments analysés.

Domination

La fabrication et la commercialisation du produit procurent à l'entreprise une position dominante sur son marché principal ou lui permettent d'y accéder à terme.

Image

Le produit étudié apporte une contribution décisive – ou bien mineure – à l'établissement du contenu de l'image que s'est donné comme objectif l'entreprise. L'image du produit en question est-elle valide par rapport à l'image de l'entreprise qui le fabrique et le propose?

Profit

Quelle est la part de profit apportée par la commercialisation du produit étudié dans le profit total de l'entreprise? Quel est l'avenir probable de cette part?

Durabilité

Il convient d'apprécier ce qu'apportera la durée de vie envisagée à l'image et au profit de l'entreprise. Si le pronostic aboutit à une durée de vie longue, il est capital de savoir s'il faudra apporter des modifications au produit, pour qu'il dure, et en connaître le coût. Il y a des produits qui assurent la pérennité des entreprises, mais à quel prix?

Technique

Le produit doit être étudié ici de deux points de vue. La technique de fabrication du produit est-elle porteuse, pourra-t-elle faire faire des progrès à l'entreprise, ou être utilisée pour la fabrication d'autres produits? La technique proposée par le produit aux entreprises utilisatrices est-elle significative d'une avance, d'une innovation? Est-elle porteuse et contribue-t-elle à l'image de marque de l'entreprise qui la propose?

Composants

Que ce soit des matières premières brutes ou des éléments incorporés, l'inventaire des sources mondiales est indispensable. Accessibilité et coûts. Ne pas oublier la fiabilité des fournisseurs.

Protection

Le produit peut-il être fabriqué par n'importe quelle entreprise fournisseur? Est-il protégé par un brevet, par un secret de fabrication ou simplement par une longue expérience? Si tous les fabricants concurrents peuvent l'imiter, à quoi bon investir? Au plan mondial que font les concurrents?

Investissements

La fabrication du produit est-elle rentable, compte tenu des investissements nécessaires? Le retour sur investissements est-il, a-t-il été ou sera-t-il rapide? Il conviendra de rapprocher ces résultats des appréciations effectuées touchant la durabilité, la protection et l'enjeu. L'investissement est une mise.

Enjeu

Pour un produit, c'est la taille du marché principal et des marchés environnants. Quel est ou quel sera l'enjeu? Il s'agit d'apprécier l'enjeu principal, la limite à l'ambition de l'entreprise. L'intérêt est lié à la taille de ces marchés. La validité marketing d'un produit se mesure aussi au volume de ses ventes actuelles et futures. À petit jeu, petite victoire. On peut définir comme enjeu le nombre et l'importance des entreprises susceptibles d'acheter le produit. Le fait que certaines entreprises deviennent clientes constitue pour le marché une véritable communication. Pénétrer dans le processus de fabrication des entreprises les plus signifiantes peut être une manière d'apprécier l'enjeu pour le produit.

Partenariat

Les partenaires du marché en relation avec le produit sont-ils les mêmes que ceux avec lesquels l'entreprise fabricante a l'habitude de travailler? Les clients sont-ils les mêmes? Utilisera-t-on la même distribution, les mêmes fournisseurs? Ou bien tout sera-t-il différent? Et l'expérience acquise ne comptera plus. Est-il nécessaire et profitable de tout réapprendre? Si la réponse est positive, le produit doit bénéficier des moyens commerciaux importants pour que l'expérience nouvelle soit rapidement acquise.

Identité

Le produit étudié correspond-il au savoir-faire de l'entreprise qui le fabrique ou s'apprête à le fabriquer? Appartient-il à sa culture, et son identité valide-t-elle l'identité de l'entreprise? Un nouveau produit peut également être utilisé par la direction générale comme moyen de faire évoluer la culture d'une entreprise.

Encadrement

Ceux qui fabriquent et qui vendent le produit sont-ils ou seront-ils les mêmes que ceux qui composent l'encadrement habituel de l'entreprise? En d'autres termes, la direction de l'entreprise peut se demander si elle dispose des moyens humains nécessaires pour fabriquer et vendre ce produit. Le diagnostic de validité marketing d'un produit est aussi supporté par ceux-là mêmes qui en assurent – ou devraient en assurer – le destin.

L'entreprise fabricante ou fournisseur établira ensuite des diagrammes comparatifs sur les onze dimensions de son évaluation marketing pour l'ensemble de ses produits.

Définition   *Le marché générique se définit par la fonction à laquelle correspond l'usage du produit étudié.*

Les paramètres de performances et de rentabilité n'interviennent pas dans la définition des marchés mais dans leur segmentation. On retiendra les classes de performances et de rentabilité reconnues par l'usage professionnel.

Si le produit étudié est une clé, le marché générique sera celui de serrage. Depuis plus de dix ans, les produits destinés aux entreprises, des machines aux produits à incorporer, sont l'objet d'analyses de plus en plus pertinentes. Pour qu'elles deviennent vraiment opérationnelles, ces analyses doivent s'appliquer à des notions précises. En insistant sur ces quatre définitions de marché, identiques pour tous les produits, on remarque que le marché des entreprises industrielles n'échappe pas à cette proposition de rigueur. L'industrie est principalement un ensemble de marchés, secondairement un ensemble de techniques, une même technique pouvant être utilisée dans plusieurs marchés.

L'évolution des marchés industriels

L'évolution des marchés industriels est la conséquence de l'évolution de l'usage des produits. Les marchés des produits destinés aux entreprises évoluent sous l'influence de multiples paramètres et pas seulement sous l'effet du seul progrès technique, qui peut même servir d'excuse pour masquer certains déboires. À l'évidence, le progrès technique est majeur, mais ne suffit pas à donner figure à l'avenir.

Les paramètres examinés pour les produits destinés aux individus n'interviennent pas tous ici. On peut estimer que les paramètres, comme les strates d'âges, l'immigration ou les revenus, qui ne concernent que les individus, ne sont pas à considérer pour l'analyse des marchés industriels. En revanche, les paramètres comme l'aménagement du territoire, l'énergie ou les données politiques et internationales, qui orientent fortement la vie économique et la vie sociale, sont également à analyser pour ce type de marché. Certains paramètres sont propres aux marchés des produits destinés aux entreprises et, à l'inverse, ne sont pas pris en compte pour les produits grand public. Ils ont trait à l'évolution de l'entreprise considérée comme centre de volonté et de décision. Ils concernent aussi ses partenaires. Il convient d'insister sur l'obligation absolue d'appliquer l'analyse des paramètres d'évolution sur l'ensemble du marché mondial.

SEGMENTS DU SYSTÈME RELATIONNEL DE L'ENTREPRISE CLIENTE

Segment de la présidence-direction générale (dans certains cas, il peut y avoir le segment présidence et le segment direction générale), composé de cette direction mais aussi de ses conseillers, voire de ses relations, des administrateurs, des cadres supérieurs.

Segment des exploitants actuels du produit proposé ou des futurs exploitants ; il comprend ceux qui produisent, ceux qui entretiennent et ceux qui ont la responsabilité de la sécurité.

Segment des instances d'achat, qui comprend les responsables des achats et les différents acheteurs.

Segment des responsables financiers.

Segment des conseils extérieurs, dont les éléments peuvent intervenir sur l'ensemble des autres segments.

CHAQUE ENTREPRISE CLIENTE EST UN MARCHÉ POTENTIEL

Il s'agit ici essentiellement d'un système de décision des achats. Il existe en effet, pour chaque entreprise, une culture des prises de décision comme il y a une culture du savoir-faire. L'entreprise cliente considérée comme un marché devra être segmentée, chacun des segments étant constitué d'un élément homogène du système des prises de décision d'achat.

L'entreprise fournisseur doit étudier ces segments comme elle le ferait des segments de n'importe quel marché. Les habitudes, les croyances et les images doivent être notées, comme les besoins exprimés et les besoins réels. Il s'agit d'une véritable approche d'étude de consommateurs.

On portera une attention particulière à la compréhension des processus de prise de décision. À quelque niveau qu'il soit placé, un responsable prend rarement seul une décision. Qui influence qui ? Ce doit être la véritable interrogation. Le marché constitué par une entreprise doit être appréhendé à partir de l'appréciation du pouvoir exercé par chacun de ses segments. L'offre de l'entreprise fournisseur est à faire à chaque segment, en tenant compte justement de l'influence qu'il exerce sur la décision finale.

Il conviendra enfin de qualifier les différents acteurs intervenant dans le système de décision de l'entreprise, en partant de l'influence qu'ils exercent selon leur rôle : initiateur, prescripteur, décideur, acheteur, utilisateur. Cette qualification est un élément essentiel du travail du vendeur car elle va lui permettre d'adapter ses démonstrations et ses argumentations. Lui seul se trouve en mesure d'ajuster une proposition de fournisseur, nécessairement générale, aux besoins, aux images et aux attentes de tous ceux qui constituent le système de décision de l'entreprise cliente.

L'OFFRE ET LA DEMANDE
ÉDIFIENT UNE CHAÎNE RELATIONNELLE

Un marché est un système relationnel entre l'ensemble de ses acteurs. Une de ces relations est constituée par la dépendance en matières premières, d'une part, et la cession à celui dont on dépend d'un produit élaboré à partir de cette matière première, d'autre part. Il y a chaîne dans les deux sens.

Dans le système relationnel qui constitue les marchés industriels, chaque acteur est à la fois demandeur et offreur. Cependant, les degrés de dépendance peuvent être très différents. Si la matière première est abondante et les offreurs nombreux, la dépendance des demandeurs sera très faible.

Il s'agit ici d'une autre définition de l'offre et de la demande. Jusqu'ici on a surtout analysé l'offre des entreprises et la demande du public pour les produits de grande consommation. Nous proposons ainsi une nouvelle définition adaptée aux caractéristiques des marchés industriels.

| Définition | *Un marché industriel est constitué par un système d'offres et de demandes provenant des mêmes acteurs recherchant à la fois ce qui est nécessaire pour parfaire leur production et offrant ce qui est performant pour satisfaire la demande des autres acteurs du marché.* |

L'analyste marketing doit ainsi tenter d'apprécier le degré de dépendance des entreprises en présence par rapport à l'origine de leurs approvisionnements et savoir que, plus la dépendance est grande, moins leur capacité de réaction peut être rapidement mobilisée. Cette indication est précieuse pour esquisser le comportement futur des entreprises, la dépendance internationale devenant première.

Les systèmes relationnels des marchés industriels sont des chaînes d'offres et de demandes qui partent de la mise à disposition des matières premières et des constituants de base pour arriver à l'avant-dernier maillon, constitué par les entreprises fabriquant le produit destiné au grand public, celui-ci étant le dernier maillon de toutes les chaînes. De la même manière, à partir des désirs et des besoins du grand public, la chaîne remonte, maillon après maillon, chaque niveau de clients influençant ses fournisseurs, eux-mêmes influençant par leurs besoins pour fabriquer les maillons antérieurs, pour atteindre finalement le premier maillon, celui des matières premières.

Les marchés d'influences indirectes sont les marchés où les entreprises clientes des fournisseurs proposent leurs propres produits et qui constituent leur système de relations et d'influence. On y retrouve les marchés des prescripteurs, des distributeurs, les concurrents et le marché des techniques mises en œuvre. C'est la demande des entreprises clientes.

L'entreprise fournisseur doit étudier ces marchés, car ils sont les supports des activités de ses clients et à ce titre influencent directement leur demande. Ils sont définis ici en termes de marchés d'influences indirectes, car l'entreprise fournisseur est éloignée de leurs préoccupations de fabrication ou de vente et dispose de peu de moyens réels et d'opportunités pour les toucher de manière efficace. Les clients de nos clients sont aussi nos clients.

Une bonne compréhension de ces marchés doit aider les entreprises fournisseurs dans la conception de leurs produits, puisque ceux-ci font partie des moyens utilisés par les entreprises clientes pour répondre à cette demande.

Ainsi, ces marchés d'influences directes et indirectes s'interpénètrent fortement et constituent un réseau dense de relations d'influences, où une même entreprise se trouve à la fois en situation de demande et en situation d'offre. Il est évident qu'il s'agit d'un réseau à entrées multiples, car chaque entreprise fait partie d'un grand nombre de systèmes de relations, et ce d'autant plus que ces systèmes sont aujourd'hui internationaux et se reproduisent dans chaque marché où l'entreprise est présente.

Afin de répartir le poids et la nature de ses actions de marketing, l'entreprise industrielle doit réaliser :

- une représentation graphique de son réseau de relations, au niveau de la globalité de son ou de ses marchés;
- une fiche par entreprise cliente établissant leur propre réseau de relations.

La représentation graphique des réseaux de relations et l'ensemble des fiches par entreprise cliente constituent les outils de base de l'analyse relationnelle de l'offre et de la demande des entreprises. À partir de leur examen, l'entreprise fournisseur pourra répartir ses moyens sur les individus et les entités détenant la plus grande part des pouvoirs de décisions d'achat et ainsi gérer, le plus économiquement possible, les influences qu'elle doit exercer.

Les distributeurs sont les médias des fabricants

Les principales fonctions des distributeurs de produits industriels sont relationnelles :

- faire connaître le produit du fournisseur à l'ensemble de la clientèle susceptible de l'acquérir, en assurant la diffusion des moyens d'information qui lui sont fournis (brochures, dépliants, etc.) et dans les relations provoquées par leur propre force de vente ;
- convaincre de l'adéquation du produit du fournisseur au problème posé par les entreprises clientes. Convaincre aussi de la réputation du fournisseur lui-même. Pour cela il faut que les distributeurs en soient eux-mêmes convaincus ;
- proposer le produit et conclure positivement. Il s'agit ici de l'intensité de l'activité de vente proprement dite. L'image du produit et du fournisseur se révèle une aide considérable pour les distributeurs. Cette étape doit se faire selon les principes et les contraintes de la politique commerciale du fournisseur (en particulier en ce qui concerne les prix de vente) ;
- assurer les services entrant dans la composition du produit proposé et contribuant à établir l'image du fournisseur, ainsi que celle des distributeurs. Être persuadé que ces services ont une importance comparable à celle du produit lui-même ;
- percevoir les attentes et les besoins de la clientèle du produit proposé, ainsi que l'évolution des méthodes de fabrication des entreprises clientes et transmettre cette connaissance à l'entreprise fournisseur. Informer du contenu de l'image de marque et de son évolution au même titre que de l'opinion sur les produits et leurs conditions d'utilisation.

Les distributeurs ont ainsi une vocation essentielle : communiquer à leur clientèle le message des fournisseurs. La distribution est un média. Elle doit être retenue et étudiée comme telle dans la politique de communication de l'entreprise fournisseur. La distribution communique en premier. Elle vend après, seulement après !

L'image de marque est une machine : elle fabrique des ventes. Pour sa propre force de vente comme pour ses distributeurs, l'image de marque du fournisseur apparaît ainsi comme les plus importants éléments de vente. À chaque instant elle intervient dans le réseau de relations des fournisseurs comme une réassurance de chacune de ses propositions. Cette image conditionne l'intensité que cherche à exercer le fournisseur sur ses partenaires. En effet, elle est la source de la crédibilité de ses propositions.

La condition essentielle de l'efficacité des propositions commerciales est la crédibilité de ceux qui les émettent, crédibilité procurée par la valeur des attributs de l'image du fournisseur. L'image de marque n'est pas une coquetterie de communication, mais un outil opérationnel. Elle fait partie de la force commerciale de l'entreprise fournisseur, qui la propose à ses clients de la même manière que leur est proposé le produit.

La force de vente du fournisseur possède sa propre image. Il faut la faire connaître et réaliser chaque année une étude d'image auprès d'un échantillon de la clientèle et selon des paramètres d'appréciation comme la présence, le degré de disponibilité, la valeur technique, l'expérience professionnelle, la connaissance du marché, la conviction, la sympathie. On mesurera en même temps l'image des forces de vente des principaux concurrents.

Les politiques de l'entreprise sont fondées par son image de marque. Celle-ci doit être analysée au moins une fois par an ainsi que celle de l'ensemble des marques concurrentes. Les résultats de l'analyse sont alors confrontés aux politiques de l'entreprise. Le moindre décrochage doit être aussitôt corrigé. De plus, les études d'attentes de la clientèle et de jugements sur les produits permettent d'apprécier la pertinence de l'image. La comparaison avec les principaux marchés internationaux prend ici toute son importance, car l'image de l'entreprise fournisseur des entreprises industrielles doit être impérativement internationale. Internet apparaît ici comme un support efficace pour prouver l'excellence des performances des services du fournisseur en démontrant les techniques proposées par la description de cas réels d'application. Qu'il s'agisse de services, de moyens de production ou de maintenance, l'accent sera mis sur l'adaptabilité sans problème des techniques proposées.

L'EXPERTISE INDUSTRIELLE INTERNATIONALE

La nécessité de l'expertise fait se multiplier les activités de service. Les entreprises industrielles cherchent à améliorer constamment leur rentabilité. Des performances de l'entreprise en matière de gestion, de technique, de vente résulte le haut niveau d'efficacité nécessaire pour demeurer dans la compétition. Pour s'y maintenir ou pour y parvenir, l'entreprise a besoin du point de vue ou de l'intervention d'experts en divers domaines.

On cite ces d'entreprises dont 50 % des ingénieurs sont «loués» par des sociétés de service et sont sous contrat de longue durée, de l'ordre de deux à trois ans. Une question peut alors être posée : où est l'entreprise si son expertise est celle de sociétés extérieures?

Il existe maintenant autour des entreprises un tissu fait de ces groupes d'experts, qui sont à la fois la ressource aiguë du diagnostic et du conseil, et un service permanent mais délégué, hors de l'entreprise. Ce tissu est mondial et constitue donc une richesse considérable d'expertises possibles. Il ne faut pas oublier également les consultations possibles sur Internet, les coûts sont souvent dérisoires par rapport aux coûts locaux.

Les distributeurs animent les images de leurs fournisseurs

Une nomenclature internationale ne suffit pas pour suivre un marché industriel. Il faut aussi le segmenter selon la surface des distributeurs, les types de produits distribués, les clientèles atteintes et surtout les relations entretenues. La distribution pour les produits destinés aux entreprises a, en plus d'une fonction de groupage et d'éclatement, une fonction réelle de représentation. De plus, dans certains cas et pour certains produits, elle devient un porte-parole. Il est donc fondamental qu'elle parle bien et juste.

La distribution peut proclamer le message de l'entreprise : si elle est convaincue, elle convaincra. C'est un marché que l'entreprise fournisseur de produits industriels doit investir. Bien souvent, le nombre de distributeurs possibles est peu important. L'analyste marketing élaborera, pour chacun d'eux, une fiche comprenant des éléments quantitatifs et qualificatifs (opinion concernant le type de produit, par exemple) et tentera de rapprocher certaines fiches entre elles pour obtenir finalement un groupement opérationnel. Dans tous les cas, les techniques diffusées seront un des principaux critères de segmentation.

La puissance de la marque se révèle ici prépondérante. En effet, un distributeur peut à la fois être concessionnaire, grossiste ou négociant, pour l'ensemble de son assortiment. Concessionnaire, il doit respecter un contrat. Grossiste, il doit respecter quelques engagements. Négociant, il est libre du choix des marques et des produits qu'il représente. L'influence qu'exerce l'entreprise fournisseur est donc bien fonction de la puissance de sa marque plus que de la qualité réelle de son produit si celle-ci n'est pas communiquée avec assez de force.

Les prescripteurs orientent le marché selon leur expertise

La commercialisation des produits industriels présente un avantage décisif sur celle des produits de grande consommation, s'adressant à des individus : les prescripteurs sont identifiables puisqu'ils tirent un revenu de leur action de prescription auprès des entreprises à la recherche d'outils de fabrication de leurs propres produits industriels.

Ce sont les multiples sociétés internationales de services qui, de l'ingénierie à l'entretien, gravitent autour du centre de production qu'est l'entreprise industrielle. Il conviendra de les segmenter et d'étudier les mentalités, les motivations et les attentes de chaque segment : segment des conseils en processus de fabrication, en implantation d'ateliers et, plus généralement, en architecture et en aménagement, en choix technologiques, en ressources humaines, en organisation, en gestion financière, en choix énergétiques, en maintenance, entretien et sécurité, en informatique et traitement de données, etc.

Si l'étude du marché des prescripteurs révèle le poids de l'influence de l'un d'entre eux, l'entreprise doit prendre contact avec lui et lui faire son offre principale, comme elle le fait à son client. Le marché des prescripteurs est à travailler au même titre que le marché des clients. C'est un marché d'influence directe. Enfin, ce marché est largement ouvert à l'international, qui constituera la dimension essentielle de l'analyse.

Les fournisseurs animent le marché international de l'expertise

Il convient ici de savoir en quoi consiste réellement l'offre de tous les concurrents. À l'instar des autres marchés, il faut procéder à une segmentation pour laquelle il sera judicieux de retenir les critères utilisés dans le marché des techniques, afin de mieux saisir les mécanismes de ce marché des fournisseurs.

Ainsi, pour ces marchés industriels, on retiendra comme critère de segmentation de base celui de la technique car il leur est commun. Les performances du système de fabrication proposé ne représentent finalement qu'un instant de l'évolution d'une technique. Le client choisit en premier lieu une manière de faire, c'est-à-dire une technique, afin d'accomplir une tâche avec efficacité et rentabilité. À l'intérieur d'une filière technique, qui lui est souvent imposée par l'ensemble de son processus de fabrication, il vise des performances précises. Le choix d'une technique compte plus que le choix d'un outil de fabrication.

Les marchés industriels constituent ainsi un système de relations dans lesquels les conduites et les stratégies des différents acteurs sont caractéristiques de leur statut :

- les fournisseurs de produits industriels ont des conduites de proposition. Leur stratégie est celle de l'influence. L'influence exercée par une entreprise fournisseur mesure la qualité de son produit, les services rendus et son image de marque. Il s'agit d'une stratégie de qualité;
- les prescripteurs et les distributeurs ont des conduites mixtes de proposition et de choix. Les prescripteurs exercent un choix de produits et de distributeurs, soit pour eux-mêmes, soit pour le compte de leurs clients, auprès de qui ils ont une conduite de proposition. Les distributeurs ont une conduite de proposition vers les clients et les prescripteurs et seulement une conduite de choix vers les fournisseurs.

Prescripteurs et distributeurs ont en revanche une stratégie identique. Ils doivent être experts en produits proposés par les entreprises fournisseurs et experts sur le marché des techniques afin que leurs propositions soient crédibles pour les entreprises clientes. Cette stratégie exprime bien leur statut d'intermédiaires.

Les entreprises clientes, dans le marché des produits proposés aux entreprises, ont des conduites de choix. Ces choix sollicitent différents niveaux d'implication selon l'importance des produits. Leur stratégie est celle de l'expertise fondée sur la connaissance et l'expérience des processus de fabrication.

Les cinq marchés d'influence directe doivent être pris en compte dans les études sur chaque marché industriel : des clients, des distributeurs, des prescripteurs, des techniques (objet d'étude prioritaire) et des fournisseurs. Chaque marché doit être analysé en lui-même (enquête ou analyse sur documents) et dans ses rapports avec les quatre autres. Pour le marché des entreprises clientes, en particulier, chaque entreprise étudiée sera considérée comme un véritable marché.

Quelques idées reçues

L'entreprise industrielle fabrique des réponses, rarement des offres pures.

Les produits industriels sont de plus en plus souvent des montages. Où est le talent? Chez celui qui fabrique les pièces de base où chez celui qui conçoit le montage?

Les entreprises externalisent tous les services annexes de la production. Certains externalisent aussi la production. Il reste le président génial et son assistante.

Toutes les entreprises sont des clientes et ont des clients. L'industrie est une chaîne de clientèle avant même d'être une chaîne de fabrication.

L'intérêt du virtuel, c'est qu'on peut placer à côté de la description et de l'argumentaire du produit la description de la fabrication qui devient alors l'argumentaire de base.

Le niveau de qualité de la production doit être fortement communiqué à tous les partenaires de l'entreprise. C'est la base de son image.

Une étude psychosociologique comparant les mentalités et les comportements des personnels de l'industrie et des personnels de la vente de la grande consommation n'a jamais été menée. Y aurait-il une différence?

Une entreprise industrielle qui réussit augmente ses actions de communication. Alors elle réussit encore plus. Jusqu'au moment où elle s'adresse pour la première fois au grand public. C'est alors qu'elle a réussi.

Les études sur l'utilisation des produits industriels sont faciles à utiliser. Les principaux outils de fabrication sont nécessaires et les raisons d'achat sont rationnelles. Les études de motivations deviennent de la littérature.

Toutes les fabrications sont désormais mondiales, même la petite unité de trente salariés. Il y a tous les jours quarante concurrents qui arrivent en avion.

Quiz des marchés industriels

Quelles sont les informations opérationnelles de cette analyse des entreprises industrielles?

Quelles sont les politiques concernées par ces informations?

Quelles sont les conséquences sur leurs contenus?

Quelles sont les conséquences sur la planification de leurs applications?

Quelles informations complémentaires doit-on rechercher?

Et dans quels délais?

Qui doit être destinataire de ces informations?

Quelles influences ces informations opérationnelles ont-elles sur les autres domaines d'analyse et de décision?

LES POLITIQUES COMMERCIALES EN CINQ DÉCISIONS

Passons aux actes en améliorant le système relationnel de l'entreprise afin de le rendre encore plus favorable à son développement. Vient ensuite l'examen de l'existence même de l'entreprise, ce qu'elle est et ce qu'elle veut devenir, donc sa vocation : quels sont les objectifs qui doivent être atteints pour que l'on parle de réussite? Il faut ensuite choisir une stratégie pour y parvenir. En fait, comment s'y prendre pour réussir? Viennent enfin les choix de politiques commerciales, c'est-à-dire la vie de l'entreprise sur le terrain, un ensemble d'audaces raisonnables. Cinq prises de décision, traitées ici, sont nécessaires.

Définir, comprendre, décider. L'ordre est réel sans exclure les allers et retours et les remises en cause. Le conducteur marketing est une procédure du choix des politiques commerciales qui exige une démarche ordonnée pour aboutir.

PRÉAMBULE

Comme nous venons de le voir précédemment, le conducteur marketing est le guide du choix des politiques commerciales. Il doit guider aussi bien l'analyste que le décideur lors de la prise en charge d'un nouveau problème marketing posé à l'entreprise ou d'une nouvelle donne dans les marchés ou d'une décision volontaire de l'entreprise elle-même. Plus encore, il s'agit de la démarche correcte à suivre pour fonder un plan organisant toutes les actions de l'entreprise dans un système cohérent. Rigueur et créativité sont les deux engagements de son application. La pratique d'élaboration des politiques commerciales s'applique selon trois étapes successives.

La 1re étape est constituée par la recherche de l'intelligence du système relationnel du marché étudié ce qui constitue le préalable de toute démarche marketing. C'est en premier qu'il faut toujours définir les dimensions prospectives des marchés pour savoir ce qu'elles signifient.

Nous avons ensuite abordé les essais de compréhension des cinq fondamentaux des marchés qui constituent la 2e étape de la démarche. Il a fallu comprendre ce qu'est une marque, un produit, la distribution, la consommation et comment la communication est leur vie. Ce sont ces fondamentaux qui seront les objets des décisions opérationnelles de la 3e étape.

Parvenu à la fin de la 2e étape, une pause est nécessaire. Le groupe qui a conduit l'analyse doit rependre les définitions prospectives (1re étape) et la compréhension des cinq fondamentaux (2e étape) pour en évaluer la cohérence. Finalement comment peut-on qualifier le marché étudié : c'est quoi? C'est qui? C'est comment? C'est pourquoi? C'est quoi demain? C'est quoi dans le monde?

Alors commence la 3e étape.

Cette pratique permet de définir les procédures de la compréhension des marchés et établit les bases de ses prospectives. La conjugaison de ces deux démarches fonde le raisonnement qui conduit à la conception des politiques de l'entreprise et a pour finalité l'intelligence du comportement de l'entreprise sur l'ensemble de ses marchés et le choix de la personnalité de marque qu'elle veut imposer dans sa communication.

Le conducteur marketing est donc une procédure du choix des politiques commerciales qui exige une démarche ordonnée pour aboutir.

La démarche qui rend le conducteur marketing opérationnel est composée par cinq prises de décisions fondamentales, que nous allons détailler dans les chapitres suivants.

1re décision : l'orientation du système relationnel de l'entreprise.

2e décision : la vocation de l'entreprise.

3e décision : les objectifs de réussite.

4e décision : la stratégie.

5e décision : les contenus des politiques commerciales.

À tous les moments de la mise en œuvre de la démarche du conducteur marketing, l'ouverture vers l'international et vers la créativité est indispensable pour une plus grande richesse des choix effectués.

Chapitre 10

1re DÉCISION : ORIENTER LE SYSTÈME RELATIONNEL DE L'ENTREPRISE

Il s'agit de prendre en compte tous les partenaires constituant les marchés de l'entreprise et de noter pour chacun d'eux toutes les relations qui les lient à l'entreprise et au marché, de saisir et d'analyser l'ensemble de leurs contenus, de noter chaque réaction de l'entreprise qui constitue un flux de réponses qui vont à leur tour alimenter ces échanges. Tout cela parle, écrit, interpelle dans toutes les dimensions d'une communication de marché.

Et, bien entendu, il s'agit également d'isoler les communications entre plusieurs partenaires ayant cependant des activités distinctes, comme autant de nœuds d'informations et d'échanges de ce système. L'entreprise sera située comme l'un des nœuds du système, résonnant de toutes ses relations intérieures aux sollicitations de ses partenaires.

TOUS LES SYSTÈMES RELATIONNELS SONT DYNAMIQUES

Les systèmes relationnels évoluent vite, s'entrecroisent, s'oublient et se retrouvent au bon vouloir des nouveaux produits proposés. Ainsi compris, le système relationnel de l'entreprise doit être projeté dans l'avenir pour esquisser ce que deviendra l'entreprise après plusieurs itérations. C'est là qu'il faut dresser l'inventaire de toutes les significations recensées et décider parmi elles celles qui seront le climat des actions de l'entreprise.

La vision à long terme est un outil de compréhension de la situation actuelle. La durée dynamique des systèmes relationnels est fonction de la nature des produits, par exemple plus calme pour les produits industriels, plus rapide et explosive pour les produits de service...

INVENTORIER TOUS LES MARCHÉS COMME AUTANT DE SYSTÈMES RELATIONNELS

L'inventaire des relations constituant le marché principal sera inclus dans les systèmes relationnels de tous les marchés environnants comme autant de partenaires visant à satisfaire les mêmes besoins.

À l'international, tous les marchés où l'entreprise est active seront inventoriés comme autant de systèmes relationnels. L'inventaire des relations entre tous les marchés mondiaux concernés, donc de tous les systèmes relationnels, permettra d'établir un système relationnel mondial et de comprendre sa signification. À l'évidence le système de communication d'Internet constituera une de ses dimensions principales.

L'ENTREPRISE MAÎTRISE SON SYSTÈME RELATIONNEL

Et maintenant l'entreprise a toutes les cartes en main pour décider de l'orientation qu'elle veut donner à son système relationnel. Elle doit désigner les relations qu'il faudra infléchir pour que le système facilite l'application de ses politiques. L'entreprise doit établir un plan désignant les politiques à faire évoluer, les objectifs à atteindre, les délais, les étapes, les moyens et, bien entendu, les coûts en personnel et en budget. Cet ensemble de décisions concerne aussi bien les relations du produit, le système relationnel du marché, les relations avec la distribution, les entreprises d'un secteur parallèle à celui de l'entreprise mais influençant son propre marché.

Chapitre 11

2ᵉ DÉCISION : DÉTERMINER LA VOCATION DE L'ENTREPRISE

La vocation de l'entreprise est son obligation d'existence. Une société pétrolière est-elle une entreprise de prospection, une vendeuse d'énergie, une société de services ou de produits chimiques, un investisseur économique?

«À quoi sert votre entreprise sur le marché?» Tout le marketing est compris dans la réponse, la santé de l'entreprise, son avenir, ses politiques. C'est la question fondamentale qui doit être posée au moins une fois dans la vie de l'entreprise. Si elle n'est pas posée, l'entreprise navigue à vue, sans aucune perspective. Même si elle est florissante, ses dirigeants ne connaissent pas son domaine d'application, sa raison d'être profonde, et peuvent à tout moment prendre une décision qui soit contraire à sa vocation. L'entreprise suivra son marché dans le meilleur des cas, le plus souvent elle le perdra.

VOCATION SIGNIFIE OBLIGATION

La vocation n'est pas une simple constatation. Compte tenu des marchés sur lesquels elle est située, l'entreprise doit traduire, en réponse exhaustive aux attentes des consommateurs, son activité et l'ensemble de ses politiques. Elle y est obligée pour survivre et pour prospérer. La vocation est une raison d'être avec obligation et sanction.

Définir la vocation de l'entreprise en trois lignes n'est pas simple. Ce sont, en fait, les trois lignes les plus difficiles à écrire pour un responsable d'entreprise. Il faut en effet les écrire. Puis ce texte doit être communiqué à tous, aux cadres, aux employés, à l'usine, aux partenaires extérieurs, à la distribution, aux pouvoirs publics, aux consommateurs. Toute la communication de l'entreprise doit exprimer le message contenu dans ces trois lignes.

Il ne faut pas confondre vocation et positionnement

Sur son marché, l'entreprise a un statut. Ses produits sont les plus modernes ou les moins chers. La marque qui la représente est celle des urbains aisés ou celle des jeunes. Ce statut est son positionnement. Par ailleurs, le rôle de l'entreprise est lié à ses produits. Son rôle est de répondre à un besoin ou à une attente. C'est ce rôle qui est le fondement de la vocation. Le positionnement qualifie l'entreprise dans le domaine de sa vocation, il ne saurait être cette vocation.

Définir sa vocation pour capturer un marché

L'histoire des chemins de fer américains est exemplaire. Prospères et inattaqués, ils sont restés neutres lors de l'apparition des véhicules automobiles. On sait ce qu'il en est advenu. Leur vocation n'était pas le train, mais bien le transport. Que dire encore de leur attitude vis-à-vis du transport aérien?

De même pour l'industrie cinématographique. Hollywood avait tout axé sur le cinéma, avec une réussite fantastique. Puis il y eut la télévision, avec une brutale baisse de la fréquentation des salles. Le cinéma, en tant qu'industrie, les entreprises de production de films, en tant qu'entreprises, n'avaient pas le cinéma comme vocation, mais bien la fiction enregistrée et disponible à tout moment et en tout lieu, même à domicile.

LA VOCATION EST UNE RENCONTRE ENTRE UNE VOLONTÉ ET UNE SITUATION

Si l'une des deux change, la vocation change également. La vocation d'une entreprise, si elle doit être écrite et servir de point de départ à toutes les initiatives, ne doit pas aveugler les dirigeants et en faire les exécuteurs d'une loi figée. Il faut observer les changements de l'environnement, il faut savoir évoluer avec eux, au mieux les précéder avant qu'ils ne deviennent le comportement de la majorité. Il serait ainsi efficace de constituer dans chaque entreprise un observatoire des évolutions de la société. Quelques collaborateurs peuvent être chargés de remettre à la direction de l'entreprise, tous les trois ou quatre mois, une note d'observations reposant sur leurs lectures, leurs conservations, leurs voyages à l'étranger. Ce type de rapport existe bien dans le domaine technique, pour quelles raisons n'existerait-il pas dans celui de la société? La définition de la vocation peut faire découvrir de nouveaux marchés, voire de nouveaux produits.

LA VOCATION DE L'ENTREPRISE EST ÉVOLUTIVE

La vocation de l'entreprise dépend des changements profonds que peut connaître un marché, changements dont la signification est déterminante et que l'analyste devra tirer de ses observations.

L'établissement de la vocation de l'entreprise suit ainsi une procédure pas à pas, fondée sur l'examen de nombreuses données, le responsable de l'entreprise cherchant à chaque étape à établir le consensus de son équipe de direction.

L'inventaire des vocations possibles s'effectue à partir des résultats de l'analyse des six paramètres de marché qui permettront de définir ce que la vocation doit dire (les attributs), ce à quoi elle devra répondre (les réponses), ce contre quoi elle devra lutter (les territoires des marques du marché) et le futur qu'elle doit déjà intégrer (la prospective).

Le choix définitif se fait en passant chacune des vocations possibles au crible de ce que l'entreprise peut faire, de son pouvoir, de sa maîtrise sur les principaux paramètres du marché, au crible du vouloir de l'entreprise, c'est-à-dire de sa volonté de puissance ou d'expansion, de l'existence même d'une volonté, au crible de la personnalité de l'entreprise, souvent confondue avec celle de ses dirigeants, au crible enfin de sa culture.

COMMENT ÉTABLIR UNE VOCATION D'ENTREPRISE

L'établissement d'une vocation d'entreprise est une tâche certes indispensable, mais difficile à mener. Six points d'analyse doivent faciliter cette démarche.

Identifier les caractéristiques communes des produits au niveau du service rendu aux consommateurs

Il s'agit ici de considérer le marché, non pas comme un ensemble de produits relativement semblables dont il conviendrait d'établir le portrait robot, mais plutôt comme défini par un système relationnel dans lequel la relation consommateur-produit est fondée sur l'attente du consommateur. Toutes ces attentes sont plus ou moins satisfaites par les produits. Le marché étudié doit être compris ici comme le marché principal et ses marchés environnants.

Segmenter les attentes

L'inventaire des attentes s'effectue à partir des produits. Ces attentes vont permettre de définir le contenu de la vocation de l'entreprise. Sa vocation sera de vouloir en satisfaire le plus grand nombre, même si, aujourd'hui, ses moyens disponibles le lui interdisent. Ou bien fera-t-elle ce choix, s'installer sur un seul des segments du marché, mais en étant lucide et prête à réviser cette vocation limitée selon la conjoncture ?

Inventorier les gammes de produits similaires dans d'autres marchés

On procédera pour des marchés considérés comme intéressants (États-Unis, Allemagne, Japon, etc.), et parfois en avance sur le marché français, en partant de produits existants pour déterminer le champ des services rendus aux consommateurs. Cette opération a pour but d'élargir le domaine dans lequel peut se définir la vocation de l'entreprise et de la protéger contre l'introduction ultérieure d'un produit qu'une entreprise étrangère pourrait proposer aux propres consommateurs du marché intérieur, et qui répondrait à une attente encore non satisfaite.

Inventorier les extensions de gammes

L'idée est ici de considérer tous les produits, même ceux qui sont les plus éloignés du produit principal mais qui pourraient un jour servir de base à de nouvelles propositions aux consommateurs. Il faut ici prendre en compte le marché principal et les marchés environnants, ainsi que les marchés étrangers.

Un torréfacteur devra ainsi étudier, outre son propre marché du café, les marchés du chocolat, du thé, du lait, de l'électroménager, du sucre, du camping, des voyages collectifs, des universités, des céréales pour le petit-déjeuner... en termes de services rendus aux consommateurs. Des cartouches de café pour cinquante tasses pour introduire dans les cafetières, du café en pack pour étudiants, du café à l'aspartam...

Analyser les positionnements des marques en présence

Le positionnement qualifie l'entreprise dans le domaine de sa vocation. L'analyse des positionnements des marques conduit ainsi à structurer l'ensemble des vocations des entreprises en présence.

Cette analyse permet, en outre, de rapprocher le projet de vocation du positionnement des marques et de mesurer l'homogénéité de la stratégie des entreprises.

Trouver une signification à long terme de l'évolution du marché

L'un des segments du marché de la chaussure, celui des chaussures de sport, a eu un développement spectaculaire dû lui-même au développement des activités de plein air. On constate que les moins de vingt-cinq ans adoptent les chaussures de sport comme chaussures quotidiennes. Est-ce une mode qui s'estompera? Est-ce un mouvement profond qui va gagner les autres couches de consommateurs : des baskets pour aller au bureau et l'escarpin pour le soir?

LA VOCATION DE L'ENTREPRISE EST COLLECTIVE

La décision prise, la vocation doit être communiquée à l'entreprise. Elle n'est pas à enfouir dans le coffre de la banque. Chacun doit la connaître pour l'appliquer à sa propre activité, quelle que soit son importance. La vocation de l'entreprise est celle de tout son personnel.

La vocation de l'entreprise doit aussi être communiquée à l'ensemble du marché. Les clients de la marque la considèrent comme un élément d'identification et de distinction. L'expression de la vocation est un discours de l'entreprise vers le marché financier aussi bien qu'une affirmation de soi par rapport à l'ensemble des concurrents. Présenter sa vocation est une manière pour l'entreprise de préempter une part de marché. C'est aussi un engagement public d'améliorer sans cesse son savoir dans la même direction pour en faire bénéficier sa clientèle. C'est l'excellence promise d'une posture montrée du doigt.

Chapitre 12

3ᵉ DÉCISION : LES OBJECTIFS DE L'ENTREPRISE

Les objectifs de réussite dynamisent les grandes fonctions de l'entreprise. Il y aura un objectif de réussite commercial, un objectif de réussite financier, un objectif de réussite de production, un objectif de réussite de la fonction d'achat, un objectif de réussite de communication et de relations publiques. Ces objectifs de réussite à moyen terme sont élaborés pour la durée d'un exercice, généralement révisable chaque année en fonction des résultats de leur application antérieure et des évolutions de l'environnement. Ils sont les traductions fonctionnelles de la vocation. Ils doivent être proposés par les responsables des grandes fonctions et sont adoptés ou refusés ou amendés en fin de compte en prenant comme critère principal la cohérence avec la vocation, ainsi que leur cohérence entre eux. Ces objectifs de réussite sont exprimés en termes de plans d'action.

FINALITÉ DES OBJECTIFS DE RÉUSSITE

Les objectifs de réussite donnent une cohérence aux multiples tâches quotidiennes. Pour chaque fonction, l'objectif de réussite aborde, dans sa présentation, les points suivants :

- le rappel de la vocation et ses conséquences sur la mission de fonction ;
- l'analyse critique de la fonction dans son contexte commercial, dans son environnement, dans sa vie financière ;
- la proposition d'un objectif de réussite avec analyse détaillée des conséquences pour l'entreprise ;

- l'examen des moyens actuels dont dispose la fonction et exposé des moyens à mobiliser pour la réalisation de l'objectif de réussite proposé;
- le budget de fonctionnement et d'investissement;
- le planning de mise en place.

Plus qu'ailleurs, il faut avoir, pour la réussite de l'entreprise, les moyens de ses politiques. Les objectifs de réussite constituent donc un véritable engagement des responsables de fonctions. On peut y voir une base du management. Une fois acceptés par la direction de l'entreprise, les objectifs de réussite seront communiqués au personnel de chaque fonction. Chacun recevra aussi un résumé des objectifs de réussite des autres fonctions pour faire percevoir l'harmonie de l'ensemble. Mais une politique ne se communique pas par une note. Il faut qu'il y ait un travail de compréhension en commun, par petits groupes. Il faut surtout qu'il y ait adhésion.

DE LA RÉUSSITE DES OBJECTIFS DÉPEND LA VOCATION DE L'ENTREPRISE

Deux de ces objectifs de réussite prennent une importance majeure : les ressources humaines et les achats. La gestion des ressources humaines de l'entreprise concerne son efficacité, son climat de travail, son avenir.

- l'efficacité par la mise en place des meilleurs éléments pour des postes adaptés;
- le climat en faisant en sorte que chacun se sente bien dans l'entreprise;
- l'avenir en prévoyant selon la vocation adoptée le personnel qu'il faudra mettre en place lorsque des tâches nouvelles ou évolutives apparaîtront.

Évolution des conditions de travail, sécurité, qualification, formation permanente, notation, gestion de l'emploi, progression hiérarchique, humanisation et équilibre entre la vie privée et la vie professionnelle, temps disponible, constitueront les préoccupations essentielles du personnel dans le futur. Les satisfaire donne une chance fondamentale à la vocation de l'entreprise de bien s'accomplir dans les faits.

Longtemps fonction de second plan, les achats sont désormais au premier rang. Représentant souvent plus de 50 % du chiffre d'affaires de l'entreprise, ils sont désormais une spécialité à part entière qui participe à la détermination des choix stratégiques de l'entreprise. Leur internationalisation multiple les enjeux, qui sont la qualité, les coûts, la disponibilité et la constance de l'approvisionnement. De plus les acheteurs sont désormais branchés sur les attentes et les goûts des consommateurs. De même, la logistique de la livraison des achats aux unités de production est un élément de base du prix de revient des produits finis, parfois le plus déterminant, la centralisation ou la décentralisation étant devenue un enjeu stratégique. Internet surdimensionne à l'infini le domaine des achats et polarise les responsabilités des acheteurs.

Chapitre 13

4e DÉCISION : LA STRATÉGIE

À la précision de la définition de la stratégie d'une entreprise se mesure le degré de lucidité de ses dirigeants. Au réalisme du contenu de la stratégie d'une entreprise se mesure l'ambition de ses dirigeants.

L'ENTREPRISE CHOISIT UNE PROCÉDURE DE RÉUSSITE

La stratégie est la manière dont l'entreprise compte s'y prendre pour réaliser concrètement l'immense ambition de sa vocation. La vocation de la Compagnie luxembourgeoise de télédiffusion est d'être la première société de communication d'Europe. Sa stratégie consiste à l'être en lançant des chaînes de télévision couvrant les principaux marchés de l'Europe. D'autres stratégies étaient possibles : acheter des groupes de presse, des groupes privés de télévision, passer des accords avec des multinationales américaines de programmation, investir dans la télématique. La stratégie est le choix de la procédure de réussite de l'entreprise dans la vocation qu'elle a faite sienne.

Une stratégie d'entreprise est une manière de s'y prendre pour réussir un ensemble de politiques commerciales, afin d'atteindre tous les objectifs de réussite et réaliser la vocation choisie.

C'est à ce niveau qu'il convient de déterminer les stratégies des entreprises concurrentes, de savoir si ce sont des stratégies nouvellement décidées ou anciennes, de séparer celles qui réussissent de celles qui sont en train d'échouer.

Il faut nécessairement prendre en compte les stratégies des groupes dont font partie, éventuellement, les entreprises concurrentes. La stratégie d'un groupe peut être d'assurer une présence dans les principaux segments du marché de l'alimentation en Europe, la stratégie d'une des sociétés faisant partie de ce groupe peut être d'occuper le haut de gamme d'un segment précis uniquement dans les pays les plus importants. Une entreprise concurrente de ce segment devra prendre en compte l'ensemble de ces stratégies.

AMBITION ET STRATÉGIE

La stratégie peut être confondue avec l'ambition de l'entreprise, mais une ambition clairvoyante, sans aveuglement, avec un souci de cohésion entre la personnalité de l'entreprise et une situation économico-sociale. Sans oublier cependant une nécessaire ouverture vers le déraisonnable, une touche d'ambition qui doit faire rêver et qui poussera l'ensemble du personnel à prendre ou à proposer des initiatives surprenantes. La stratégie confère à l'ensemble de l'entreprise un modèle à long terme qui ordonne les hommes, les actions et les moyens. En faisant connaître la stratégie, on explique l'entreprise aujourd'hui et l'on préfigure son avenir. L'entreprise devient compréhensible.

LA STRATÉGIE EST OBJET DE COMMUNICATION

Une fois choisie, la stratégie doit être connue de tous. Il est fondamental que chacun connaisse et comprenne ce que veut être l'entreprise et comment elle entend s'y prendre pour réussir. Dans l'ignorance, la direction est contestée, l'entreprise est vécue comme une machine répétant inlassablement le même mouvement. La participation est illusoire, la relation n'est qu'alimentaire. Pire, les responsables peuvent s'opposer dans leurs décisions et compromettre les résultats. L'utopie serait de croire que la stratégie de l'entreprise doit être cachée dans ses coffres. Ce n'est pas un secret de fabrication. C'est l'ambition proposée à tous de réussir ensemble.

LA STRATÉGIE INFLUENCE LA VOCATION DE L'ENTREPRISE

La stratégie accélère la marche de l'entreprise et transfigure sa vocation à long terme. Il y a forcément une liaison entre la stratégie et la vocation de l'entreprise. Si la vocation est de répondre à tous les types de demandes d'un marché, la stratégie ne pourra, en aucun cas, être la recherche de la rentabilité maximale, étant donnée l'existence de segments à très faible rentabilité que la nature de la vocation choisie interdira d'abandonner.

Dans les années qui viennent, aucune stratégie d'entreprise ne saurait demeurer dans les frontières nationales. De même, la prise en compte des stratégies des entreprises concurrentes englobe les principales entreprises présentes sur les marchés mondiaux concernant le marché principal et les marchés environnants de l'entreprise étudiée. La stratégie sera modulée au plan international, selon les structures de chaque marché, en particulier selon les compétiteurs en présence et selon les attentes des consommateurs qui déterminent la phase d'évolution dans laquelle se trouvent les marchés concernés. Il pourra ainsi exister une stratégie pour une marque donnée, acceptant les adaptations locales.

Chapitre 14

5ᵉ DÉCISION : LES CONTENUS DES POLITIQUES COMMERCIALES

Les politiques commerciales multiplient l'efficacité des actions à court terme. Elles s'appliquent aux composantes de chaque grande fonction. Les objectifs de réussite orientent les fonctions à moyen terme, alors que les politiques commerciales organisent les actes de chaque fonction à court terme.

Ainsi, l'objectif de réussite commerciale orientera vers un but tous les actes de la fonction commerciale qui seront ensuite exprimés opérationnellement dans une politique de prix, une politique de force de vente, une politique de distribution, une politique de remises, une politique d'emballages, de parts de marché, de choix de segments de clientèles, d'implantations géographiques.

De même, les politiques commerciales de la fonction financière concerneront l'endettement, la valeur des actions, le cash-flow, les financements des investissements. Ces politiques sont susceptibles de modifications rapides selon les évolutions de l'environnement de l'entreprise. Elles ont donc pour finalité la meilleure concrétisation des objectifs de réussite, engagent les fonctions sur des données précises, chiffrées, vérifiables. Enfin, elles décrivent des actes.

DÉTERMINER LES OBJECTIFS D'UNE POLITIQUE COMMERCIALE PAR ITÉRATION

Les politiques commerciales proposent aussi des objectifs. L'élaboration d'une politique commerciale et la détermination de ses objectifs s'effectuent par itération, le responsable opérationnel passant de l'une à l'autre, corrigeant l'une par l'autre, affinant sa politique en supputant les faisabilités de ses propositions. La question qui consiste à déterminer s'il convient de commencer par la politique ou par les objectifs est parfaitement sans intérêt.

Viennent donc les objectifs directement liés aux politiques commerciales. Ils ne se situent pas tous à court terme. Ils peuvent dépasser largement le temps d'un exercice. Ils planifient les résultats de l'application des politiques commerciales. Leur fixation est inséparable de l'allocation des moyens.

ADAPTER LES OBJECTIFS AUX BUTS DE L'ENTREPRISE

Toutes les politiques commerciales doivent impérativement s'appliquer pour des objectifs qui soient à la fois buts et jugements. Les objectifs ne remplacent cependant pas les politiques. Certaines entreprises déclarent avoir des objectifs précis, mais quelles sont leurs politiques?

Cette adaptation des objectifs aux volontés de l'entreprise est obtenue par l'ensemble de la procédure de détermination de la stratégie et des politiques commerciales à partir de la vocation de l'entreprise. Avant de devenir définitifs, les éléments de la procédure sont redéfinis au cours de plusieurs itérations : l'impossibilité de réunir des moyens opérationnels suffisants doit provoquer une révision des objectifs, voire des modifications des politiques commerciales primitivement envisagées. De même, en cours d'exercice, des révisions partielles ont lieu selon les résultats obtenus ou selon l'apparition de faits nouveaux, en faisant en sorte que plus on remonte dans l'ordre de la procédure, moins les changements doivent être importants. En principe, les objectifs de réussite et la stratégie restent constants pendant plusieurs exercices.

La détermination des politiques commerciales est indispensable dans tous les marchés, grande consommation et produits industriels, services et administration, avec à l'évidence une nomenclature adaptée. La comparaison des politiques commerciales des marchés internationaux où l'entreprise est active peut être source d'amélioration. Les particularités des marchés nationaux rendent encore improbables à court terme l'application sans adaptation des politiques commerciales mondiales.

CONCLUSION

Nous avons choisi d'aborder exclusivement le côté opérationnel dans cet ouvrage, en vous proposant une marche à suivre efficace. Celle-ci vous aidera à choisir vos objectifs commerciaux et à élaborer les politiques commerciales permettant de les atteindre. Ce guide, simple et logique, est le terrain du conducteur marketing.

Dès l'ouverture d'un chantier commercial, vous pouvez dresser l'inventaire des informations manquantes et lancer aussitôt les recherches appropriées car vous disposez désormais de l'inventaire type des données que vous devriez posséder. C'est à la fois un gain de temps considérable et la certitude d'être exhaustif dans votre recherche.

Puis vous enchaînez les deux étapes, dans l'ordre, définir et comprendre, les deux impératifs d'une démarche opérationnelle. Quel est ce marché et comment fonctionne-t-il? Les cinq fondamentaux des marchés sont devenus les bases de votre nouveau savoir-faire.

Maintenant, seulement maintenant, vous cessez d'analyser pour passer à la phase déterminante pour l'entreprise : vous devez désormais décider des objectifs et des contenus des politiques opérationnelles à mettre en œuvre pour atteindre vos objectifs. C'est le passage à l'acte.

L'autre apport de cette pratique d'élaboration des politiques commerciales est que toutes les analyses sont comparables car elles s'effectuent toujours dans le même ordre. Vous édifiez ainsi une banque de données marketing et commerciales, marché après marché. Il vous sera possible de rechercher des similitudes entre les marchés que vous avez étudiés, voire des oppositions, et ainsi de mieux les comprendre. Une culture.

Vous allez désormais présenter vos nouvelles politiques commerciales, en suivant précisément le déroulement de cette marche à suivre. Le conducteur marketing est aussi un conducteur de communication : que ce soit à votre direction générale, à votre client, à votre force de ventes, à vos actionnaires. Convaincre par une méthode d'analyse, c'est nouveau.

GLOSSAIRE

Audit de communication

Une institution, entreprise ou non, émet sans cesse de l'information. Les modes de ces informations sont multiples. L'audit de communication établit le contenu du message émis, sa puissance, sa contribution à l'image de l'émetteur, le contenu de la communication internationale de l'émetteur, tous les éléments de la communication des émetteurs concurrents. L'audit de communication s'applique à tous les manifestes émis comme l'agencement du site Internet, la voix du standard ou les emballages des produits.

Champ de choix

Le système du choix comporte un grand nombre de paramètres. Parmi ceux-ci, le choix de la marque est le plus crucial pour l'entreprise. Un champ de choix, pour un segment de produits précis, est composé par toutes les marques que l'individu questionné connaît. La notoriété est le véritable témoin de la connaissance des marques.

Le modèle consiste à tirer un questionnaire au hasard, à relever les marques connues, à rechercher les questionnaires de même contour. Le premier champ de choix est ainsi isolé. Il s'agit ensuite de procéder d'une manière identique jusqu'à l'épuisement de l'échantillon, en retirant à chaque itération un nouveau questionnaire.

Créativité irrationnelle

Il s'agit de procédures libérant la créativité des individus, en les mettant dans une posture indépendante des contraintes rationnelles de la vie sociale. Les phases d'animation se succèdent toutes les 1/2 heures dans les groupes de créativité où les individus sont libres de s'exprimer sans aucune orientation imposée.

Créativité rationnelle

Ce sont les rencontres idées qui sont la base de cette procédure : les matrices de créativité.

La structure matricielle consiste à faire se rencontrer deux ensembles d'éléments : chaque élément d'un ensemble rencontre les éléments de l'autre ensemble, un par un. Chacune des rencontres est examinée selon l'innovation qu'elle présente.

Créativité topologique

À un échantillon de la population, les enquêteurs demandent les opinions concernant les marques concernées ainsi que les habitudes de consommation. Une exploitation statistique, l'analyse factorielle des correspondances, permet d'obtenir une représentation graphique des marques et des paramètres. À partir de ces graphiques, les espaces ainsi configurés constituent des supports de créativité.

Créativité relationnelle

Des analystes extérieurs à l'entreprise recensent les problèmes non résolus et les hiérarchisent. La direction générale choisit ceux qu'elle considère comme les plus urgents. Autant de groupes de travail que de problèmes à traiter sont mis en place. Les spécialistes internes et externes hiérarchisent les idées émises et les soumettent à la direction générale qui crée des groupes de réalisation comprenant toutes les fonctions de l'entreprise.

Différence opérative

C'est le désir d'un objet (signe de déséquilibre) qui provoque son achat et c'est sa possession qui constitue l'état d'équilibre. L'individu, le groupe, font varier l'état de déséquilibre à l'infini selon les multiples consommations. Un concept permet de comprendre le déclenchement de l'acte de rééquilibrage : la différence opérative qui exprime la force que l'information doit posséder pour troubler l'état d'équilibre.

International

Il s'agit de la dimension fondamentale de toutes les analyses de marchés. Les marchés nationaux n'existent plus. Même les entreprises locales font partie du système relationnel mondial. L'analyste devra impérativement rechercher les tendances de comportements ou de nature des produits qui seront mondiales demain.

Logistique en réseau

De la compréhension de la demande à la fabrication de l'offre réponse de l'entreprise puis en retour du produit fabriqué à sa consommation, un réseau d'actes et d'informations aux multiples imbrications sera bientôt traité comme un seul système réactif. C'est dans l'amélioration de la circulation des informations que les progrès seront les plus spectaculaires : la logistique en réseau *(supply chain management)*. Ce système intègre deux flux de circulation des informations : l'ascendant part de la consommation et remonte à l'approvisionnement pour la fabrication, le descendant informe sur les approvisionnements qui permettent la fabrication jusqu'à la consommation du produit. La pratique des flux tendus est à l'origine de cette méthode, le zéro stock.

Marché industriel

Un marché industriel est constitué par un système d'offres et de demandes provenant des mêmes acteurs recherchant à la fois ce qui est nécessaire pour parfaire leur production, et offrant ce qui est performant pour satisfaire la demandes des autres acteurs du marché.

Marché principal

Le marché principal est constitué par l'ensemble des produits semblables au produit étudié et directement concurrents.

Marchés environnants

Les marchés environnants sont constitués par l'ensemble des produits de nature différente du produit étudié (marché principal), mais satisfaisant les mêmes besoins dans les mêmes circonstances de consommation.

Marchés supports

Les marchés supports sont constitués par l'ensemble des produits dont la présence est nécessaire pour la consommation des produits du marché principal.

Marché générique

Le marché générique est constitué par l'ensemble des besoins satisfaits par les produits du marché principal et les marchés environnants; il est dynamisé par les marchés supports concernés.

Motivations positives

La motivation positive est ce qui justifie un individu dans sa volonté d'agir.

Motivations négatives

La motivation négative est la justification du renoncement à l'acte.

Motivations (système des)

Il s'agit d'un système fonctionnel de régulation des comportements. On explique par ce système qu'une motivation est soit positive, soit négative et que son signe n'est jamais définitif. Elle est oscillante entre le positif et le négatif selon la force des retours de l'expérience vécue.

Observation

Le comportement des personnes peut être considéré comme une communication. L'observation des comportements est ainsi d'un grand intérêt car les personnes agissent naturellement, hors présence de l'observateur. Le biais de l'expérimentation introduite par toutes les techniques d'études est supprimé.

Il y a trois sortes d'observations. L'observation simple, sans observateur, l'observation participante est une observation simple suivie par quelques entretiens, l'observation instrumentale a pour but de filmer une surface de vente avec des caméras invisibles.

Positionnement

Le positionnement est ce qui définit l'attitude et le rôle d'un produit et d'une marque sur son marché. Un positionnement doit être intéressant car c'est bien en termes d'intérêt qu'on apprécie sa valeur. L'intérêt est l'espérance éprouvée par un acheteur lorsqu'il recherche une satisfaction renouvelée par la possession du produit et de la marque.

Prescripteur

Le prescripteur est un individu qui, par ses habitudes de consommation et/ou par ses décisions d'achat (prescripteur passif) ou par ses recommandations (prescripteur actif), influence le choix du produit et/ou le choix d'une marque devant être fait par les individus d'un groupe.

Produit

Un produit est une communication d'excellence autant rationnelle que séductrice dirigée vers le marché des attentes. Le produit est à la fois une proposition de caractéristiques à consommer et une communication sur ces caractéristiques.

Système relationnel

Une entreprise est située dans un système fait de l'influence qu'exercent tous ses partenaires les uns sur les autres. C'est son système relationnel qui constitue l'entreprise. Plus le système relationnel est dense, plus l'entreprise est importante. Si le système relationnel perd de sa puissance, l'entreprise est en chute. Le marketing est la gestion du système relationnel dans lequel se situe l'entreprise pour mener à bien la réalisation de ces objectifs.

Sémiotique

L'analyse sémiotique est l'inventaire, à partir des signes constituant un message, de toutes les significations émises. Il ne s'agit pas de considérer les signes séparément. Ils prennent leurs sens par le système qu'ils organisent. Ce qui est signifié l'est par le système créé par les signifiants du message.

L'analyse sémiotique peut être appliquée à tous les objets : manifestes publicitaires, roman, émission de télévision, etc.

Validité

L'examen de la validité des produits fait gagner des parts de marché. Est valide ce qui apporte à son utilisateur l'effet pour lequel le produit a été conçu. Les causes de nullité sont très nombreuses : technologie dépassée, coûts d'utilisation excessifs, performances insuffisantes, etc.

Vocation

La vocation d'une entreprise est l'expression de son rôle sur son marché. À quoi sert cette entreprise? C'est la question fondamentale qui doit être posée pour définir sa raison d'être. La vocation de l'entreprise est évolutive selon les changements profonds que peut connaître un marché.

INDEX

www.ingramcontent.com/pod-product-compliance
Lightning Source LLC
Chambersburg PA
CBHW061141220326
41599CB00025B/4321